高等职业教育交通安全与智能控制专业规划教材

交通运输职业教育教学指导委员会
交通运输管理类专业指导委员会　组织编写

Jiaotong Dianzi Kongzhi Jichu

交通电子控制基础

梁伯栋　主　编
宋　展　副主编
龚兆岗［上海海事大学］　主　审

人民交通出版社股份有限公司
China Communications Press Co.,Ltd.

内 容 提 要

本书系统地介绍了交通电子控制的基本概念、原理、方法及应用。全书共八章,分别介绍了交通电子及其控制技术相关的基本概念、微控制器基础知识、汇编程序设计、KEIL C51 程序设计、微控制器的中断系统、微控制器的定时和计数系统、微控制器的串行通信接口以及交通电子产品开发基础。本书从实用角度出发,使学生在学习理论知识的同时加深对真实事物和实际操作训练的认知,可提高学生的综合分析能力和动手能力。

本书既可作为高等职业院校交通运输类专业的专业基础教材,也可作为道路交通相关专业技术人员的参考用书。

图书在版编目(CIP)数据

交通电子控制基础 / 梁伯栋主编. —北京:人民
交通出版社股份有限公司, 2015.3(2025.1重印)
高等职业教育交通安全与智能控制专业规划教材
ISBN 978-7-114-11920-0

Ⅰ.①交… Ⅱ.①梁… Ⅲ.①交通控制—电子控制—
高等职业教育—教材 Ⅳ.①U491.5

中国版本图书馆 CIP 数据核字(2015)第 002511 号

高等职业教育交通安全与智能控制专业规划教材

书　　　名:	交通电子控制基础
著 作 者:	梁伯栋
责任编辑:	司昌静　任雪莲
出版发行:	人民交通出版社股份有限公司
地　　　址:	(100011)北京市朝阳区安定门外外馆斜街3号
网　　　址:	http://www.ccpcl.com.cn
销售电话:	(010)85285911
总 经 销:	人民交通出版社股份有限公司发行部
经　　　销:	各地新华书店
印　　　刷:	北京虎彩文化传播有限公司
开　　　本:	787×1092　1/16
印　　　张:	18
字　　　数:	448 千
版　　　次:	2015 年 3 月　第 1 版
印　　　次:	2025 年 1 月　第 3 次印刷
书　　　号:	ISBN 978-7-114-11920-0
定　　　价:	49.00 元

交通安全与智能控制专业规划教材
编 委 会

前　　言

近年来,智能交通行业及其产业在我国得到了前所未有的快速发展,在保障交通安全、提高运输效率、缓解交通拥堵、降低环境污染、提升公众出行服务水平等各个方面发挥着日益重要的作用。特别是进入互联网时代以来,智能交通已经成为物联网、智慧城市建设的首要着陆点和代表性行业,迎来了蓬勃发展的历史机遇。

目前,智能交通作为一个独立产业而迅速崛起,各级政府和企业都把发展智能交通作为提高竞争能力和企业核心竞争力的重要手段。国家《道路交通安全"十二五"规划》、《道路交通科技发展"十二五"规划》以及《交通运输行业智能交通发展战略(2012—2020年)》等多部文件中,都对我国智能交通行业及产业的发展给予了明确的支持。

行业要发展,首当是人才,智能交通正强烈呼唤着大批优秀人才破茧而出,向更新更高的技术和管理领域集聚。为实现人才培养目标,适应我国智能交通行业的发展需求,培养面向生产、建设、服务和管理第一线需要的智能交通行业的高技能人才,推动高职课程建设与改革,加强教材建设,交通运输管理类专业指导委员会在全国交通运输职业教育教学指导委员会的指导下,根据2013年教育部颁布的《交通安全与智能控制专业教学标准与课程标准》(适用于高等职业教育),精心组织全国从事高职教学第一线的优秀教师和企业专家,合作编写了交通安全与智能控制专业系列教材,供高职高专院校交通安全与智能控制专业教学使用。

本书的编写特点有:

1.注重"科学性"和"实用性"。本书编写在注重科学系统地介绍相关知识点的同时,也关注各知识点的实际应用。在精心选择与交通控制相关的参考应用实例的基础上,各参考实例的电路原理图以当前流行的EDA工具软件Proteus绘制,而各实例的参考源程序则多用汇编语言和KEIL C51语言同时编写。

2.注重"理实结合"。本书特意在每章介绍理论知识点之后都列出了一些有针对性的技能训练与思考练习,目的不仅在于使学生能够巩固所学知识、提高分析问题和解决问题的实践能力,还可以较好地适应"教师为主导、学生为主体"的教学活动安排。

3.体现"校企合作"与"专兼结合"。本书主编为高职教育教学一线专任教师,副主编为行业企业一线技术骨干,参编为同类各高职院校教育教学一线专任教师。这种教材编写团队可以充分利用学校与行业企业的优势,有利于编写更适合工作岗位职业能力需求的教学用书。

本书由深圳职业技术学院梁伯栋担任主编并负责统稿,中国科学院深圳先进技术研究院宋展担任副主编,上海海事大学龚兆岗担任主审。

本书的编写分工如下:北京交通运输职业学院居永梅编写第一章,河南交通职业技术学院何红丽编写第二章和第三章(其中项目三由居永梅编写)、江苏省交通技师学院饶培康编写第四章、附录 A、附录 B、附录 C、附录 D 和附录 E,上海交通职业技术学院徐优杰编写第五章(其中项目一由梁伯栋编写),深圳职业技术学院袁媛编写第六章(其中项目二由梁伯栋编写),深圳职业技术学院梁松峰编写第七章(其中项目二由梁伯栋编写)和附录 F,中国科学院深圳先进技术研究院宋展编写第八章(其中项目二由梁伯栋编写、项目三由袁媛编写)。深圳职业技术学院李武钢、许镇辉参与部分 Proteus 原理图的绘制,在此一并致谢。

本书在编写过程中参阅和引用了国内外相关的论著和资料,无论在参考文献中是否列出,在此,对这些文献的作者和译者表示由衷的感谢和诚挚的谢意。

由于作者水平有限,书中不妥之处在所难免,恳请专家和读者给予批评和指正。

编　者

2015 年 1 月

目　　录

第一章　交通电子及其控制技术概论

本章以现代交通电子控制系统为出发点,以控制理论为基础,以信息系统和专家系统理论为指导,结合电子计算机应用技术来说明现代交通管理与控制技术的最新发展和成果;跟踪世界最新科学研究方向,尽可能反映新知识、新成果、新体系、新方法;介绍在当前指导和实施现代化的交通管理与控制中常用的技术手段、技术装备、工程理论。

第一节　交通电子控制基础知识

一　交通电子控制的基本概念

现代交通电子控制技术是现代电子计算机技术在交通管理与控制上的应用,是涉及交通工程、计算机技术、自动控制、交通心理学和机械电子技术的关于人、车、路与环境一体化的一门边缘学科。它属于自动控制的一个新的分支,同时也是现代电子技术在交通领域的应用。现代交通电子控制技术旨在研究如何应用最现代的科学技术来保证交通的安全畅通,以促进国民经济的发展和社会文明的进步。

与计算机控制系统类似,本书讲述的交通电子控制系统一般由传感器、控制器和执行器三大部分组成,其技术领域包括现代交通控制中的一切机械电子技术和应用于自动控制、智能交通运输、全球卫星定位和地理信息等系统中的先进的、现代的、前沿的科学技术。现代生活中常见的交通信号灯、交通倒计时灯、交通信号控制器、电子控制可变信息板、电子控制可变限速标志、电子警察、电子测速单元、车流量检测、车牌识别系统、气象检测系统、行车记录仪、车载终端等绝大多数交通电子设备,都要用到交通电子控制技术。

二　自动控制的基本概念

自动控制是指在没有人直接参与的情况下,利用外加的设备或装置(统称控制装置或控制器),使机器、设备或生产过程(统称被控对象)的某个工作状态或参数(即被控量)自动地按照预定的规律运行。把人们对被控量的要求称为给定值,则自动控制的任务可以概括为:使被测对象的被控量等于给定值。

现代交通自动控制系统是在不需要人、车直接参与的条件下通过交通自动控制系统,采用适当的交通控制策略(例如入口调节、主线限速、交通引导等)使道路某一段或全线,甚至整个路网的交通流运行在人们所期望的状态,达到安全、高效的目的。

1. 自动控制的理论

自动控制理论是研究自动控制共同规律的技术科学。它既是一门古老的、已日臻成熟的学科，又是一门正在发展的、具有强大生命力的新兴学科。自动控制理论的发展可分为四个主要阶段。

第一阶段：发展初期，是以反馈理论为基础的自动调节原理，主要用于工业控制。第二次世界大战之后，形成了以传递函数为基础的经典控制理论体系，主要研究单输入—单输出、线性定常系统的分析和设计问题，主要采用频率法和根轨迹法。

第二阶段：随着现代应用数学新成果的推出和电子计算机技术的应用，自动控制理论跨入现代控制理论阶段。它主要研究具有高性能、高精度的多变量变参数系统的最优控制问题，主要采用的方法是以状态为基础的状态空间法。

第三阶段：随着控制理论应用范围的扩大，从个别小系统的控制，发展到若干个相互关联的子系统组成的大系统进行整体控制。大系统理论是过程控制与信息处理相结合的系统工程理论，具有规模庞大、结构复杂、功能综合、目标多样、因素众多等特点。它是一个多输入、多输出、多干扰、多变量的系统。主要采用的方法有现代频域方法、自适应控制理论和鲁棒控制方法。

第四阶段：智能控制成为近年来新发展起来的自动控制理论，智能控制的概念和原理主要是针对被控对象、环境、控制目标或任务的复杂性提出来的，它的指导思想是依据人的思维方式和处理问题的技巧，解决那些目前需要人的智能才能解决的复杂的控制问题。被控对象的复杂性体现为：模型的不确定性、高度非线性、分布式的传感器和执行器、动态突变、多时间标度、复杂的信息模式、庞大的数据量，以及严格的特性指标等。智能控制是驱动智能机器自主地实现其目标的过程。智能控制是人工智能的应用，其方法包括学习控制、模糊控制、神经元网络控制和专家控制等方法。

2. 自动控制系统

为了实现各种复杂的控制任务，首先要将被控对象和控制装置按照一定的方式连接起来，组成一个有机整体，这就是自动控制系统。图 1-1 是一个典型的自动控制系统。

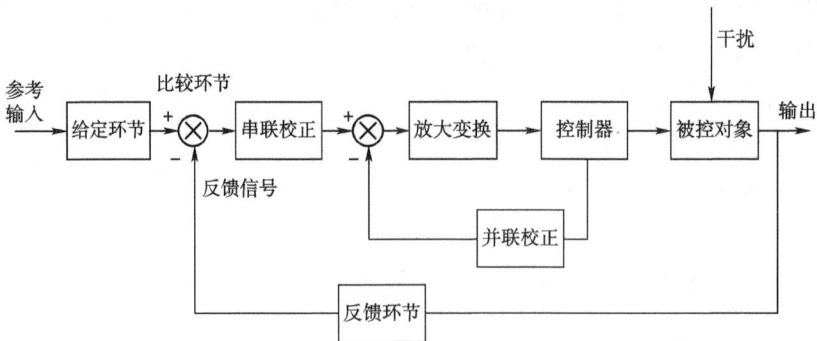

图 1-1 典型的自动控制系统

1）系统组成

（1）被控对象：是控制系统所控制和操纵的对象。它接受控制量，产生并输出被控制量。

（2）控制器：用于将接收变换和放大后的偏差信号，转换为对被控对象进行操作的控制信号。

（3）放大变换环节：将偏差信号变换为适合控制器执行的信号。它根据控制的形式、幅值及功率来放大变换。

(4)校正装置:为改善系统动态和静态特性而设置的附加装置。如果校正装置串联在系统的前向通道中,称为串联校正装置;如果校正装置接成反馈形式,称为并联校正装置,又称局部反馈校正。

(5)反馈环节:它用来测量被控量的实际值,并经过信号处理,转换为与被控制量有一定函数关系,且与输入信号同一物理量的信号。反馈环节一般也称为测量变送环节。

(6)给定环节:产生输入控制信号的装置。

2)常用名词术语

(1)输入信号:泛指对系统的输出量有直接影响的外界输入信号,既包括控制信号又包括扰动信号。其中控制信号又可称为控制量、参考输入或给定值。

(2)输出信号:是指反馈控制系统中被控制的物理量,它与输入信号之间有一定的函数关系。

(3)反馈信号:用于将系统(或环节)的输出信号经变换、处理送到系统(或环节)的输入端的信号,称为反馈信号。若此信号是从系统输出端取出送入系统输入端,这种反馈信号称主反馈信号。而其他称为局部反馈信号。

(4)偏差信号:用于控制输入信号与主反馈信号之差。

(5)误差信号:是指系统输出量的实际值与希望值之差。系统希望值是理想化系统的输出,实际上并不存在,它只能用与控制输入信号具有一定比例关系的信号来表示。在单位反馈情况下,希望值就是系统的输入信号,误差信号等于偏差信号。

(6)扰动信号:是指除控制信号以外,对系统的输出有影响的信号。

3.自动控制的分类

由于自动控制技术发展很快,应用很广,因此自动控制系统的分类方法也很多。这里仅介绍常见的四种分类方法。

1)按结构特点分类

(1)闭环控制

闭环控制是自动控制系统最基本的控制方式,也是应用最广泛的一种控制方式。自动控制理论主要的研究对象就是用这种控制方式组成的系统。通常,我们把取出输出量送回到输入端,并与输入信号相比较产生偏差信号的过程,称为反馈。若反馈的信号是与输入信号相减,使产生的偏差越来越小,则称为负反馈;反之,则称为正反馈。反馈控制就是采用负反馈并利用偏差进行控制的过程。而且,由于引入了被控量的反馈信息,整个控制过程成为闭合过程,如图1-2所示,因此反馈控制也称闭环控制。

其实,人的一切活动都体现出反馈控制的原理,人本身就是一个具有高度复杂控制能力的反馈控制系统。下面通过解剖手从桌上取书的动作,分析一下它所包含的反馈控制机理。手朝着书的位置运动的相关指令信息,一般称为输入信号。取书时,首先人要用眼睛连续目测手相对于书的位置,并将这个信息送入大脑(称为位置反馈信息);然后由大脑判断手与书之间的距离,产生偏差信号,并根据其大小发出控制手臂移动的命令(称为控制作用或操纵量),逐渐使手与书之间的距离(即偏差)减小。显然,只要这个偏差存在,上述过程就要反复进行,直到偏差减小为零,手便取到了书。可以看出,大脑控制手取书的过程,是一个利用偏差(手与书之间距离)产生控制作用,并不断使偏差减小直至消除的运动过程;同时,为了取得偏差信号,必须要有手位置的反馈,以便将两者信息结合起来,这就构成了反馈控制。

显然,反馈控制实质上是一个按偏差进行控制的过程。因此,它也称为按偏差的控制。反馈控制原理就是按偏差控制的原理。图1-3所示的系统方块图是拟人化地展示反馈控制系统的基本组成及工作原理图。

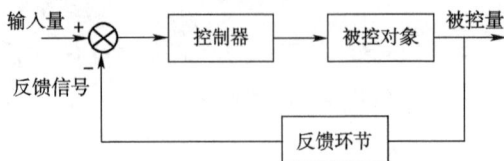

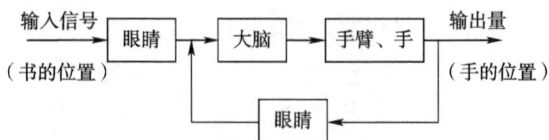

图1-2　反馈控制系统的组成　　　　　图1-3　人用手取书的反馈控制系统图

闭环控制方式是按偏差进行控制的,其特点是不论什么原因被控量偏离期望值而出现偏差时,必定会产生一个相应的控制作用去减小或消除这个偏差,使被控量与期望值趋于一致。可以说,按反馈控制方式组成的反馈控制系统,具有抑制任何内、外扰动对被控量产生影响的能力,有较高的控制精度。但这种系统使用的元件多,结构复杂,特别是系统的性能分析和设计也较麻烦。尽管如此,它仍是一种重要的并被广泛应用的控制方式,自动控制理论主要的研究对象就是用这种控制方式组成的系统。

（2）开环控制

按给定输入量进行控制的开环控制系统,其控制作用直接由系统的输入量产生,给定一个输入量,就有一个输出量与之相对应,其特点是系统的输出量不会对系统的控制作用发生影响,控制精度完全取决于所用的元件及校准的精度,如图1-4所示。采用开环控制的系统称为开环控制系统。因此,这种开环控制方式没有自动修正偏差的能力,抗扰动性较差,控制精度低。但是其结构简单、调整方便、成本低,在精度要求不高或扰动影响较小的情况下,这种控制方式还有一定的实用价值。用于生产、生活各方面的一些自动化装置,如自动售货机、自动洗衣机、产品自动生产线、数控车床以及指挥交通的红绿灯的转换等,一般都是开环控制系统。

图1-4　开环控制系统的组成

（3）复合控制方式

复合控制方式是在闭环控制回路的基础上,附加一个输入信号或扰动信号的顺馈通路,这样一种把偏差控制与抗扰动控制结合起来的控制方式是比较合理的,对于主要扰动采用适当的补偿装置实现抗扰动控制。同时,再组成反馈控制系统实现抗偏差控制,以消除其余扰动产生的偏差,用来提高系统的控制精度。它的优点是具有很高的控制精度,可以抑制几乎所有的可测量扰动;缺点是补偿器的参数要有较高的稳定性。

2）按参考输入形式分类

（1）恒值控制系统

恒值控制系统是指参考输入量保持常值的系统。其作用是消除或减少扰动信号对系统输出的影响,使被控制量(即系统的输出量)保持在给定或希望的数值上。

（2）程序控制系统

程序控制系统是指系统的输入量是已知的时间函数(不是常数)。热处理炉温度控制系统的升温、保温、降温过程都是按照预先设定的规律进行控制的,这个系统属于程序控制系统。

（3）随动系统

随动系统是指参考输入量随时间任意变化的系统,又称伺服系统。其作用是要求输出量以一定的精度和速度跟踪参考输入量,如雷达天线跟踪系统、地空导弹瞄准系统。跟踪的速度和精度是随动系统的两项主要性能指标。

3)按所使用的数学方法分类

(1)线性系统和非线性系统

线性系统是指构成系统的所有元件都是线性元件的系统。其动态性能可用线性微分方程描述,系统满足叠加原理。

非线性系统是指构成系统的元件中含有非线性元件的系统。其只能用非线性微分方程描述,不满足叠加原理。同时把可以进行线性化处理的系统或元件特性称为非本质非线性特性。反之,称为本质非线性,它只能用非线性理论分析研究。

(2)连续系统和离散系统

连续系统是指系统内各处的信号都是以连续的模拟量传递的系统。连续系统的运动规律可用微分方程描述。

离散系统是指系统内某一处或数处信号是以脉冲序列或数码形式传递的系统。

(3)定常系统和时变系统

定常系统是指系统中的参数不随时间变化的系统。在实践中遇到的系统,大多数属于这一类。

如果系统中的参数是时间 t 的函数,则称该类系统为时变系统。

三 交通控制系统按输入信号的分类

当自动控制系统应用于交通领域,如果按照参考输入量形式上的不同,可以将交通自动控制系统分为以下两大类。

1)稳态控制

稳态控制是指参考输入量保持常值的系统,其作用是消除或减少扰动信号对系统输出的影响,使被控制量(即系统的输出量)保持在给定或希望的数值上。其控制量(比如交通信号灯信号、限速标志等)是在统计规律的基础上按不同时段预先设定的,实时交通状态可以不反馈到控制器,或者不必进行监测,前提是假设在一定时段内每个路段的交通状态变化不大。此类系统多选用开环控制。其优点是系统结构与算法都比较简单,容易实现;缺点则表现为精度低,难以保持在期望的最佳状态,无法应对突发事件。

2)动态控制

当参考输入量是现场实时多变的交通状态(如车道占有率、平均速度、交通流量、排队车辆数等参数),需要对其不断进行检测并反馈到控制器,以便选择适当的控制策略,目的是保持各路段始终处于期望的最佳交通状态。此时的系统则多为闭环控制系统,其优点是适时调节,应对多变的交通状态;缺点是系统结构与算法都比较复杂,难于实现。

第二节 交通电子控制的发展与应用

一 现代交通运输系统的管理与控制

交通运输活动就是使用各种载运工具(如汽车、列车、船舶、飞机和管道等)使运输对象(旅客或货物)实现空间上的转移。按照运输方式划分,现代交通运输系统包括道路交通运输、轨道交通运输、水路交通运输、航空交通运输和管道交通运输五大组成部分。

道路交通运输是能够实现"门到门"陆路运输的方式,适用于短距离旅客运输和中短距离的货物运输。轨道交通运输是具有行驶线路和路权的陆路运输方式,运输对象只能在固定场站进出,不仅适用于城市内的大运量客运及城际间的中短距离客运,也适用于长距离的货运。水路交通运输通常是最为经济的运输方式。航空交通运输是一种空中运输方式,适合承担中长距离的旅客运输和时间价值高的小宗货物运输。管道运输适用于长距离连续输送液体(石油)或气体(天然气)物质。当前,五大运输方式并存,相互协调、竞争和制衡,形成了综合交通运输系统。

为保证载运工具在道路、轨道、水上和空中的运行安全和效率,需对交通进行管理与控制,使其按照一定的运行规则和规定,形成有序的交通流,既有利于提高交通流的速度和流量,也能提高载运工具和交通运输设施的利用率。交通管理是执行交通法规的"执法管理",是应用交通工程技术措施保障交通高质量、高效率运行的"交通治理"的通称,又称为静态交通管理。而交通控制则是指依托标志、标线,以及交通信号灯等交通电子控制设备,针对动态的交通活动,对交通参与者的指挥,又称为动态交通管理。在实际中,交通管理和交通控制往往交叉应用。

交通系统管理和控制的对象是交通运输设施及其使用者,包括载运工具、驾驶员、交通参与者、交通运输设施(线路和场站)及其周围的陆路、空域和水域。交通控制系统是运用标志、标线、信号、灯光等设备,对载运工具的运行进行指示、警告、限制、引导或者提供信息,将各种设备按一定方式组成的协调控制系统。基于运输方式不同,交通系统管理与控制可分别通过下列方式实现。

1. 道路交通的管理和控制

城市道路交通控制技术是与汽车工业并行发展的,其最初的目的是为了保障交通安全,随着时代的发展,交通中的各种矛盾不断出现,人们对交通的要求越来越高,促使研究人员把最新的科技成果应用到城市交通控制系统中来,从而促进城市交通控制技术的发展。在实际应用中主要采用标志、标线、隔离设施和交通信号,对车辆、驾驶员、行人进行限制、指示和引导。信号控制是道路交通控制的常用方式。

2. 轨道交通的管理和控制

轨道交通的管理和控制主要采用信号设备、连锁设备、闭塞设备、集中调度设备和自动化控制系统,指示、调度和控制列车的运行和调车作业,从而保障列车进出站、在车站(车场)范围内以及区间内的运行安全,提高运行的速度、效率和通行能力。信号设备用于向行人和调车人员发布指示和命令;联锁设备用于确保站内行车和调车人员的安全,提高车站的通行能力;闭塞设备用于保证列车在区间内的运行安全和提高通行能力。

城市轨道交通信号控制系统多采用列车自动控制系统(Automatic Train Control, ATC),包括列车自动防护系统(Automatic Train Protection, ATP)、列车自动运行系统(Automatic Train Operation, ATO)和列车自动监控系统(Automatic Train Supervision, ATS)。

3. 水路交通的管理和控制

水路交通的管理和控制重点在于助航标志和船舶交通管理系统(Vessel Traffic Services, VTS)。助航标志是指设置在通航水域及其附近的各种人工标志,以辅助船舶定位、引导船舶航行、指示障航物和表示警告等。船舶交通管理系统是在一定水域内用以保证航行船舶安全和效率的管理控制系统,主要包括 VHF 甚高频通信子系统、雷达子系统、综合雷达数据处理子系统、岸基船舶自动识别系统(Automatic Identification System,AIS)、信息传输子系统、管理信息子系统、多媒体记录设备、水文气象子系统、VHF测向子系统、闭路电视CCTV监视子系统。其目的是保障船舶在水域内的航行安全,提高航道的使用效率和船舶航行效率。

4.空中交通的管理和控制

空中交通管理包括空中交通服务、空域管理和空中交通流量管理三部分。空中交通服务是指对航空器的空中活动进行管理和控制的业务,作为空中交通管理的主要内容,又包括空中交通管制服务、飞行信息服务和告警服务。空域管理的主要内容是空域划分与空域规划。空中交通流量管理的任务是在空中交通流量接近或达到空中交通管制可用能力时,适时地进行调整,保证空中交通量最佳的流入或通过相应区域,尽可能提高机场、空域可用容量的利用率。

空中交通管制系统(Air Traffic Control,ATC)主要由航路、助航设施和交通管制机构三者组成。保障飞机在航线区域、航站区空域和飞行区内的飞行安全,提高空域和机场飞行区的使用效率和通过能力。

二 交通电子控制系统的发展历程

道路交通控制始于19世纪。交通信号灯的问世和应用标志着道路交通电子控制技术的开始。道路交通控制经历了从手动控制到自动控制、无感应控制到感应式控制、单点控制(点控)到干道控制(线控)再到区域控制(面控)的历程。1918年年初,纽约街头出现了最早的由人工操纵的红黄绿三色信号灯。1926年,英国人首次在伍尔弗汉普顿采用自动化的交通信号控制器以"固定配时"来控制交通信号灯的周期变化,这是城市交通自动控制的起点。随着城市车辆保有量的迅速增长,城市交通情况日趋复杂,采用单一模式的"固定配时"信号控制机已不能满足客观要求。1928年,美国研制出世界上第一台感应式交通信号控制机,这种信号控制机能够适应交通需求的变化,动态调整信号时间。由于交通流具有连续运动的特点,孤立的单交叉口控制方式难免造成频繁停车,控制效果不佳。为解决这个问题,线控、面控应运而生。随着近年来智能交通以及智慧交通的发展,交通电子控制技术已经被广泛应用于信号控制(比如交通灯、倒计时灯、交通信号控制器、可变信息板、可变限速标志)之外的电子警察、测速、车流量检测、车牌识别、气象检测、行车记录仪、车载终端等交通电子设备。

轨道交通控制是轨道交通运输发展的关键技术之一。最先出现在英国的轨道交通控制,经历了从机械信号、电气信号,逐渐向现代化的电子信号控制发展的历程。最早的列车是由铁路员工骑马在前引导运行的,后来英国人发明的臂板式信号机被沿用至今。不过臂板的个数、形状、颜色、显示方法、操控方式等都得到改进。1872年,美国人罗宾逊发明的轨道电路,第一次实现了列车自动控制信号的显示。轨道交通信号控制技术的发展大体可以分成五个时期:

(1)铁路信号萌芽时期;

(2)机械信号发展时期;

(3)机械信号向电气信号过渡时期;

(4)继电器式电气信号发展时期;

(5)当前集计算机、现代通信和自动控制技术于一体的现代电子信号控制时期。

船舶交通管理系统的发展历程可分为三个阶段。第一阶段,主要利用简单的光、声、电,机械信号系统及无线电报电话,应用于港口、江河狭窄水道,以提高船舶航行效率。第二阶段,技术上主要采用雷达加 VHF 无线电话,应用于港口至外海或覆盖整个河川水道至入海口,以提高航行效率并增加船舶航行安全。第三阶段,主要利用计算机为中心的综合信息采集与处理技术,应用于港口、河川直至沿海,不仅提高航行效率并增进船舶航行安全,同时也加强对船舶的监控,以减少对水域环境的损害。第四阶段,将人造卫星应用于水路交通管理系统,将卫星通信、卫星导航、星载高分辨率合成孔径雷达、卫星转发图像等技术综合成一体。

1935 年 12 月,首个航路管制中心成立,标志着第一代自动化空中交通管制系统的诞生。自动化空中交通管制系统是把计算机、雷达、显示和通信等先进技术综合利用到空中交通管制中,其发展历程大致分为四个阶段。第一阶段,20 世纪 40 年代末至 60 年代初,主要集中于飞机位置定位,显示空中飞行目标状态数据和通信,50 年代一次雷达开始应用于航行管制。第二阶段,20 世纪 60 年代中至 70 年代初,地面二次雷达开始应用于航行管制,不但能确定飞机位置,还能鉴别飞机和确定高度。第三阶段,20 世纪 70 年代初至 80 年代初,计算机开始普遍应用于空中交通管制,西方发达国家的空中交通管制中心大量装备以计算机为核心,包括雷达、显示和通信的自动化航行管制系统。第四阶段,20 世纪 80 年代至今,随着空中交通管制业务量的急剧攀升,西方国家将快速发展的微电子技术、微型计算机、光纤通信和新的显示技术应用到自动变化空中交通管制系统中,研制了第四代的自动化空中交通管制系统。

三 交通电子控制技术在道路交通控制中的一些主要应用

交通电子控制系统一般由传感器、控制器和执行器三大部分组成。其中传感器用于采集检测交通信息,控制器用于分析处理传感器采集的交通信息,而执行器则用于根据控制器的分析结果进行相应的调整控制。

近年来,城市化进程的加速和汽车保有量的急剧增长给城市交通带来前所未有的压力,从而引发了一系列城市道路交通问题,城市的道路交通控制系统应运而生。交通控制的任务是对道路上的交通流进行合理的引导和控制,以缓和或防止交通拥挤的发生、减少尾气排放和噪声污染以及能源消耗,并及时为交通参与者提供实时的路况交通信息,以便提高交通安全,尽量避免交通拥挤并防止其扩散。

下面就列举一些当前被广泛用于道路交通信息的采集检测、分析处理和调整控制的交通电子控制系统。

(一)城市道路的车辆检测

车辆检测器(又称车辆交通信息采集系统)是现代交通控制系统中的基础设施,是交通电子控制系统的传感器。车辆检测器以机动车辆为检测目标,检测车辆的通过或存在状况,其主要的检测对象包括检测车辆的行驶速度、交通量、车道占有率、车间距等信息,为智能交通控制系统提供足够的信息,以便进行控制和决策。

车辆检测技术水平的高低,直接影响到道路智能交通监控系统的整体运行和管理水平。随着车辆的增多和交通的飞速发展,道路交通控制中,除了交通流信息外,对表征车辆特征的车标、车牌、车辆形状等信息也需要利用电子手段进行采集。

车辆检测器根据其工作原理可分类如下。

1.感应线圈检测方式

感应线圈检测的原理是当车辆通过预先埋设在道路路面下的一般由环形电线组成的感应线圈时,会引起感应线圈中的电感发生变化,进而引起电路参数的变化,利用测量仪表检测这些变化就可达到车辆检测的目的。图1-5为感应线圈检测车辆的原理示意图。

2.微波检测方式

微波检测的原理是通过发射低能量的连续频率调制微波信号并接收处理回波信号,可以检测出多个车道的车流量、道路占有率、平均车速、长车流量等交通流参数。

3.磁映像检测方式

磁映像检测的原理是利用车辆通过时对地磁场的影响,检测地磁磁力线的变形从而获取车辆交通参数。

4.气压管检测方式

气压管检测的原理是选用橡胶气压管作为传感元件,当车辆经过气压管检测器时,气压管就会产生一个信号,传到路旁单元上,形成一个车轴电信号,从而来检测交通流数据。

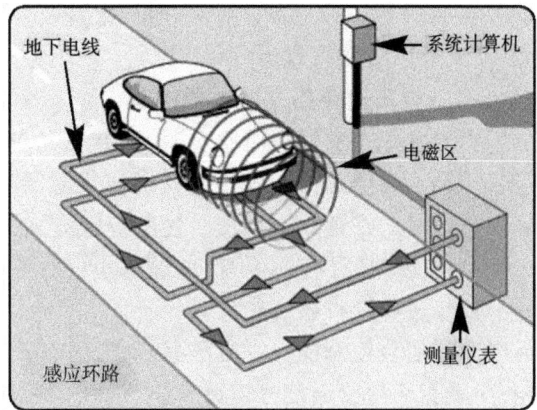

图 1-5　感应线圈检测车辆示意图

5.光信标检测方式

光信标检测的原理是通过设置在道路上的投射光、接收光装置与行驶的车辆进行双向通信,向车辆提供信息和收集车辆信息。

6.超声波检测方式

超声波检测与微波检测类似,可利用多普勒效应反射原理,通过接收由超声波发生器发射的并经过车辆反射的超声回波检测车辆。

7. RFID 检测方式

RFID 检测是通过射频的手段检测和识别车辆的身份、特性等信息,如图1-6所示。通过 RFID 检测可记录车辆有关信息和行驶路线,提供精确的交通流数据,为交通规划提供准确依据,保障道路有序畅通。

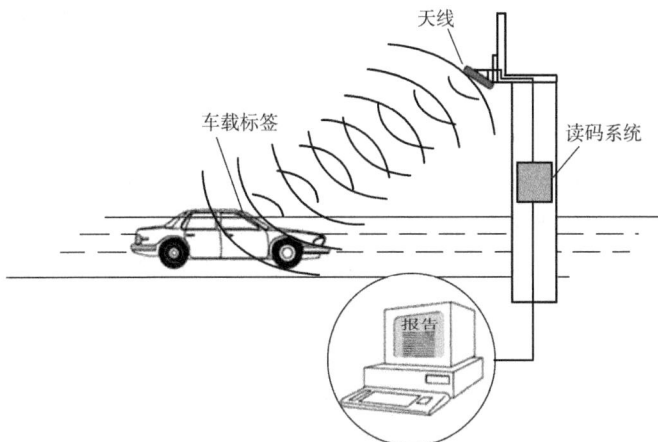

图 1-6　RFID 检测车辆示意图

8. 视频检测方式

视频检测的原理是通过视频摄像机作传感器,在其视频范围内设置虚拟线圈,即检测区。当车辆进入检测区时,采集图像的背景灰度发生变化,从而得知车辆的存在,并可提供全面的交通数据信息和事故检测信息,如道路上车辆的车流量、平均速度、平均车头时距、车道占有率、车型分类、停车报警、逆行报警及拥堵报警等信息,同时可为管理人员提供可视图像,使管理更直观可靠。

(二)城市道路的交通信号控制

世界各国交通管理经验表明,道路交叉口交通管理的最有效方法之一就是交通能够由信号控制。在道路上用来传送具有法定意义的指挥交通流通行或停止的光、声、手势等,都是交通信号。在道路交通信号控制中,常用的交通信号主要有灯光信号和手势信号。

利用交通电子控制系统,通过电子设备控制相应的交通灯光信号,称为交通信号控制。

1. 交通信号控制的分类

交通信号控制的分类方法有多种,按照控制的区域范围可分为单个交叉口交通信号控制、干线交叉口交通信号协调控制,以及区域交通信号控制;按照控制的原理方式可分为定时控制、感应控制和自适应控制;按照控制的运行方式可以分为定时式离线控制系统和感应式在线控制系统。

1)按照控制的区域范围划分

按照控制区域和范围的不同,可以分为点控、线控和面控。

(1)点控:单交叉口控制

在单交叉口控制中,每个交叉路口的交通控制信号只按该交叉口的交通状况独立运行,不与其相邻交叉口的控制信号有任何联系。单交叉口控制是交叉口交通信号控制最基本的形式。该控制方式适用于相邻信号控制机间距较远、线控无多大效果时;或者因各相位交通需求变动显著,其交叉口的周期长和绿信比的独立控制比线控更有效的情况。单点控制的主要控制参数是周期和绿信比。必须考虑的因素是车辆延误和交叉口的通行能力。控制目的是车辆总延误时间最小,并使交叉口的车辆通行能力得到最大的利用。

(2)线控:交通干线的协调控制

干线协调控制是将城市交通干线上若干连续交叉口的交通信号通过一定方式联系起来,对各交叉口设计一种相互协调的信号配时控制方案,使得各交叉口的信号灯按此协调方案联合运行,以便车辆通过这些交叉口时不致经常遇上红灯或少遇红灯,进而减少车辆停车次数,提高车辆连续通行的能力。

(3)面控:交通区域的协调控制

区域协调控制方式是把一个区域内的多个交叉口看作一个整体进行信号协调控制。根据需求的不同,系统的控制目标也有所不同,可以用区域内车辆的总延误、停车率、平均排队长度或总的油耗作为系统的目标函数。区域协调控制是从干线协调控制的基础上发展起来的。对范围较小的区域,整个区域可集中控制;对范围较大的区域,可分区分级控制。分区的结果往往使面控成为一个由几条线控组成的分级集中控制系统,这时可认为各线控是面控的一个单元。分区有时也使面控系统成为一个集点、线、面控制于一体的综合性分级控制系统。

2)按照控制的原理方式划分

(1)定时控制

定时控制是按照事先设定的配时方案运行的控制方式,其配时的依据是历史交通流数据。定时控制又分为单时段定时控制和多时段定时控制。单时段定时控制一天只用一个配时方案。多时段定时控制是找出一天里不同时段交通流的变化规律,用人工方法或计算机仿真预先准备好一天中不同时段内使用的配时方案,将这些方案存储在信号控制机或中心计算机中。在实行控制时可以用不同的方式调用这些配时方案,可以根据日历钟在规定的时间表中选择对应的控制方案,也可以按车辆检测器测量的实时交通数据选用合适的方案。

(2)感应控制

在交叉口的进口道上安装车辆检测器,信号机根据车辆检测器测得的交通流数据实时调整相应的相位顺序和相位长度,以适应交通的实时变化,这种控制方式与定时控制相比具有更大的灵活性。感应控制适用于饱和度较低或各相位交通流相差较大的交叉口的控制,尤其是在交通流没有明显的变化规律、随机性较强的情况下,效果特别明显。感应控制源于孤立交叉口的车辆感应控制,后经发展,交通干线和路网也采用了感应控制方式。当交叉口各方向车流量接近饱和流量时,绿灯时间经过调整必然接近各方向允许的最大绿灯时间,此时控制方式接近于定时控制。可见,感应控制方式与定时控制方式一样,其应用有条件限制,要认真分析其可行性和预期的效果。

(3)自适应控制

自适应控制方式把交通系统看作一个不确定性系统,实时收集车辆检测器检测的交通流数据,了解和掌握交通状态,如车流量、停车次数、排队长度和延误时间等,根据交通流的动态随机变化而自动地调整信号控制参数,使控制效果保持最优或次最优。

3)按照控制的运行方式划分

(1)定时式离线控制

定时式离线控制系统指利用交通流统计数据进行离线优化处理,得出最优信号配时方案,存入信号机或控制计算机内,对整个区域交通实施控制。定时式离线控制系统简单可靠,但不能及时响应交通流的随机变化,当交通量数据过时后,控制效果明显下降。英国的TRANSYT就是一个典型的定时式离线控制系统。

(2)感应式在线控制

感应式在线控制系统指通过路网上的车辆检测器,实时采集交通数据,进行交通模型辨识,在线求解与配时参数有关的优化问题,从而获得最优配时方案,然后对区域内的交通信号实施控制。感应式在线控制系统能够及时响应交通流的随机变化,控制效果好。感应式在线控制系统主要有英国的 SCOOT、德国的 ACTRA、澳大利亚的 SCATS、意大利的 UTOPIA、美国的 RHODES 和 OPAC,以及法国的 PRODYN 等。

2. 交通信号控制系统介绍

1)TRANSYT 系统

TRANSYT(Traffic Network Study Tool,即交通网络研究工具)是世界上流传最广、应用最普遍的一种离线优化交通网络信号配时的算法。采用 TRANSYT 算法确定信号配时方案的系统称为 TRANSYT 系统。TRANSYT 的最初版本由英国交通与道路研究所(TRRL)的交通控制专家 Robertson 于 1966 年提出,其基本原理如图 1-7 所示。

TRANSYT 系统主要由以下两部分组成。

(1)交通仿真模型

建立交通模型的目的是用数学方法模拟交通流在路网上的运动状况,研究路网配时参数的改变对交通流运动的影响,以便客观地评价路网配时方案的有效性。因此,交通模型应当能够对不同路网配时方案控制下的交通流运行状况,即延误时间、停车率等指标做出可靠的估算。

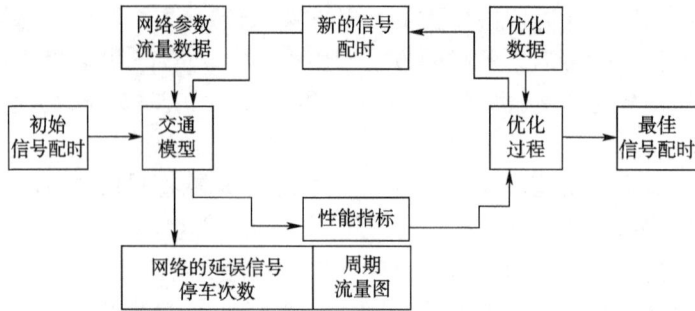

图1-7　TRANSYT系统基本原理图

TRANSYT将复杂的路网简化成适于数学计算、由节点与连线组成的路网结构简图。在路网结构简图中,每一个节点代表一个信号控制交叉口,每一条连线代表一条驶向下游交叉口交通流。连线不同于车道,一条连线可以表示一条或几条车道上的交通流,而一个进口道上几条车道可以用一条或几条连线表示。

(2)交通优化过程

TRANSYT采用"爬山法"对信号配时方案进行逐步优化,其基本思想为:在初始方案的基础上,以适当的步距向正、负两个方向进行试探性调整,将调整后的方案与初始方案相比较,通过反复试探确定最优方案。

TRANSYT是最成功的静态系统,已被世界上400多个城市所采用,产生了显著的社会经济效益。该系统的不足之处是:计算量很大,很难获得整体最优的配时方案,需要大量的路网几何尺寸和交通流数据的支撑。

2)SCOOT系统

SCOOT(Split Cycle Offset Optimization Technique,即绿信比—周期长—相位差优化技术)是一种配时方案生成式的区域协调实时控制算法,由英国交通与道路研究所(TRRL)研究并投入使用。采用SCOOT算法确定信号配时方案的交通控制系统称为SCOOT系统。

SCOOT是在TRANSYT的基础上发展起来的一种交通网络实时协调控制的自适应控制系统,其原理如图1-8所示。该系统的优化原理与TRANSYT相仿,但SCOOT系统能够结合安装于各交叉口每条进口道上游的车辆检测器实时采集到车辆的到达信息,联机进行处理并形成相应的控制方案。该系统能够连续实时地调整绿信比、周期长及相位差三个控制参数,使其与变化的交通状况相适应。因此,SCOOT系统是一种在线交通信号控制系统。

SCOOT主要由交通量检测数据的采集与分析、交通仿真模型、交通信号配时参数的优化及调整、交通信号系统的控制四部分组成。车辆检测器采集交通量信息,经过处理后形成周期流量图式(Cycle Flow Profiles,CFP),与预先存储在计算机中的静态参数(如连线上车队运行时间、信号相位顺序及相位时间等)一起在仿真模型中进行计算。SCOOT优化程序由此计算得到信号配时的最优组合,得到的最佳配时方案即送到控制器予以实施。

SCOOT系统优化采用小步长渐近寻优方法,计算量较小。这样可以跟随CFP的瞬间变化,使得配时方案的调整对交通流的连续性影响较小。

SCOOT系统是一种上下两级结构,上一级为中央计算机,下一级为路口信号机。交通量的预测及配时方案的优化是在中央计算机上完成的;信号控制、数据采集、处理及通信是由信号机完成的。

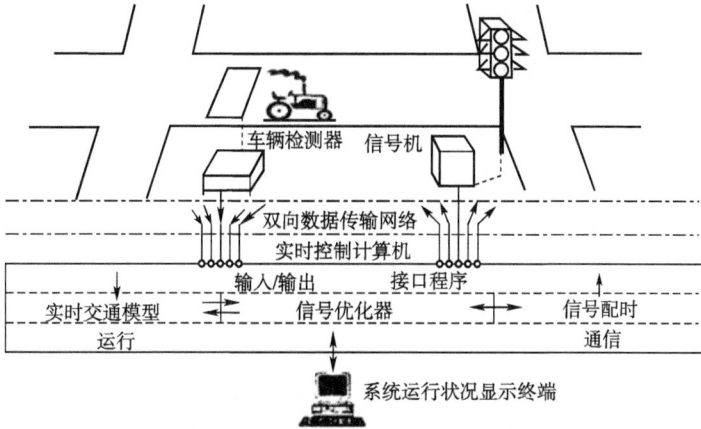

图 1-8　SCOOT 系统原理图

SCOOT 系统经过 30 年的发展和完善,在世界上 200 多个城市得到应用。实践表明,由于采用实时控制,SCOOT 系统的控制效果要明显优于 TRANSYT 系统。但该系统也存在很多不足,比如,以小步长调整绿信比可能不能满足交通实时需求;相位不能自动增减,相序不能自动改变;子区不能自动划分,饱和流率不能自动校准;由于采用集中式的控制结构,单个检测器的失效就可能导致系统的崩溃;硬件投资大,现场调试安装繁琐,维护费用高。

3)ACTRA 系统

ACTRA(Advanced Control & Traffic Responsive Algorithm)是由德国西门子公司在美国开发的一个交通信号控制系统软件,是目前世界上技术比较领先的交通信号控制系统软件之一。其主要由三大模块组成:中心控制模块、通信模块及路口信号控制模块。

在 ACTRA 系统中使用的 ATC2070 现场信号机是一种最新的开放式结构的信号机,其软件和硬件分离,具有自适应和多种灵活的控制战略,使得系统的许多自适应控制运算在下端完成,可提高整个系统的反应速度。这是 ACTRA 系统优于其他系统的特点之一。

ACTRA 系统区别于 SCOOT 的最大优点是它所具有的感应式线协调控制功能。ACTRA 使用系统 TOD 命令和本地信号机控制功能来实现感应式线协调控制。感应式线协调控制是在线协调控制的基础上,在保持周期恒定的同时,通过检测器实时感应来自各个方向的交通请求,合理分配协调相位以及非协调相位时间长度。

4)SCATS 系统

SCATS(Sydney Coordinated Adaptive Traffic System,即悉尼协调自适应交通系统)是一种实时方案选择式自适应控制系统,它通过运用计算机及通信等技术来解决交通组织及交通信息管理的问题,所提供的功能基本上体现了当前交通控制系统研究开发的技术成果。SCATS 系统由澳大利亚新南威尔士道路和交通局(RTA)于 20 世纪 70 年代开始研究,80 年代初投入使用。

如图 1-9 所示,SCATS 系统使用的是 3 层分层

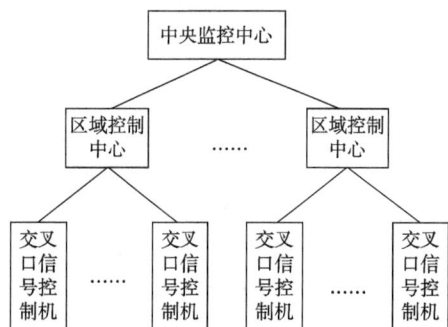

图 1-9　SCATS 系统结构图

式控制结构,由中央监控中心、区域控制中心和交叉口信号控制机构成。

中央监控中心配有监控计算机和系统数据库管理计算机,负责整个 SCATS 系统的监控和管理。监控计算机对整个控制系统运行状况以及各项设备工作状态进行集中监视。系统数据库管理计算机对所有各区域控制中心的各项数据以及每一台交叉口信号控制机的运行参数作动态存储。

区域控制机可根据实际情况进行安装。每个区域控制机可控制 250 个交叉口信号控制机。区域控制机的主要功能是通过分析各路交叉口信号控制机送来的车流数据,进而确定控制策略,实现对本地区各交叉路口的实时交通控制。同时,区域控制机还将所收集的交叉路口的各种数据送到控制中心,形成运行记录,作为保留并用于脱机分析。此外,区域控制机还要记录各交叉口信号控制机出现的故障。

在 SCATS 系统中,每个交叉路口都安装一台以微处理器为核心的交叉口信号控制机,其主要功能是采集路口各检测器提供的实时交通数据并加以初步分析整理,通过通信网络传送到区域控制机,用以调整配时方案;接收区域控制机的指令,控制本路口各信号灯的灯色变换;在实施感应控制时,根据本路口的交通需求,自主地控制各入口信号灯的灯色变换。

SCATS 系统在实行对若干子系统的整体协调控制的同时,也允许每个交叉口独立地实行车辆感应控制,前者称为"战略控制",后者称为"战术控制"。战略控制与战术控制的有机结合,大大提高了系统本身的控制效率。SCATS 正是利用了设置在停车线附近的车辆检测装置,才能这样有效、灵活。所以,实际上 SCATS 是一种可用感应控制对配时方案作局部调整的方案选择系统。

SCATS 系统具有如下特点:

(1)检测器安装在停车线处,不需要建立交通模型,因此,其控制不是基于模型的。

(2)周期、绿信比和相位差的优化是在预先确定的多个方案中,根据实测饱和度值挑选一个。

(3)支持可变相序,可以根据交通需求改变相序或跳过下一个相位(如果该相位没有交通请求的话),因而能及时响应每个周期内的交通请求。

(4)具有局部车辆感应控制功能。

(5)每个周期都可以改变周期时间。

(6)可以自动划分控制子区。

SCATS 系统投资较小,在全世界 60 多个城市得到了成功应用。但由于 SCATS 系统未使用交通模型,而是根据类饱和度和综合流量从既定方案中选择配时参数,因此限制了配时方案的优化程度,而且由于 SCATS 系统中检测器设置在停车线附近,无法检测车辆排队长度,降低了相位差优选的可靠度。

5)UTOPIA 系统

UTOPIA(Urban Traffic Optimization by Integrated Automation)系统是意大利 Mizar Automazione 公司开发的分布式实时交通控制系统。其最早版本于 1985 年安装在意大利的都灵市,现已有 150 个路口安装了 UTOPIA,取得了比较满意的效果。目前,Peek 公司拥有 UTOPIA 系统的版权。该系统在意大利、挪威、荷兰、瑞典、芬兰和丹麦等国应用较多,英国和美国有个别城市也在使用该系统。

UTOPIA 系统由两部分组成:区域和本地。UTOPIA 是比较高级的区域控制,其优化过程使用基于历史数据的宏观交通模型。SPOT(Signal Progression Optimization Technology)完成本地优化工作,在每个交通控制器上使用微观模型,利用本地控制器和区域模型的数据优化单个路口控制。

6)RHODES 系统

RHODES(Real-time Hierarchical Optimized Distributed and Effective System,实时、递阶、最优化的、分布式且可实施的系统)系统是由美国亚利桑那大学开发成功的一个实时内适应区域交通控制系统。测试表明,该系统对半拥挤的交通网络比较有效。

RHODFS 系统以相位可控化、有效绿波带和预测算法为核心技术。相位可控化是根据到达车辆的预测值,用动态规划的方法找出最优相序和相位长度。有效绿波带是根据当前车队预测值用决策树法进行网络综合优化并实时生成行进绿波带,使延误和停车次数最小。系统通过 APRES_NET 预测模型,预先获得必要的交通流信息,并对其提前做出及时有效的响应;采用非参数化控制模型来完全适应实时交通信号控制,该模型不再利用传统的周期、相位差和绿信比等参数来确定配时方案,而是改用相序和相位长度来确定配时方案。

7)OPAC 系统

OPAC(Optimized Policies for Adaptive Control,自适应控制的最优策略)系统是美国 PB Farradyne Inc. 公司和马萨诸塞大学于 1979 年共同开发的一个分布式实时交通信号控制系统。测试表明,它对拥挤的交通干线比较有效。

OPAC 系统基于动态规划原理来优化控制策略,仍然采用数学模型的方法求解;它引入了虚拟固定周期(Virtual Fixed Cycle,VFC)的概念,即允许每个路口的周期长度在一个规定的时间和空间范围内变化,这使信号机有较大的回旋余地来应对本路口的交通请求,也为改善车队通行带保留了一定的协调能力。OPAC 系统是一个真正的分布式系统,中心计算机只完成 VFC 优化,路口机则完成车队预测、相位优化以及排队长度、停车次数和延误等参数状态的检测和估计。OPAC 系统采用了动态规划、自校正、自调整算法等先进的优化方法和控制技术。

8)PRODYN 系统

PRODYN(Dynamic Programming,动态规划)系统是法国 CERT/ONERA 于 20 世纪 80 年代末开发成功的一种实时交通控制系统,是一个分布式系统。在 PRODYN 系统中的每个路口都要在滑动时间窗上求解一个向前动态规划问题,以获得最优控制方案;系统采用滑动时间窗口技术,用基于先验概率的 Bayesian 估计技术来预测排队长度和拥挤程度,用卡尔曼滤波技术来预测转向率和饱和度。

目前实际运行应用 PRODYN 系统的还不多,具体运行情况还需要时间来验证。

(三)高速公路的交通监控

高速公路的交通监控分为交通监视与交通控制两部分。

所谓交通监视就是利用路面、路旁的数据采集、监测设备和人工观察,对道路交通状况、路面状况、天气状况和设备的工作状况等参数进行实时观察与测量,并通过传输系统送到中心控制室。

所谓交通控制就是利用监控中心计算机或监控员实时处理系统各种数据,按照一定的模式进行分析、判断和决策,并将决策结果和控制命令通过传输系统送至路上驾驶员信息系统、收费控制设备或匝道控制设备,以促进行车安全,提高行车效率。对于引起延误的事件迅速响应,提供紧急服务,快速排除,从而达到调节和控制道路交通状况的目的。

因此,高速公路的交通监控就是依据交通参数及交通条件的历史数据和实时数据,按照某种预定的性能准则进行调节,使公路保持最佳的运行状态。

高速公路的交通监控主要包括主线监控、入口匝道监控,以及出口匝道监控三部分,每部分均可包含一个或多个可独立或协调运行的交通电子控制系统。

1. 主线监控

高速公路对主线交通进行调节、诱导和控制,使交通流保持均匀和稳定,从而改善运行安全,提高通行能力,缓解主线上的交通拥挤和交通瓶颈对交通的影响。高速公路主线有以下几种控制方式。

1)可变车速控制

在高速公路上设置可变速度标志,使驾驶员按指示的安全车速行驶。运用可变速度标志限制车速能使车流平稳、车速均匀,从而提高瓶颈路段的通行能力。

2)车道封闭控制

美国的一些高速公路使用封闭标志来提高使用效率,这些标志通常位于各车道上方,用垂直绿箭头表示允许通行,用红"×"表示该车道封闭,车辆必须离开该车道。

3)潮汐可逆车道控制

高速公路在早晚上下班高峰时间,交通量容易出现如潮汐一般的车流量不平衡,可能的解决方法是设计潮汐可逆车道。为一条新建高速公路设计可逆车道时,最好与一般车道分开,形成三车道以达到安全行驶的目的。在匝道与可逆车道连接处,可用水平移动的剪刀式栏栅和可变信息标志加以控制。

2. 入口匝道监控

入口匝道控制可以直接控制进入高速公路的交通量,使整个高速路网上的交通流量合理分布,充分利用其通行能力,消除或减少匝道处交通流会合时的冲突和事故,并可以影响与之相邻的普通道路的交通状况,是高速公路交通控制的主要手段。

入口匝道控制的基本原理是利用匝道信号灯调节车辆进入高速公路主线的流率,使交通需求不超过其通行能力,从而保证高速公路运行在最佳状态附近。准备进入高速公路的车辆,将要在入口匝道处排队等待,若不想等待,则可选择其他替代路线,从而实现交通分流。采用入口匝道控制可减少高速公路拥堵情形,提高入口匝道车辆并入主线时的安全性。此外,还有减少交通事故、降低空气污染、降低高速公路短途交通比例等作用。匝道控制依据控制范围可分为单点动态控制(Local/Isolated Metering)与动态协调控制(Coordinated Metering);依据对实时信息响应的不同,可分为静态控制(Pretimed Metering)和动态控制(Responsive Metering)。

1)静态控制

静态控制是20世纪60年代在缺乏现代交通检测技术和计算机技术背景下,基于数学规划理论发展起来的。根据历史数据制订不同时段内各个匝道的协调控制策略,并预置于控制机中。这种控制具有简单易行、投资省等优点。如果交通状态较稳定,可以产生较理想的控制效果,比较适于解决常发性交通拥挤;但由于不能针对实时检测信息做出响应,灵活性较差。

2)单点动态控制

单点动态控制的基本目的是解决单点匝道交通拥挤,控制范围为某一处匝道,利用匝道及其相邻路段的实时监测和预测数据代替历史数据作为控制决策的基础。其基本思路是将匝道控制视为状态调节器,通过调整匝道流入率使得其下游主线的密度和占有率尽量维持在理想状态。

与静态控制相比,单点动态控制具有很大的灵活性。但由于其考虑范围仅限于某个匝道而不考虑各匝道之间的协调,因此,还无法达到系统最优的目标。另一方面,与动态协调控制相比,单点动态控制不论技术复杂性还是投资费用都要低得多,并且,在相当多的情况下,高速公路的局部问题比系统问题要严重。因此,单点动态控制领域仍有相当大的研究和发展空间。

3)动态协调控制

动态协调控制兼具协调控制与动态控制的特征,其控制范围为高速公路系统所有或局部区域部分匝道,利用实时监测和预测数据代替历史数据作为控制决策的基础。

3. 出口匝道监控

该方法是以缓解出口匝道衔接的平面交叉口的交通拥堵和防止出口排队过长而导致高速公路上交通拥堵为目的的控制方法,包括调节驶离高速公路的车辆数和封闭出口匝道。但实际应用中,出口匝道控制较少被使用。

(四)智能交通系统的构建

智能交通系统(Intelligent Transportation Systems,ITS)是将先进的信息技术、数据通信技术、检测传感技术、自动控制理论、运筹学、人工智能、电子控制技术以及计算机处理技术综合运用于整个地面运输管理系统而建立起的一种大范围、全方位发挥作用的实时、准确、高效的公路运输综合管理系统。该系统将汽车、驾驶员、道路及其相关的服务部门相互连接起来,并使汽车与道路的运行功能一体化、智能化。具体地说,智能交通系统将采集到的各种道路交通及各种服务信息经过交通管理中心集中处理后,传输到公路运输系统的各个用户,包括驾驶员、居民、公安局、停车场、运输公司、医院、救护排障等部门。出行者可进行实时的交通选择,交通管理部门可自动进行合理的交通疏导、控制和事故处理,运输部门可随时掌握车辆的运行情况,进行合理调度,从而使路网上的交通流运行处于最佳状态,最大限度地提高路网的通行能力,提高整个公路运输系统的机动性、安全性和生产效率;同时减少公路运输对环境污染的影响。智能交通系统可应用到各种车辆(包括货车、公共汽车和小汽车),各种信息设施(包括计算机、公用电话和手持通信装置,以及地面交通运输系统的所有部分包括高速公路、城市干道、乡村道路、转运站、港口和国际联结终点站等)。

智能交通系统由先进的交通管理系统(Advanced Transportation Management Systems,AT-MS)、先进的出行者信息系统(Advanced Traveler Information Systems,ATIS)、先进的车辆控制系统(Advanced Vehicle Control Systems,AVCS)、先进的公共运输系统(Advanced Public Transportation Systems,APTS)以及商用车辆运营系统(Commercial Vehicle Operation Systems,CVOS)五个子系统构成。智能交通的核心之一是电子控制,其典型应用包括电子不停车收费(Electronic Toll Collection,ETC)、地理信息系统(Geographic Information Systems,GIS)、全球卫星定位系统(Global Positioning Systems,GPS)、自动驾驶、自动泊车系统、自动车辆定位、不停车称重系统等,它们都会用到基于传感器、控制器和执行器的交通电子控制系统。

(五)智慧交通的实现

智慧交通(Smart Transportation)是将物联网、云计算、大数据为代表的智能传感器技术、信息网络技术、通信传输技术和数据处理技术等有效集成,并运用到整个交通系统中,在更大的时空范围内发挥作用的综合交通体系。可以说,智慧交通是ITS在移动互联网、物联网、3G/4G无线通信网络等的全新技术与产业环境下的演绎。智慧交通可以提高交通系统的运行效率,减少交通事故,降低环境污染,促进交通管理及出行服务系统建设的信息化、智能化、社会化、人性化水平。它将有助于最大限度地发挥交通基础设施的效能,提高交通运输系统的运行效率和服务水平,为公众提供高效、安全、便捷、舒适的出行服务。智慧交通的发展会有一些新颖的技术内容,包括车联网、路联网、车路协同,虽然目前该技术还处于前沿技术领域,但相信很快就会变为成熟的应用技术。

四 嵌入式交通电子控制系统

1. 嵌入式系统的基本概念

美国电气和电子工程师协会(Institute of Electrical and Electronics Engineers, IEEE)对嵌入式系统的定义为:用于控制、监视或者辅助操作机器和设备的装置。国内普遍认同的嵌入式系统定义为:以应用为中心,以计算机技术为基础,软硬件可裁剪,适应应用系统对功能、可靠性、成本、体积、功耗等严格要求的专用计算机系统。

相对于上述概念来说,非嵌入式系统就是指通用计算机,也就是平时所用的 PC 机(个人计算机)。非嵌入式系统安装于硬盘或固态硬盘(如内存卡),系统可以 DIY,启动时从硬盘读取系统数据,在 RAM 建立一个临时的操作系统环境,关机后消失,每次启动都要重新建立一个临时系统环境。其缺点是启动慢、硬件庞大、耗能高;优点是通用性高,在强大的系统支持下,RAM 内存可以运行各种大型软件,功能多样。

嵌入式系统则安装于设备主板的 ROM 只读存储器中,系统也定制在 ROM 中,能够瞬间启动,启动效果类似于 PC 的待机恢复(软件留在内存)。其优点是耗能低、效率高、反应快、系统稳定;缺点是 ROM 内存不能释放,所以不能安装太多的功能。

嵌入式系统的物理形态包括所有带有数字接口的电子设备,小如电子手表、手机、MP3 播放器、微波炉、数字电视,大如汽车、工厂控制器、工业机器人、磁共振成像设备等,都是嵌入式系统。

嵌入式系统一般由传感器、控制器和执行器三大部分组成。

嵌入式系统的传感器是一种检测器件或装置,能感受到被测量的信息,并能将感受到的信息,按一定规律变换成为可用电信号或其他所需形式的信息输出,以满足信息的传输、处理、存储、显示、记录和控制等要求。它是嵌入式系统实现自动调整控制的首要环节。

嵌入式系统的控制器是一种依据由传感器传来的输入信号,经过逻辑运算和判断调整发送至执行器的输出信号,从而改变系统状况的装置。它是系统发布命令的决策机构,是完成协调和指挥整个系统的操作。现代嵌入式系统通常是基于单片机(如含集成内存和/或外设接口的中央处理单元)或普通微处理器(如使用外部存储芯片和外设接口电路)的,有些嵌入式系统还包含操作系统(如 Android、iOS、Windows CE、Linux、VxWorks 等),但大多数嵌入式系统都必然包括由程序实现的控制逻辑。

嵌入式系统的执行器是一种可接收由控制器传来的控制信息并对受控系统施加控制作用的装置。它是嵌入式系统实现自动调整控制的最终环节。

以人们熟悉的智能手机接收来电并将来电号码显示这一功能来说,当手机内含有天线的通信模块接收并检测到有电话接入后,就会将相关信息通知正在运行操作系统(如 Android、IOS)的中央处理器 CPU(Central Processing Unit),中央处理器在通过相关运算后,将来电信息传送到集显示屏及其驱动于一体的显示模块。经此处理,我们就能在手机的显示屏上看到来电信息了。在此例中,手机内的通信模块是传感器,中央处理器是控制器,而显示模块则是执行器。

2. 嵌入式交通电子控制系统

在交通领域,诸如交通信号灯、交通倒计时灯、交通信号控制器、电子控制可变情报板、电子控制可变限速标志、电子警察、电子测速单元、车流量检测、车牌识别系统、气象检测系统、行车记录仪、车载终端等绝大多数交通电子设备,都是嵌入式的交通电子控制系统。

本书后续章节将重点针对基于 MCS-51 系列单片机的嵌入式交通电子控制的基本概念、原理、方法及应用进行系统详细的介绍。

思考练习

简答题

1. 什么是自动控制? 自动控制的任务是什么?

2. 简述自动控制发展的四个阶段。

3. 什么是自动控制系统? 结合结构框图说明开环控制系统和闭环控制系统的特点。

4. 简述你对交通电子控制技术的认识。

第二章 微控制器基础知识

现代计算机系统有两大分支:通用计算机系统和嵌入式计算机系统。前者是人类的"智力平台",后者是人类工具的"智力嵌入"。嵌入式计算机系统是嵌入到应用对象中的微型计算机系统,是硬件和软件结合的智力系统。随着大规模集成电路技术的发展,越来越多的嵌入式芯片被研发出来,如嵌入式微控制器、嵌入式微处理器、DSP、FPGA/CPLD、SOC 等。其中的嵌入式微控制器简称微控制器(Microcontroller Unit,MCU)。在国际上,"微控制器"的叫法更通用些,我国比较习惯称为"单片机"。

第一节 微控制器概述

一 单片机的基本概念

单片机就是微控制器,它是把组成微型计算机的各功能部件:中央处理器 CPU、随机存取存储器 RAM、只读存储器 ROM、I/O 接口电路、定时器/计数器以及串行通信接口等制作在一块集成芯片中,构成一个完整的单片微型计算机(图 2-1 所示为单片微型计算机的结构)。单片机是单片微型计算机的简称。

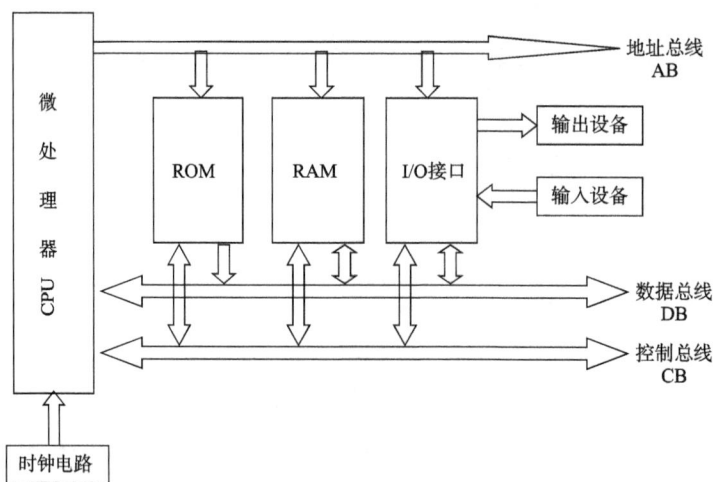

图 2-1 单片微型计算机硬件结构图

二 单片机发展概况

1970 年微型计算机研制成功之后,随着大规模集成电路的发展又出现了单片机,一开始是 4 位的,不具有实用价值。直到 1976 年 Intel 公司推出 MCS-48 系列单片机(8 位),它包括计算机的三个基本单元,已成为真正意义上的单片微型机,为单片机的发展奠定了基础,成为单片机发展进程中的一个重要阶段。单片机的发展大概经历了四个阶段:

第一阶段(1976—1978 年):低性能单片机的探索阶段。以 Intel 公司的 MCS-48 为代表,采用了单片结构,即在一块芯片内含有 8 位 CPU、定时/计数器、并行 I/O 口、RAM 和 ROM 等。主要用于工业领域。

第二阶段(1978—1982 年):高性能单片机阶段,这一类单片机带有串行 I/O 口,8 位数据线、16 位地址线可以寻址的范围达到 64KB、控制总线、较丰富的指令系统等。这类单片机的应用范围较广,并在不断地改进和发展。

第三阶段(1982—1990 年):16 位单片机阶段。16 位单片机除 CPU 为 16 位外,片内 RAM 和 ROM 容量进一步增大,实时处理能力更强,体现了微控制器的特征。例如 Intel 公司的 MCS-96,主振荡频率为 12MHz,片内 RAM 为 232B,ROM 为 8KB,中断处理能力为 8 级,片内带有 10 位 A/D 转换器和高速输入/输出部件等。

第四阶段(1990 年至今):微控制器的全面发展阶段。各公司的产品在尽量兼容的同时,向高速、强运算能力、寻址范围大以及小型廉价方面发展。

三 认识常见单片机系列

目前,世界上生产的各类单片机有 1 000 多种,按字长可分为 4 位、8 位、16 位、32 位以及 64 位等。我国目前流行的单片机主要有以下几个系列。

1. Intel 公司单片机系列

Intel 家族的单片机在我国普及率很高,是最早进入我国的单片机之一,主要有 MCS-51、MCS-251、MCS-96、MCS-296 四种。

2. Motorola 公司单片机系列

Motorola 是世界上最大的单片机生产厂家之一,其产品型号多达数百种。主要有 8 位单片机:MC68HC05、MC68HC08、MC68HC11 等系列。16 位单片机:MC68HC12、MC68HC16、DSP56800 等系列。32 位单片机:MC683××、MMC2×××、MPC500 等系列。Motorola 单片机的特点是外围功能较强。

3. ATMEL 公司单片机系列

它在单片机内部植入了 Flash ROM,使得单片机应用变得更灵活,在我国拥有大量的用户。其单片机分为 AT89、AT90、AT91 和智能 IC 卡四个系列。其中 AT89 系列是与 Intel 的 MCS-51 系列兼容的,是 8 位机,有 AT89C51/52、AT89LV51/52、AT89C51/52(带 ISP 功能)。另外,它的 AT90 系列是增强型 RISC(精简指令集)内载 Flash8 位单片机,通称 AVR 单片机,与 MCS-51 不兼容,也是增加了许多外围设备的机型,属于高性能的单片机。

4. 宏晶公司单片机系列

STC 系列单片机是以 MCS-51 内核为主的系列单片机。它是高速、低功耗、超强抗干扰的新一代 8051 单片机,指令代码完全兼容传统 8051,但速度快 8～12 倍,内部集成 MAX810 专用复位电路。典型产品为 STC89 系列。

5. PHILIPS 公司单片机系列

它着力发展了单片机的控制功能和外围单元,其80C51系列作为高性能兼容性单片机是最具有代表性的,品种齐全,采用CMOS工艺制造技术,高密度、高速度、低功耗。比如其典型产品80C552,与Intel公司的MCS-51系列单片机完全兼容,同时又增加了1个定时器/计数器和WDT(Watchdog Timer),串口增加了I^2C接口,带A/D转换器及2路PWM(Pulse Width Modulator)等新功能。

6. Microchip 公司单片机系列

它具有高速度、宽电压、低功耗、大电流LCD驱动能力等优点,其系列PIC单片机特别适合用于家电控制、通信、智能仪器、汽车电子等领域。

四 MCS-51 单片机系列

由于MCS-51单片机影响极其深远,许多公司都推出了兼容系列单片机,也就是说,MCS-51内核实际上已经成为一个8位单片机的标准。其他的公司的51单片机产品都是和MCS-51内核兼容的产品而已。同样的一段程序,在各个单片机厂家的硬件上运行的结果都是一样的。目前,MCS-51系列单片机各生产厂商的主流产品有几十个系列、几百个品种。尽管其各具特色、名称各异,但作为集CPU、RAM、ROM(或EPROM)、I/O接口、定时器/计数器、中断系统为一体的单片机,其原理大同小异。

综上所述,51系列单片机及其兼容机发展历史长、产品成熟、功能性较强、市场供应量充足、价格低廉,而且有了带ISP(In-System Programming)编程的芯片,初学者完全可以通过自己制作简单的电路和微机系统相连来进行调试和学习。并且51指令系统容易掌握,目前的编译系统还支持C语言作为开发语言,而且参考资料非常丰富,作为首选单片机的学习,是非常适合的。在掌握51单片机的基础上,去学习其他种类的单片机也比较轻松。

MCS-51是一个单片机系列产品,具有多种芯片型号。具体来说,按其内部资源配置的不同,MCS-51可分为2个子系列和4种类型,见表2-1所列。

MCS-51 系列单片机　　　　　　　　　　　表2-1

资源配置	片内ROM形式				片内ROM 容量	片内RAM 容量	定时器/ 计数器	中断源
	无	ROM	EPROM	E^2PROM				
MCS-51 子系列	8031	8051	8751	8951	4KB	128B	2×16	5
MCS-52 子系列	8032	8052	8752	8952	8KB	256B	3×16	6

MCS-51子系列包含4个产品,这4个产品具有不同的应用特性。

8051:单片机8051内部包含了4KB的ROM、128B的RAM、21个特殊功能寄存器、4个8位并行口、一个全双工串行口、两个16位定时器/计数器以及一个处理功能很强的中央处理器,是一台完整的微型计算机。

8751:是以4KB的EPROM代替4KB ROM的8051。

8951:是以4KB的E2PROM(或Flash ROM)代替4KB ROM的8051。

8031:是内部无ROM的8051。单片机8031不构成完整计算机,必须外接EPROM作为程序存储器。现在厂家已停止生产。

MCS-52子系列也包含4个产品,分别是51子系列的增强型。随着资源数量的增加,芯片的功能有所增强。片内ROM容量从4KB增加到8KB;RAM容量从128B增加到256B;定时器数目从2个增加到3个;中断源从5个增加到6个等。

1. 集成度高

MCS-51 系列单片机代表产品为 8051,8051 内部包含 4KB 的 ROM、128B 的 RAM、4 个 8 位并行口、1 个全双工串行口、2 个 16 位定时器/计数器以及 1 个处理功能强大的中央处理器。

2. 系统结构简单

MCS-51 系列单片机芯片内部采用模块化结构,增加或更换一个模块就能获得指令系统和引脚兼容的新产品。另一方面,MCS-51 系列单片机具有 64KB 的外部程序存储器寻址能力和 64KB 的外部 RAM 和 I/O 口寻址能力。Intel 公司标准的 I/O 接口电路和存储器电路都可以直接连到 MCS-51 系列单片机上以扩展系统功能,应用非常灵活。

3. 可靠性高

单片机产品和其他产品一样,出厂指标有军用品、工业品和商用品之分。其中军用品要求绝对可靠,在任何恶劣的环境下都能可靠工作,主要用于武器系统、航空器等方面。单片机属于工业品,能在常温下工作,不需要在温度恒定的机房内工作。由于单片机总线大多在芯片内部,不易受干扰,而且单片机应用系统体积小,易于屏蔽,所以单片机的可靠性较高。

4. 处理功能强,速度快

MCS-51 系列单片机指令系统中除了具有加、减、乘、除指令,以及各种逻辑运算和转移指令外,还具有位操作功能。CPU 时钟频率高达 12MHz,单字节乘法和除法仅需要 4μs,而且具有特殊的多机通信功能,可作为多机系统中的子系统。

第二节   MCS-51 单片机基本结构

一 内部结构框图

从系统结构上看,所有的 51 系列单片机都是以 Intel 公司最早的典型产品 8051 为核心不断增强的,指令系统、地址空间和寻址方式都是一样的。因而学习了基本的 MCS-51 指令,就可以对所有的 51 系列 8 位机进行编程操作。在芯片方面,目前 Atmel 公司的 AT89C、AT89S 系列 51 单片机的市场占有率比较高,而且价格优势突出,获得了广泛的应用。该系列不但和 8051 指令、管脚完全兼容,其片内的程序存储器是 FLASH 工艺的,这种工艺的存储器用户可以用电的方式瞬间擦除、改写,一般专为 ATMEL AT89 × × 做的编程器均带有这些功能。显而易见,这种单片机对开发设备的要求很低,开发时间也可大大缩短,因此,非常适合用于教学。目前,国内 80% 以上学校的单片机教学选用的都是 MCS-51 单片机,MCS-51 单片机的教材也有很多,由于 AT89C51 单片机与 MCS-51 完全兼容,且具有更多的优点,因此,在本教材中,选用了 AT89C51 单片机。

AT89C51 具有如下标准功能:4KB(Bytes) FLASH 片内程序存储器(ROM),128B 的随机存取数据存储器(RAM),32 条外部双向输入/输出(I/O)口线,5 向量 2 级中断结构,2 个 16 位可编程定时计数器,1 个全双工串行通信口,片内时钟振荡器。其内部结构框图如图 2-2 所示。

在具体使用中,大家会发现还有一种 Atmel 公司的 51 系列芯片 AT89C52。它同样是

MCS-51 兼容机,比 C51 增加了一点功能,它的内部 RAM 为 256B,可 ISP 编程 flash ROM 是 8KB,有 3 个 16 位定时器,1 个 6 向量 2 级中断结构,其余功能和 MCS-51 相同,使用方法也相同。

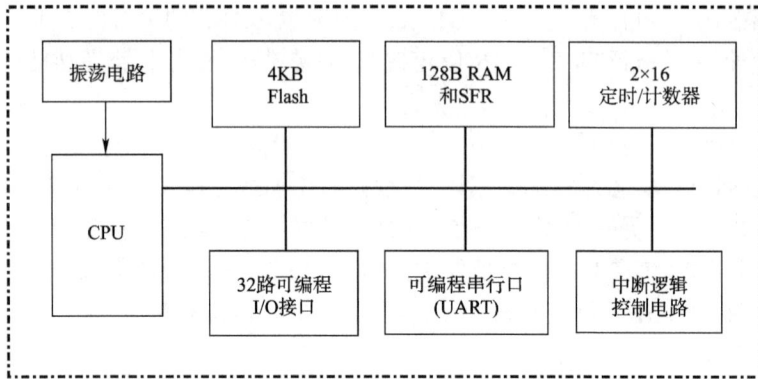

图 2-2 AT89C51 单片机内部结构框图

二 中央处理单元(CPU)

CPU 是单片机的核心部件,作为中央处理单元完成运算和控制功能。它主要由以下几部分构成:

1.运算器

运算器由算术逻辑单元 ALU、累加器 ACC、寄存器 B、暂存寄存器、程序状态字寄存器 PSW(Program State Word)组成。

1)算术逻辑单元 ALU

ALU 可以进行加、减、乘、除四则运算以及与、或、非、异或等逻辑运算;还可执行增量、减量、左移位、右移位、半字节更换、位处理等操作。

2)8 位累加器 ACC

51 单片机大多数指令都必须使用 ACC,它是使用最频繁的寄存器。它与 ALU 直接相连,加、减、乘、除、移位以及其他逻辑运算都要使用 ACC 作为数据的存放地。特别地,外部数据的读写也都必须使用 ACC。ACC 有两个名字:A 和 ACC。A 表示寄存器,ACC 表示用地址表达的寄存器(存储器)。除入栈出栈指令使用 ACC 这个名字外,其他指令中都用 A。

3)寄存器 B

寄存器 B 在乘、除运算时用来存放一个操作数,也用来存放运算后的一部分结果。在不进行乘、除运算时,可以作为普通的寄存器使用。暂存寄存器用来暂时存放数据总线或其他寄存器送来的数据。它作为 ALU 的数据输入源,向 ALU 提供操作数。

4)程序状态字寄存器 PSW

程序状态字,8 位。其中存放着当前 ALU 的一些操作状态特征。

2.控制器

控制器由指令寄存器 IR、指令译码器及控制逻辑电路组成。指令寄存器 IR 保存当前正在执行的一条指令。译码与控制逻辑是微处理器的核心部件,它的任务是完成读指令、执行指令、存取操作数或运算结果等操作,向其他部件发出各种操作控制信号,协调各部件的工作。

3. 其他控制器

1) PC (Program Counter)

程序计数器 (PC),16 位。PC 中存放着 CPU 要执行的下一条指令的地址,CPU 通过它产生 ROM 地址,从而读取指令。每执行一条指令,它都会自动增加。增加的数值依照已读指令的长短而变化。只有中断、跳转和调用指令才能使其作其他变化。每当开机或者复位时,它的初始值为 0000H。

注意,在本书中 PC 有两个含义,一为个人计算机 PC,一为程序计数器 PC。本书后续部分如无特殊说明,PC 均指程序计数器 PC。

2) DPTR

DPTR 为 16 位数据指针,主要用于存放外部 RAM 的数据地址或 ROM 数据表的基地址。因其是 16 位的,内存中分为两个 8 位寄存器存放数据,分别叫 DPH 和 DPL,DPH 存放地址的高 8 位,DPL 存放地址的低 8 位。

3) SP (Stack Pointer)

堆栈指针 (SP),8 位。用于指出当前堆栈的顶部地址,当有入栈操作时,SP 自动加 1,出栈时 SP = SP - 1。

三 存储器

单片机系统中,存放程序的存储器称为程序存储器,类似于通用计算机系统中的 ROM,只能进行读操作,存放数据的存储器称为数据存储器,相当于通用计算机系统中的 RAM。与通用计算机系统不同,单片机系统中的程序存储器和数据存储器都有各自的读信号($\overline{PSEN}$、$\overline{RD}$),换言之,单片机系统的存储器是两个相互独立的物理存储器,即程序存储器和数据存储器,它们的存储范围都是 64KB。

(一) 程序存储器

程序存储器主要用于存放单片机系统的执行程序和常数表格。AT89C51 单片机内部有 4KB 的 Flash,当程序小于 4KB 时,内部的 Flash 可用作程序存储器;当程序大于 4KB 时,就需要外扩程序存储器,最大可达 64KB。AT89C51 单片机有一个$\overline{EA}$引脚,当使用外扩的程序存储器时,要求$\overline{EA}$为低电平。

程序存储器大致可分成三个区块,如图 2-3 所示,第一块为开始的 3 个字节(0000 ~ 0002H),一般存放一条 2 字节(SJMP)或 3 字节(LJMP)的跳转指令,单片机复位时,PC = 0000H,即单片机总是从程序存储器中的 0000H 开始执行程序;第二块是中断矢量区,地址为 0003H ~ 002AH,每个中断矢量占 8 个字节,5 个中断服务程序入口地址共占 40 个字节。第三块是主程序区,地址从 002BH 开始直到 0FFFFH,存放程序、常数或表格。当单片机系统不使用中断时,主程序也可以从 0000H 开始存放,程序存储器通过 MOVC 指令访问。

(二) 数据存储器

数据存储器在物理上可分为两种,即内部数据存储器和外部数据存储器。内部数据存储器位于单片机内部,AT89C51 单片机内部共有 128KB 的存储单元(RAM),用 MOV 指令访问;而外部数据存储器是单片机系统外部扩展的存储器,可以有多达 64KB 的存储单元,访问外部数据存储器时,用 MOVX 指令。另外,AT89C51 单片机内部还有一组特殊功能寄存器(Special Function Registers,SFR)离散地分布在 80H ~ 0FFH 之间。数据存储器分布如图 2-4 所示。

0000H	跳转指令
0003H	外部中断0（INT0）中断服务程序入口地址
000BH	定时/计数器T0中断服务程序入口地址
0013H	外部中断1（INT1）中断服务程序入口地址
001BH	定时/计数器T1中断服务程序入口地址
0023H	串行口中断服务程序入口地址
002BH 0FFFFH	程序、常数或表格

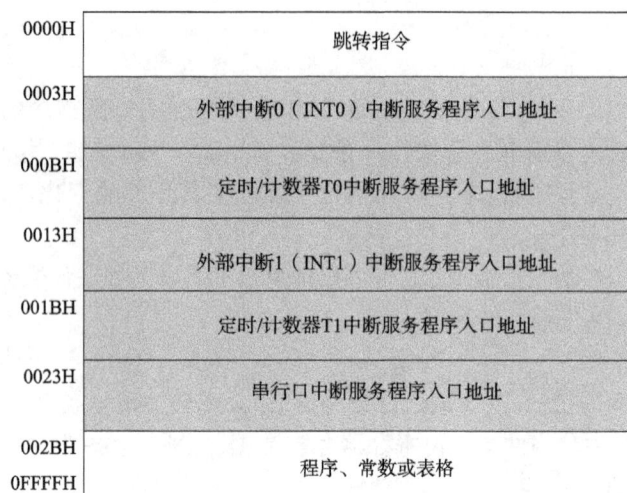

图 2-3　程序存储器分区图

1. 内部 128B 数据存储器

内部数据存储器共 128B(00H ~ 7FH)，在物理上又可以分为 3 个不同的区域，如图 2-5 所示。

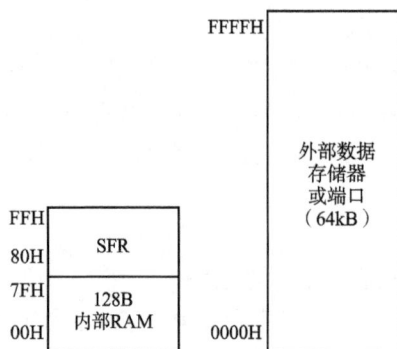

图 2-4　数据存储器分布图　　　图 2-5　内部数据存储器分块图

1）工作寄存器区

地址 00H ~ 1FH 为"工作寄存器区"，分成 4 组，每组 8 个单元，从低地址到高地址分别被称作 R0、R1…R7，工作寄存器的地址如表 2-2 所示。

工作寄存器分布　　　　　　　　　　　　表 2-2

寄存器组 0		寄存器组 1		寄存器组 2		寄存器组 3	
07H	R7	0FH	R7	17H	R7	1FH	R7
06H	R6	0EH	R6	16H	R6	1EH	R6
05H	R5	0DH	R5	15H	R5	1DH	R5
04H	R4	0CH	R4	14H	R4	1CH	R4
03H	R3	0BH	R3	13H	R3	1BH	R3
02H	R2	0AH	R2	12H	R2	1AH	R2
01H	R1	09H	R1	11H	R1	19H	R1
00H	R0	08H	R0	10H	R0	18H	R0

工作寄存器区一般是通过 Ri(其中 i＝0,1,2,3,4,5,6,7)进行存取,任何时候都是只能使用其中的一组工作寄存器,其余的寄存器组待用,可通过改变程序状态字 PSW 中的 RS1、RS0 位来切换工作寄存器组。如果不用 Ri 存取工作寄存器区,在任何时候都可以直接通过地址存取 00H～1FH 中的任何单元。

2)位寻址区

20H～2FH 的 16 个单元称为"位寻址区",一般的 RAM 单元存取的单位为字节,即只能对字节进行读写,而位寻址区中,单片机可以直接对位进行操作。位寻址区既可作为普通的 RAM 区用,也可以作为位寻址空间。位寻址区的 16 个字节构成 128 个位空间,具体的位地址分配如表 2-3 所示。

位 地 址 分 配 表　　　　　　　　　　　　表 2-3

字节地址	位　地　址							
2FH	7FH	7EH	7DH	7CH	7BH	7AH	79H	78H
2EH	77H	76H	75H	74H	73H	72H	71H	70H
2DH	6FH	6EH	6DH	6CH	6BH	6AH	69H	68H
2CH	67H	66H	65H	64H	63H	62H	61H	60H
2BH	5FH	5EH	5DH	5CH	5BH	5AH	59H	58H
2AH	57H	56H	55H	54H	53H	52H	51H	50H
29H	4FH	4EH	4DH	4CH	4BH	4AH	49H	48H
28H	47H	46H	45H	44H	43H	42H	41H	40H
27H	3FH	3EH	3DH	3CH	3BH	3AH	39H	38H
26H	37H	36H	35H	34H	33H	32H	31H	30H
25H	2FH	2EH	2DH	2CH	2BH	2AH	29H	28H
24H	27H	26H	25H	24H	23H	22H	21H	20H
23H	1FH	1EH	1DH	1CH	1BH	1AH	19H	18H
22H	17H	16H	15H	14H	13H	12H	11H	10H
21H	0FH	0EH	0DH	0CH	0BH	0AH	09H	08H
20H	07H	06H	05H	04H	03H	02H	01H	00H

3)RAM 区

30H～7FH 共 80 个字节,称为 RAM 区,一般作为普通的数据缓冲区和堆栈区使用。

2.专用功能寄存器区(SFR)

专用功能寄存器(SFR)也称为特殊功能寄存器,主要用于控制、管理单片机内部各种部件如算术逻辑部件、I/O 口、串行口(UART)、定时/计数器、中断系统等功能模块的工作,用户通过编程专用功能寄存器设定对应模块的工作方式。

AT89C51 单片机共有 21 个专用功能寄存器,各专用功能寄存器和 RAM 统一编址,离散地分布在 80H～0FFH 之间,访问这些专用寄存器仅允许使用直接寻址方式,对 80H～0FFH 之间未定义的单元进行读操作时,将得到一个随机数,写操作无任何意义。专用功能寄存器中,如果字节地址末位是 0 或 8,则该寄存器还可进行位寻址。如表 2-4 所示。

字节地址	(高位)			位地址				(低位)	SFR
0F0H	0F7H	0F6H	0F5H	0F4H	0F3H	0F2H	0F1H	0F0H	B
0E0H	0E7H	0E6H	0E5H	0E4H	0E3H	0E2H	0E1H	0E0H	ACC
0D0H	0D7H	0D6H	0D5H	0D4H	0D3H	0D2H	0D1H	0D0H	PSW
0B8H	—	—	—	0BCH	0BBH	0BAH	0B9H	0B8H	IP
0B0H	0B7H	0B6H	0B5H	0B4H	0B3H	0B2H	0B1H	0B0H	P3
0A8H	0AFH	0AEH	0ADH	0ACH	0ABH	0AAH	0A9H	0A8H	IE
0A0H	0A7H	0A6H	0A5H	0A4H	0A3H	0A2H	0A1H	0A0H	P2
98H	9FH	9EH	9DH	9CH	9BH	9AH	99H	98H	SCON
90H	97H	96H	95H	94H	93H	92H	91H	90H	P1
88H	8FH	8EH	8DH	8CH	8BH	8AH	89H	88H	TCON
80H	87H	86H	85H	84H	83H	82H	81H	80H	P0

1)程序状态字寄存器(PSW)

PSW 是 8 位寄存器,用于指示操作或运算结果的状态,字节地址为 0D0H,是一个可进行位寻址的寄存器,各位具体定义如表 2-5 所示。

PSW 寄存器的位定义 表 2-5

位	D7	D6	D5	D4	D3	D2	D1	D0
位定义	Cy	AC	F0	RS1	RS0	OV	—	P
位地址	0D7H	0D6H	0D5H	0D4H	0D3H	0D2H	0D1H	0D0H

(1)奇偶标志(Parity flag),如果 ACC 中有奇数个 1,则 P 为 1,否则 P 为 0。

(2)溢出标志(Overflow flag),有符号数运算时,如果发生溢出,则 OV 被置 1,否则清零。对于有符号数,如果用最高位表示符号,则一个字节能表示的数的范围为 −128 ～ +127。如果运算结果超出了这个数值范围,就会发生溢出,此时,OV 被置 1;在乘法运算中,如果乘积超过 255,则 OV 被置 1;在除法运算中,除数为 0 时,OV 被置 1。

(3)RS1、RS0:工作寄存器组选择位,当前工作寄存器组的选择如表 2-6 所示。

工作寄存器组的选择 表 2-6

RS1	RS0	寄 存 器 组	片内 RAM 地址
0	0	第 0 组	00H ～ 07H
0	1	第 1 组	08H ～ 0FH
1	0	第 2 组	10H ～ 17H
1	1	第 3 组	18H ～ 1FH

用户可以用软件改变 RS1 和 RS0 的值以切换当前选用的工作寄存器组。单片机在复位时,RS1、RS0 均为 0,故复位启动后,当前工作寄存器的缺省选择为第 0 组。

(4)F0:用户标志,由用户置位或复位。PSW.1 为保留位(Reserved)。

(5)AC:辅助进位标志(Auxiliary Carry flag)。AC 主要用于 BCD 码运算,当进行加法(或减法)运算时,如果低半字节(D3)向高半字节(D4)有进位(或借位),则 AC 置 1,否则清零。

(6)Cy:进位标志(Carry flag)。在进行加法(或减法)运算时,如果操作结果的最高位 D7 有进位,则 Cy 置 1,否则清零。在进行位操作时,Cy 作为操作位累加器。

2）堆栈指针寄存器（Stack Pointer Register，SP）

堆栈指针寄存器是一个 8 位专用功能寄存器，主要用于指示堆栈顶部在 RAM 中的位置。堆栈是向上生成的，即当执行 PUSH 或 CALL 指令时，SP 的值就会增加。系统复位后，SP 被初始化为 07H，堆栈实际上是从 08H 单元开始的，考虑到 08H～1FH 为工作寄存器区，20H～2FH 为位寻址区，程序可能会用到这些区域，所以，程序初始时最好把 SP 初值设为 2FH 以后的位置，如 60H 单元。在使用堆栈时要注意，堆栈一般设置在 RAM 的顶部，由于堆栈减少了内部 RAM 的可利用单元，不能设得太低，但也不能设得太高，如果在压栈过程中，SP 超过 07FH（对于 AT89C51 单片机），就会引起程序运行出错，这是单片机初学者常犯的错误之一。

3）P0、P1、P2 和 P3

P0、P1、P2、P3 分别为单片机 P0～P3 口的锁存器。

4）串行数据缓冲寄存器（Serial Data Buffer Register，SBUF）

SBUF 实际上是两个独立的寄存器，即发送数据缓冲寄存器和接收数据缓冲寄存器，两个寄存器共用一个地址（SBUF），当发送数据时，数据被送往发送数据缓冲寄存器；当接收数据时，接收到的数据被送往接收数据缓冲寄存器。

5）TH0、TL0、TH1 和 TL1

单片机有 2 个 16 位的定时/计数器，即 T0 和 T1，TH0、TL0 和 TH1、TL1 分别为 T0 和 T1 计数寄存器的高 8 位和低 8 位。

6）IP、IE、TMOD、TCON、SCON 和 PCON

这些 SFR 包含了单片机的中断系统、定时/计数器以及串行口等部件的工作方式和状态位。

（三）外部数据存储器

当内部 RAM 不够用时，就需要扩展外部数据存储器，原则上最大可扩展 64KB。按照访问方式的不同，外部数据存储器也可分成两块，最低的 256 字节（0000H～00FFH）既能通过 DPTR 间接寻址，也能通过 R0 和 R1 间接寻址，而 0100H～0FFFFH 只能通过 DPTR 间接寻址。

四 输入/输出（I/O）端口

和 51 系列单片机相同，AT89C51 的通用 I/O 端口共有 4 个，即 P0、P1、P2 和 P3。I/O 端口是单片机与外部实现控制和数据交换的必经通道，具有双向传输功能。4 个 I/O 口除了都可以作为通用口双向传输数据外，还有第二功能。

P0 是地址/数据复用口，为漏极开路输出型端口。作为输出口时，每位可驱动 8 个 TTL 逻辑门电路，对端口写"1"时，可作为高阻抗输入口使用。当单片机访问外部数据存储器或程序存储器时，作为数据总线和地址总线低 8 位分时复用。在 Flash 编程时，P0 口接收指令字节，而在程序校验时，输出指令字节，同时要求外接上拉电阻。

P1、P2、P3 都是带有内部上拉电阻的通用并口，其输出缓冲级可驱动 4 个 TTL 逻辑门电路。对端口写"1"时，通过内部的上拉电阻把端口拉到高电平，此时，端口作输入口使用，可以接收外部信号。它们各自有不同的第二功能。

ISP 编程时，P1.5～P1.7 作为编程口使用。在 Flash 编程和校验时，P1 接收低 8 位地址。

在访问外部存储器或 16 位地址的外部数据存储器时，P2 口作为地址高 8 位的输出口。在访问 8 位地址的外部数据存储器时，P2 口线上的内部不变。Flash 编程或校验时，P2 也是接收高 8 位地址和其他控制信号。

相对于作为通用 I/O 口，P3 更多地被用到的是它的第二功能：

P3.0——串行输入口；

P3.1——串行输出口；

P3.2——外部中断输入 0；

P3.3——外部中断输入 1；

P3.4——定时/计数器 0；

P3.5——定时/计数器 1；

P3.6——外部数据存储器写选通；

P3.7——外部数据存储器读选通。

五　封装及引脚信号

AT89C51 的封装形式有 3 种，分别是 40 引脚的 PDIP(Plastic Dual In-Line Package，双列直插)封装、44 引脚的 PLCC(Plastic Leaded Chip Carrier，塑封引线芯片封装，表面贴装型封装之一)封装和 PQFP(Plastic Quad Flat Pack)、TQFP(Thin Quad Flat Package，薄塑封四角扁平封装，低成本，低高度引线框封装方案)封装。封装及引脚排列如图 2-6、图 2-7 所示，引脚介绍将以 40 引脚的 PDIP 封装为例。

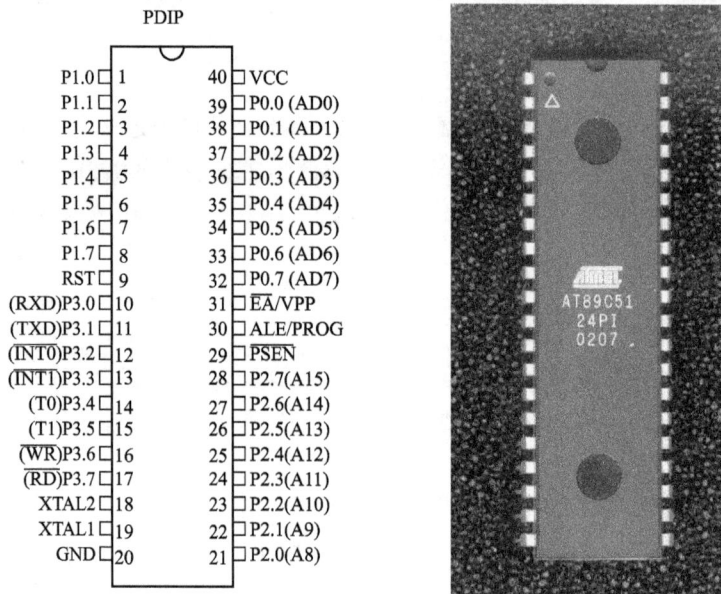

图 2-6　40 引脚的 PDIP 封装引脚排列和实物图

1.电源引脚

(1) VCC(Pin 40)：电源端，接 +5V 电压。

(2) GND(Pin 20)：接地。

2.外接晶振引脚

单片机是一种时序电路，必须有脉冲信号才能工作，在它的内部有一个时钟振荡电路，由一个高增益的反相放大器构成反馈电路,只需外接晶体振荡器就可以提供时钟脉冲了。XTAL1 是反相放大器和内部时钟发生器的输入端;XTAL2 是放大器的输出端。

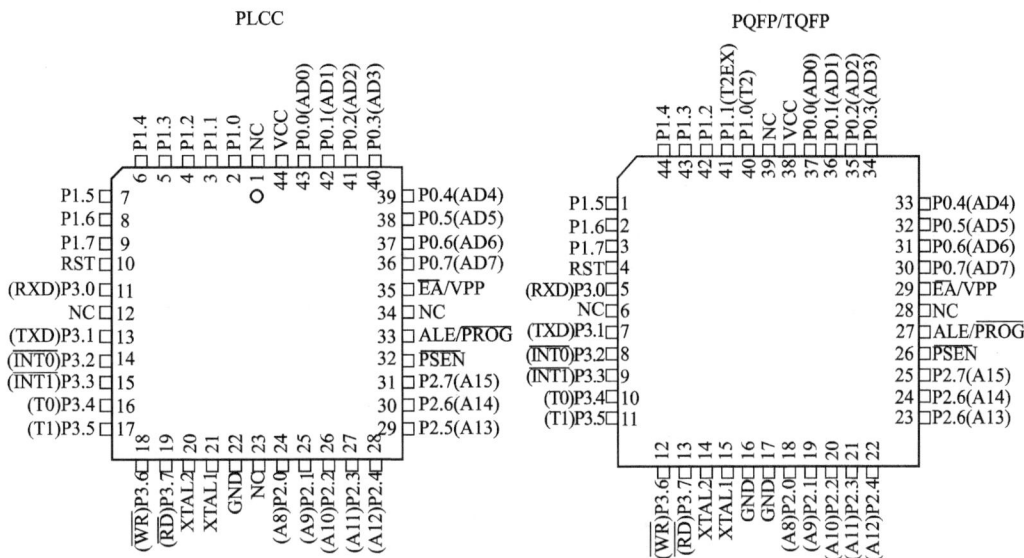

图 2-7　44 引脚的 PLCC、PQFP 和 TQFP 封装引脚排列图

3.控制信号引脚

1)RST(Pin9)

其含义为复位信号输入端。当该引脚上出现连续两个机器周期以上的高电平时,将使单片机复位。

2)ALE/$\overline{PROG}$(Pin30)

其含义为地址锁存允许信号/Flash 编程脉冲输入端。系统上电后,ALE 端以时钟振荡频率的 1/6 输出周期性的正脉冲。当单片机访问外部扩展程序存储器或数据存储器时,ALE 信号的下降沿锁存地址信号的低 8 位。需要注意的是,每次访问外部数据存储器时,将跳过一个 ALE 脉冲。在没有接外部扩展存储器系统中,ALE 脉冲可以作为时钟信号对外输出。在 Flash 编程期间,该引脚用于输入编程脉冲。

3)$\overline{PSEN}$(Pin29)

其含义为片外 ROM 读选通信号。在 AT89C51 由外部程序存储器读取指令或执行读程序存储器数据的指令时,每个机器周期输出两个$\overline{PSEN}$脉冲(负脉冲),即两次有效。访问外部数据存储器时不会产生该信号。

4)$\overline{EA}$/VPP(Pin31)

其含义为外部 ROM 访问控制信号。若$\overline{EA}$信号为低电平,则 CPU 只访问外部程序存储器,从 0000H ~ FFFFH 的地址空间。若$\overline{EA}$是高电平,则 CPU 先从 0000H 地址开始访问片内 ROM,到达片内 ROM 的最后地址后,若有外扩的程序存储器则接着访问片外 ROM。进行 Flash 编程时,该引脚加上 + 12V 的编程电压 Vpp。

4.并行 I/O 口

(1)P0 口(Pin39 ~ 32):双向 I/O 口。

(2)P1 口(Pin1 ~ 8):准双向通用 I/O 口。

(3)P2 口(Pin21 ~ 28):准双向 I/O 口。

(4) P3 口(Pin10~17):多用途口。

六 时钟电路和复位电路

单片机系统中的各个部件是在一个共同的时钟脉冲控制下有序地进行工作,时钟电路是单片机系统最基本、最重要的电路。

(一)时钟电路

AT89C51 单片机内部有一个高增益反相放大器,引脚 XTAL1 和 XTAL2 分别是该放大器的输入端和输出端,如果在引脚 XTAL1 和 XTAL2 两端跨接上晶体振荡器(晶振)或陶瓷振荡器就构成了稳定的自激振荡电路,该振荡器电路的输出可直接送入内部时序电路。AT89C51 单片机的时钟可由两种方式产生,即内部时钟方式和外部时钟方式。

1. 内部时钟方式

内部时钟方式即是由单片机内部的高增益反相放大器和外部跨接的晶振、微调电容构成时钟电路产生时钟的方法,其工作原理如图 2-8a)所示。

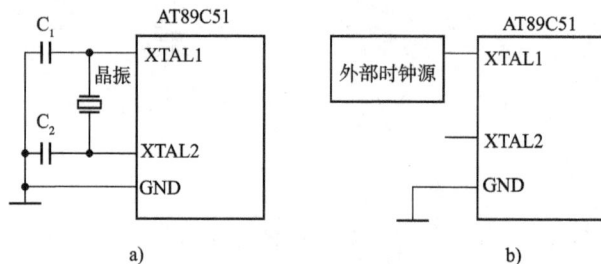

图 2-8 AT89C51 单片机的时钟电路
a)内部时钟;b)外部时钟

当使用外接晶振(陶瓷振荡器)时,C_1、C_2 的值通常选择为 30pF 左右;C_1、C_2 对频率有微调作用,晶振或陶瓷谐振器的频率范围可在 1.2~12MHz 之间选择。为了减小寄生电容,更好地保证振荡器稳定、可靠地工作,振荡器和电容应尽可能安装的与单片机引脚 XTAL1 和 XTAL2 靠近。由于内部时钟方式外部电路接线简单,单片机应用系统中大多采用这种方式。内部时钟方式产生的时钟信号的频率就是晶振的固有频率,常用 f_{osc} 来表示。如选择 12MHz 晶振,则 $f_{osc} = 12 \times 10^6$ Hz。

2. 外部时钟方式

外部时钟方式即完全用单片机外部电路产生时钟的方法,外部电路产生的时钟信号被直接接到单片机的 XTAL1 引脚,此时 XTAL2 开路,具体电路如图 2-8b)所示。

3. 单片机的工作周期

CPU 在执行指令时,都是按照一定顺序进行的,由于指令的字节数不同,取指令所需时间也就不同,即使是字节数相同的指令,执行操作也会有很大差别,不同指令的执行时间当然也不相同,即 CPU 在执行各个指令时,所需要的节拍数是不同的。为了便于对 CPU 时序的理解,按指令的执行过程定义了几个名词,即时钟周期、机器周期和指令周期。

1)时钟周期

时钟周期也称为振荡周期,定义为时钟脉冲频率(f_{osc})的倒数,是单片机中最基本的、最小的时间单位。由于时钟脉冲控制着计算机的工作节奏,对同一型号的单片机,时钟频率越高,单片机的工作速度显然就会越快。然而,受硬件电路的限制,时钟频率也不能无限提高,对某一种型号的单片机,时钟频率都有一个范围,如对 AT89C51 单片机,其时钟频率范围是 $0 \sim 33\text{MHz}$。为方便描述,振荡周期一般用 $P(\text{Pause})$ 表示。

2)机器周期

完成一个最基本操作(读或写)所需要的时间称为机器周期。AT89C51 单片机的机器周期是固定的,即一个机器周期由 12 个时钟周期组成。采用 6MHz 的时钟频率时,一个机器周期就是 $2\mu\text{s}$,采用 12MHz 的时钟频率时,一个机器周期就是 $1\mu\text{s}$。

3)指令周期

指令周期是执行一条指令所需要的时间,一般由若干个机器周期组成,指令不同,所需要的机器周期数也不同。对于一些简单的单字节指令,指令周期可能和机器周期时间相同;而对于一些比较复杂的指令,如乘除运算则需要多个机器周期才能完成,这时指令周期大于机器周期。

通常,一个机器周期即可完成的指令称为单周期指令,两个机器周期才能完成的指令称为双周期指令。AT89C51 单片机中的大多数指令都是单周期或双周期指令,只有乘、除运算为四周期指令。

(二)复位电路

大规模集成电路在上电时一般都需要进行一次复位操作,以便使芯片内的一些部件处于一个确定的初始状态,复位是一种很重要的操作。器件本身一般不具有自动上电复位能力,需要借助外部复位电路提供的复位信号才能进行复位操作。另外,当单片机运行出错或进入死循环时,也可通过复位使其重新运行。

AT89C51 单片机的第 9 脚(RST)为复位引脚,系统上电后,时钟电路开始工作,只要 RST 引脚上出现大于两个机器周期时间的高电平即可引起单片机执行复位操作。单片机复位后,PC = 0000H,CPU 从程序存储器的 0000H 开始取指令执行,SP = 07H、P0 ~ P3 = FFH、SBUF 不定、IP、IE 和 IPCON 的有效位为 0,其余的特殊功能寄存器的状态均为 0。单片机的外部复位电路常用的有上电自动复位和按键手动复位两种,如图 2-9、图 2-10 所示。

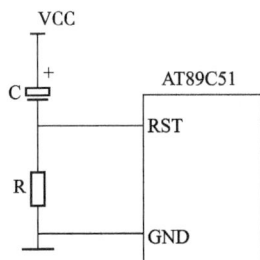

图 2-9　上电自动复位电路　　　　图 2-10　按键复位电路

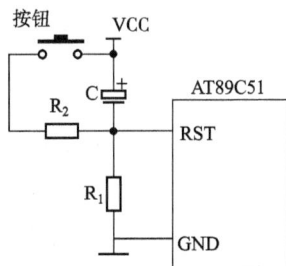

上电复位电路是通过外部复位电容充电来实现的。上电瞬间,RST 引脚的电位与 VCC 相同,随着充电电流的减小,此引脚电位将逐渐下降。RST 引脚高电平持续的时间取决于充电时间,应大于两个机器周期。晶振为 12MHz 时,R 典型值为 $8.2\text{k}\Omega$;C 典型值为 $10\mu\text{F}$。

按键复位组合电路是通过按键使复位引脚经电阻 R_2 与 VCC 电源接通来实现的,当按下复位按键后,使 RST 引脚为高电平,松开复位按键后,R_1 引脚逐渐降为低电平,复位结束。晶振为 12MHz 时,R_1、R_2 典型阻值为 $8.2\text{k}\Omega$、200Ω;C 典型值为 $10\mu\text{F}$。

项目一:MCS-51 最小系统的搭接

【实训要点】

(1)单片机电源电路搭接;

(2)单片机时钟电路及复位电路搭接。

【实训方法】

(1)采用画图软件(PROTEL99SE 或 Proteus)画出最小系统电路图;

(2)按照原理图,采用面包板进行焊接。

【实训内容】

1.情景设置

通过前面的学习已经了解了单片机的基本知识,知道它通过外接很少的元件就可以工作,那么如何让单片机动起来呢? 都需要外接什么器件呢? 下面就通过这个实训来学习单片机最小系统。

2.技能目标

(1)掌握常用器件电阻、电容、按键的测试方法;

(2)掌握 AT89C51 单片机最小系统电路。

3.相关知识

1)什么是单片机最小系统

单片机最小系统,或者称为最小应用系统,是指用最少的元件组成的单片机可以工作的系统。对 51 系列单片机来说,单片机 + 时钟电路 + 复位电路,便组成了一个最小系统。

2)系统时钟电路

单片机内部具有一个高增益反相放大器,用于构成振荡器。通常在引脚 XTAL1 和 XTAL2 跨接石英晶体和两个补偿电容构成自激振荡器,系统时钟电路结构如图 2-8 所示,可以根据情况选择6MHz、8MHz 或 12MHz 等频率的石英晶体,补偿电容通常选择 20 ~ 30pF 的瓷片电容。

3)复位电路

单片机最小系统采用上电自动复位和手动按键复位两种方式实现系统的复位操作。上电复位要求接通电源后,自动实现复位操作。手动复位要求在电源接通的条件下,在单片机运行期间,用按钮开关操作使单片机复位。复位电路结构如图 2-10 所示。上电自动复位通过电容 C_3 充电来实现。手动按键复位是通过按键将电阻 R_2 与 VCC 接通来实现。最小系统电路参考图如图 2-11 所示,为了使用方便,图中包括程序下载接口、电源接插件以及 I/O 口引出接插件。图 2-12 为最小系统电路实物图。

4.实训准备

面包板一块、AT89C51 一片、电阻、电容、复位按键、晶振、10 脚接插件、LED 灯、若干导线、SIP8 接插件等。

5.实训步骤

(1)按照最小系统原理图准备齐元件,并测试元件的好坏;

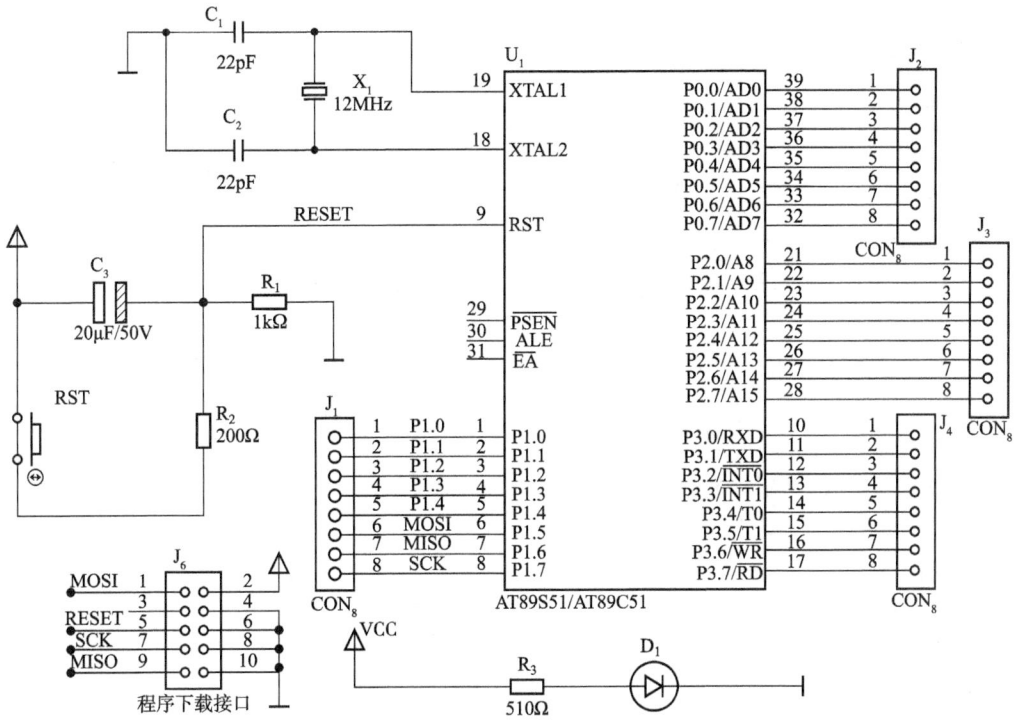

图 2-11 最小系统电路图

图 2-12 最小系统电路实物图

(2)按照就近原则焊接元件;

(3)焊接完后检查最小系统电路,看电源和地之间有无短路、焊点是否光滑、有无漏焊、虚焊等。

6.注意事项

(1)焊接时注意元件的摆放顺序;

(2)焊接时应采取连线最近原则。

7.实训评价

实训评价内容见表 2-7。

评 价 内 容	评价要求及评分标准	得 　 分
元器件摆放	电路元件摆放合理(30分)	
电路连接	能正确按照实训电路图接线(40分)	
焊点	焊点光滑、无虚焊(30分)	

8. 活动建议

可分组进行实训练习,最小系统电路搭接完,各组可互相评分。

项目二:电源电路、时钟电路和复位电路信号检测

【实训要点】

(1)测试单片机电源电路;

(2)测试单片机时钟电路及复位电路信号。

【实训方法】

采用示波器及万用表测试。

【实训内容】

1. 情景设置

单片机最小系统电路已搭接完毕,电路硬件没有错误,下面就来学习最小系统电路的测试。

2. 技能目标

(1)掌握数字万用表测试电源电压;

(2)使用示波器测试时钟电路、复位电路信号。

3. 相关知识

(1)AT89C51电源电路:单片机工作电压是5V。

(2)复位电路:复位的目的是初始化单片机内部的某些特殊功能寄存器。单片机的复位是靠外电路实现的,在正常运行情况下,只要RST引脚出现两个机器周期以上时间的高电平,即可引起系统复位,复位后单片机内部的一些SFR被设置成一定的值,如PC=0000H,SP=07H等。

4. 实训准备

数字示波器,数字万用表,导线若干根。

5. 实训步骤

(1)测试电源电路:上电之前应测试电源和地之间是否有短路现象,若无则可加上5V电压,并观察有无异常现象,若有应立即切断电源,查询原因。

(2)测试时钟电路:将数字示波器接XTAL2引脚,观察、记录振荡波形并进行振荡周期的测量。

(3)测试复位电路:将数字示波器接在单片机RST引脚上(即9脚),上电时观察并记录上电复位信号波形。观察并说明复位高电平持续时间与什么有关;将数字示波器接在单片机RST引脚上(即9脚),上电后观察用按键复位的波形并记录。观察并说明复位高电平持续时间与什么有关。

6. 注意事项

(1)测试时电源正负极不能短路;

(2)注意观察各信号的变化情况。

7. 实训评价

实训评价内容见表2-8。

实训评价内容见表2-8。

实 训 评 价 表　　　　　　　　　　　　　　表2-8

评 价 内 容	评价要求及评分标准	得　分
测试电源电路	正确测试电源值(30分)	
测试时钟信号	能正确测出时钟信号(40分)	
测试复位信号	能正确测试出复位信号(30分)	

8. 活动建议

可分组实训,各组可互相评分。

项目三:开关信号输入检测电路搭接

【实训要点】

(1)掌握单片机I/O口的输入及输出电路的设计;

(2)掌握开关按键的设计电路。

【实训方法】

(1)画出开关信号输入检测电路图;

(2)按照电路图正确焊接元件。

【实训内容】

1. 情景设置

通过前面的学习已经了解了单片机的最小系统电路的设计,那么单片机如何来检测输入开关信号呢? 下面就以手动交通红绿灯控制为例,来学习开关信号输入检测电路的设计。要求采用三个按键来控制4个方向红绿灯的亮灭指示。

2. 技能目标

(1)掌握常用器件电阻、电容、按键的测试方法;

(2)掌握LED指示灯的设计电路。

3. 相关知识

1)LED发光二极管

发光二极管是一种会发光的具有一个PN结的半导体器件,在正向导通时会发出可见光,这是由于电子与空穴直接复合而释放能量的结果。发光二极管的种类很多,从光色上分有红、黄、绿等颜色的光,从形状上分有圆柱形、方形以及各种特殊形状的;从体积上分有大、中、小等多种规格。作为显示器件使用,工作电流一般为几毫安至十几毫安之间。外形及图形符号如图2-13所示:三角表示正极,横杠表示负极。

2)按键

键盘实际上就是一组按键,在单片机外围电路中,通常用到的按键都是机械弹性开关,当开关闭合时,线路导通,开关断开时,线路断开,图2-14是本项目用到的弹性小按键。按键的连接方法非常简单,如图2-15所示,一端接地,一端与单片机的任一I/O相连。为了保证在按键断开时,各I/O口有确定的高电平,各按键均采用了上拉电阻。当然,如果输入口线内部已有上拉电阻,则外电路的上拉电阻可省去。具体开关信号输入检测参考电路图如图2-15所示。

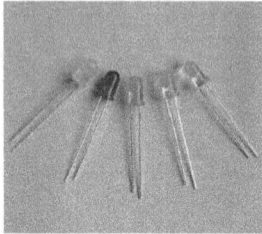

图2-13 发光二极管实物外形及其电路符号

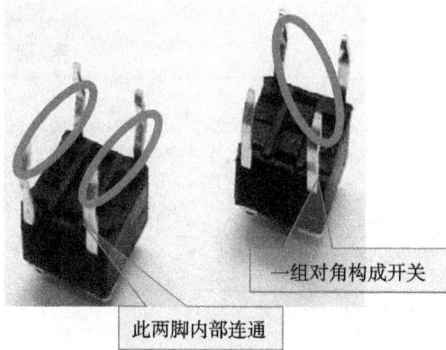

此两脚内部连通

一组对角构成开关

图2-14 弹性小按键

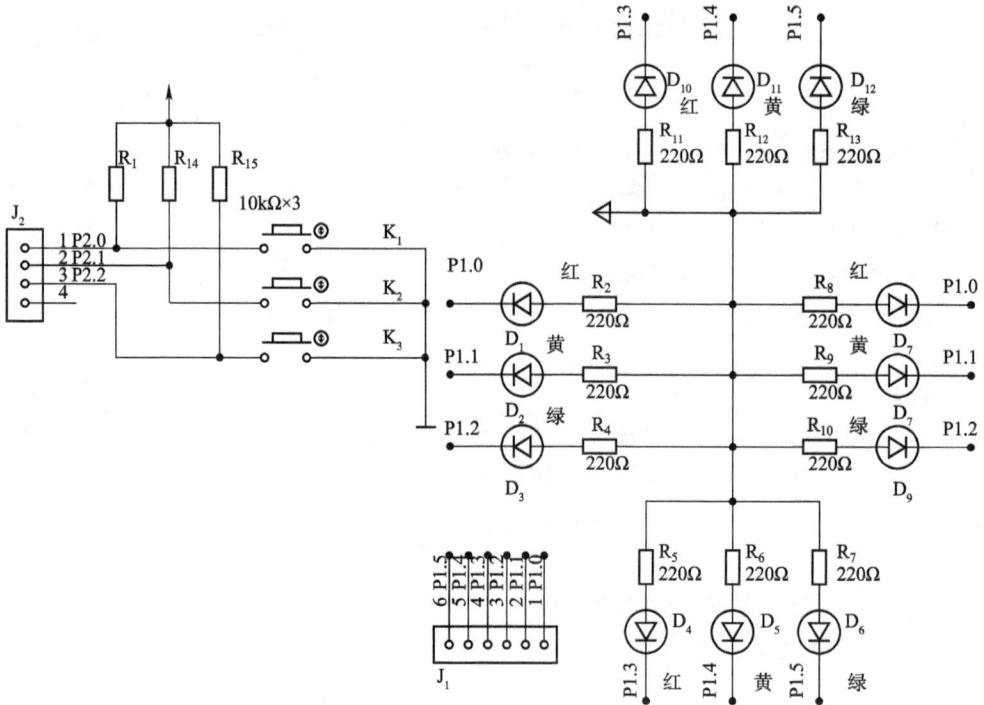

图2-15 开关信号输入检测电路

4.实训准备

面包板一块、红黄绿LED灯各4只、220Ω电阻12个、10kΩ电阻3个、接插件2个、按键3个、若干导线、电烙铁、焊锡等。

5.实训步骤

(1)按照参考电路图领取元件,并测试元件的好坏;

(2)合理布置元件位置并正确焊接电路;

(3)检查焊点和连线是否有虚焊或断线;

(4)测试电源与地线及其他元件是否有短路现象;

(5)加电测试,看电路是否有异常现象。

6.注意事项

(1)请勿带电焊接LED,焊接时要注意极性;

(2)使用LED时,要加限流电阻,电流最好不要超过20mA。

7.实训评价

实训评价内容见表2-9。

实 训 评 价 表 表2-9

评价内容	评价要求及评分标准	得 分
元器件摆放	电路元件摆放合理(30分)	
电路连接	能正确按照实训电路图接线(40分)	
焊点	焊点光滑、无虚焊(30分)	

8.活动建议

可分组实训,开关信号输入检测电路接完,各组可互相评分。

思考练习

一、客观题(填空、是非、选择等)

1.除了"单片机"这一名称之外,单片机还可称为_____。

2.单片机就是把_____、_____、_____、_____、定时器/计数器和串行通信接口等主要计算机部件,集成在一块集成芯片上的微型计算机。

3.MCS-51单片机是高档16位单片机。(　　)

4.MCS-51的产品8051与8031的区别是:8031片内无ROM。(　　)

5.单片机的CPU从功能上可分为运算器和存储器。(　　)

6.CPU的时钟周期为振荡器频率的倒数。(　　)

7.单片机上电复位后,片内数据存储器的内容均为00H。(　　)

8.MCS-51单片机的一个机器周期由(　　)个振荡周期组成。

A.1　　　　　　B.2　　　　　　C.6　　　　　　D.12

9.单片机8051的XTAL1和XTAL2引脚是(　　)引脚。

A.外接定时器　　B.外接串行口　　C.外接中断　　D.外接晶振

10.8051单片机的VSS(20)引脚是(　　)引脚。

A.主电源+5V　　B.接地　　　　　C.备用电源　　D.访问片外存储器

11.单片机上电复位后,PC的内容和SP的内容为(　　)。

A.0000H,00H　　B.0000H,07H　　C.0003H,07H　　D.0800H,08H

二、简答题

1.什么是单片机?

2.MCS-51系列单片机的基本型芯片分别为哪几种? 它们的差别是什么?

3.单片机系统复位常见有哪几种方法?

4.什么是时钟周期、机器周期和指令周期?

三、案例分析题

1.试画出单片机的最小系统电路。

2.试写出如何用示波器和万用表来测试最小系统电路。

第三章 汇编程序设计

第一节 MCS-51 单片机的指令系统

一 汇编指令格式及寻址方式

1. 汇编指令的书写格式

一台微机所有指令的集合,就构成了指令系统。指令系统越丰富,说明 CPU 的功能越强。由于计算机只能识别二进制数,所以指令也必须用二进制数来表示,称为指令的机器码或机器码指令。指令由两部分组成,即操作码和操作数。操作码用来规定指令进行什么操作,操作数则是指令操作的对象。

MCS-51 的指令有 111 条,分别表征 30 多种基本指令功能。其汇编指令格式如表 3-1 所列。

汇 编 指 令 格 式 表 3-1

标号:	操作码	操作数或操作数地址	；注释

(1)标号:是程序员根据编程需要给指令设定的符号地址,表明该指令在程序中的位置,在其他指令中可被引用,经常出现在转移指令中,可根据需要设置,可有可无;标号由 1~8 个字符组成,首字符必须是英文字符,不能是数字或其他符号;标号后必须用冒号。

(2)操作码:表示指令的操作种类,作用是命令 CPU 作何操作。如 MOV 表示数据传送操作,ADD 表示加法操作等。

(3)操作数或操作数地址:表示参加运算的数据或数据的有效地址。操作数一般有以下几种形式:

①没有操作数项,操作数隐含在操作码中,如 RET 指令;

②只有一个操作数,如 CPL A 指令;

③有两个操作数,如 MOV A,#00H 指令,操作数之间以逗号相隔;

④有三个操作数,如 CJNE A,#00H,NEXT 指令,操作数之间应以逗号相隔。

(4)注释:是对指令的解释说明,用以提高程序的可读性。注释可有可无,它的前面必须加分号。

2. 汇编语言常用符号

MCS-51 的指令按功能分为 5 类:

(1)数据传送类(28 条);

(2)算术运算类(24 条);

(3)逻辑运算和移位类(25 条);

(4)控制转移类(17 条);

(5)位操作类(17 条)。

汇编语言的指令格式中,除了操作码用助记符表示外,还用了一些符号来表示操作数。如下所示:

Rn:工作寄存器,是当前选定的工作寄存器组的 R0~R7 中的一个。

direct:8 位直接地址,内部 RAM 的某个单元或某个特殊功能寄存器。

@ Ri:以工作寄存器 R0 或 R1 作间接寻址寄存器,间接寻址内部 RAM 单元。

#data:8 位立即数。

#data16:16 位立即数。

addr16:16 位目标地址,供 LCALL 和 LJMP 指令使用,可转向或调用 64KB 外部程序存储器地址空间的任何单元。

addr11:11 位目标地址,供 ACALL 和 AJMP 指令使用,使程序转向或调用包含下一条指令的第一个字节在内的 2KB 范围内的程序存储器地址空间。

@ DPTR:表示以 DPTR 为数据指针的间接寻址,用于对外部 64KB RAM/ROM 寻址。

rel:带符号的 8 位相对地址偏移量,常用于 SJMP 和所有条件转移指令。

bit:内部 RAM 或特殊功能寄存器的直接寻址位地址。

$:当前指令的地址。

←:表示数据传送方向,目的是放数据的单元,源是欲传送的数据。

⇄:表示数据交换。

( ):表示地址单元或寄存器的内容。

(( )):表示间接寻址的内容。

注意:单片机汇编语言中的立即数前面必须加"#",以和地址值区分。

3.单片机的寻址方式

因为大多数指令执行时都需要使用操作数,所以就存在着怎样取得操作数的问题。在计算机中只有指定了地址单元才能得到操作数,因此单片机的寻址,实际上就是如何寻找操作数的地址单元。在用汇编语言编程时,数据的存放、传送、运算都要通过指令来完成,编程者必须自始至终要十分清楚操作数的位置,以及如何将它们传送到适当的寄存器参与运算。寻址方式就是在指令中寻找操作数地址或操作数的方式。共 7 种寻址方式:

1)寄存器寻址方式

指令中的操作数是放在寄存器中的,找到寄存器就可得到操作数,这种寻址方式称为寄存器寻址。寄存器寻址的工作寄存器指的是 R0~R7,累加器 A,寄存器 B,数据指针 DPTR,Cy(作为位处理累加器)等。

例如:机器码   助记符

    11101010   MOV A,R2

这条指令是寄存器送数给累加器,为一条单字节指令,低 3 位 010 代表工作寄存器 R2 的地址,高 5 位 11101 代表从寄存器往累加器 A 送数据的操作。该指令的低 3 位可从 000~111 变化,则分别代表了 R0~R7。设 R2 中的操作数是 A9H,该条指令的寻址过程如图 3-1 所示。

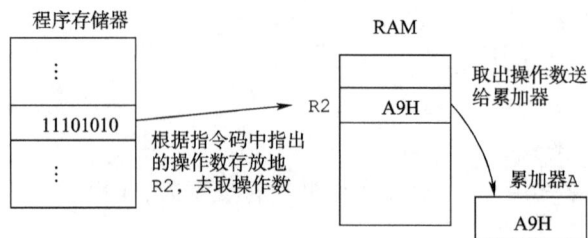

图 3-1　寄存器寻址方式示意图

2）直接寻址方式

指令中的操作数是以其所在单元地址的形式给出,这种寻址方式被称为直接寻址。直接寻址的地址是 8 位二进制数,仅限于在 RAM 空间寻址,即内部数据存储器 RAM 的低 128 个字节单元(00H ~ 7FH)和特殊功能寄存器(SFR),而对于有着 256 个字节 RAM 的芯片而言,其高 128 个字节地址和 SFR 的地址有重复,不能采用直接寻址方式。

例如:

```
MOV  A,31H
```

指令中的 31H 是内部 RAM 的一个单元地址,该条指令的功能是将 31H 单元的数据送累加器 A。指令码是 E531H,设 RAM 的 31H 单元中的数是 87H,寻址过程如图 3-2 所示。

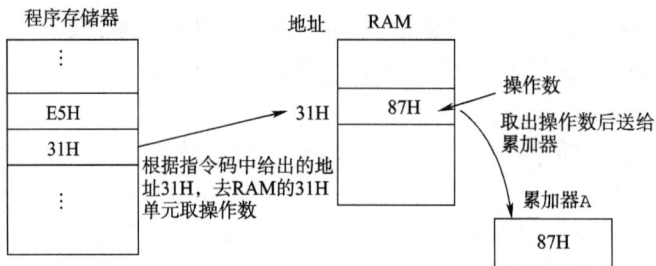

图 3-2　直接寻址方式示意图

3）寄存器间接寻址方式

寄存器的内容不是操作数本身,而是存放操作数的地址,要获取操作数需要通过寄存器间接得到,这种寻址方式称为寄存器间接寻址。

寄存器间接寻址只能使用寄存器 R0 或 R1 作为间接地址寄存器,来寻址内部 RAM (00H ~ FFH)中的数据。寄存器前用符号"@"表示是采用间接寻址方式。对于内部 RAM 有 256 个字节的 52 系列单片机,其高 128 字节(从 80H ~ FFh)只能采用寄存器间接寻址方式,以避免和同样采用此区地址的 SFR 产生冲突。

寄存器间接寻址也适用于访问外部 RAM,用 DPTR 作为间接寻址寄存器可寻址 64KB 空间;对于外部 RAM 的低 256 字节单元,也可用 R0、R1 作为间接寻址寄存器。

例如:

```
MOV  A,@ R0     ;A←((R0))
```

指令功能是把 R0 所指出的内部 RAM 单元中的内容送累加器 A。指令码为 E6H,若 R0 内容为 40H,而内部 RAM 的 40H 单元中的内容是 0A6H,则指令 MOV A, @ R0 的功能是将 0A6H 这个数送到累加器 A,如图 3-3 所示。

4）立即寻址方式

指令的源操作数是个数值,这种操作数被称作立即数,在指令中用"#"作为其前缀。含有立即数的指令的指令码中,操作码后面字节的内容就是操作数本身,不需要到其他地址单元去取的,这种寻址方式被称为立即寻址方式。

例如:

```
MOV  A,#0FBH    ;A←0FBH
```

0FBH 是立即数,指令功能是将立即数送入累加器 A。上述指令的寻址过程如图 3-4 所示。

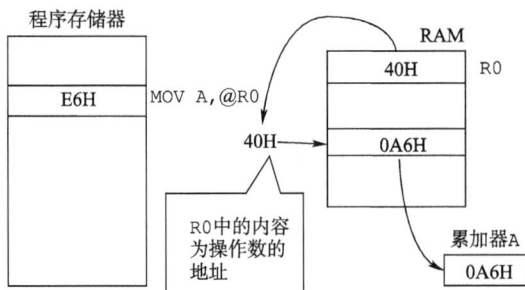

图 3-3　寄存器间接寻址示意图

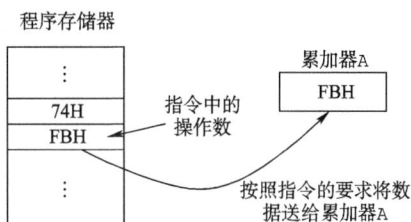

图 3-4　立即寻址方式示意图

5)基址寄存器加变址寄存器间接寻址方式

这种寻址方式常用于访问程序存储器中的数据表格,它把基址寄存器(DPTR 或 PC)和变址寄存器 A 的内容作为无符号数相加形成 16 位的地址,该地址单元中才是所需的操作数。

例如:

```
MOVC  A,@ A+DPTR    ; (A)←((DPTR) + (A))
MOVC  A,@ A+PC      ; (PC)←(PC) +1,(A)←((PC) + (A))
```

A 中为无符号数,指令功能是 A 的内容和 DPTR 或当前 PC 的内容相加得到程序存储器的有效地址,把该存储器单元中的内容送到 A。

MOVC A,@ A+DPTR 的指令码是 93H,寻址过程如图 3-5 所示。

6)相对寻址方式

程序的执行中往往有相对转移的需要,即以当前指令的位置(PC 值)为基准点,加上指令中给出的相对偏移量(rel)来获得操作数所在的实际地址。这类寻址方式称为相对寻址,是转移指令中用到的寻址方式。偏移量 rel 是符号数,在 - 128 ~ +127 范围内,用补码表示为 80H ~ 7FH,实际应用中常用符号地址代替。

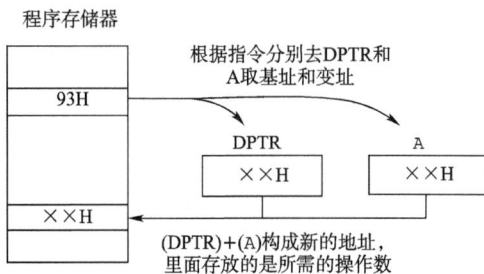

图 3-5　基址寄存器加变址寄存器间接寻址示意图

例如:

```
JC  rel    ;C =1 跳转
```

第一字节为操作码,第二字节就是相对于程序计数器 PC 当前地址的偏移量 rel。

注意:这里的 PC 当前地址是指执行完这条"JC rel"指令后的 PC 值,而不是指向该条指令的 PC 值。

若转移指令操作码存放在 0500H 单元,偏移量存放在 0501H 单元,该指令执行后 PC 已为 0502H。若偏移量 rel 为 05H,则转移到的目标地址为 0507H,即当 C =1 时,将去执行 0507H 单元中的指令。具体过程见后面相关的指令介绍。

7)位寻址方式

MCS-51 的指令中有可对数据位进行操作的,给出的地址是位地址,其相应的寻址方式就是位寻址方式。位地址表示一个可作位寻址的单元,其数据只能是 1 位 0 或 1,它的寻址范围是:

(1)内部 RAM 的位寻址区,20～2FH 共 128 位。

(2)专用寄存器的可寻址位。

寻址位的表示方法有如下几种:

(1)直接使用规定的位地址。

(2)使用名称,有些可寻址位是有名称的,如进位标志 Cy、标志位 F0 等。

(3)使用单元地址加位序号,如 20H 单元的第 5 位,写作 20H.5。

(4)使用寄存器名称加位序号,如 P1 口的第 7 位,写作 P1.7。

二 数据传送指令

在计算机中将数据信息从源存储地址传送到目标存储地址的操作叫作数据传送操作,完成此操作的指令就称为数据传送类指令。这类指令操作的本质是"复制",而不是"移动"。即源操作数送出后,源操作数仍存在不变。数据传送类指令不影响标志位 Cy、AC 和 OV,但不包括奇偶标志位 P 和对 PSW 中的位操作。

1. 内部数据传送指令

这类指令的源操作数和目的操作数都在单片机内部。源操作数可以是累加器 A、通用寄存器 Rn、直接地址 direct、间接寄存器和立即数。而目的操作数可以是累加器 A、通用寄存器 Rn、直接地址 direct、间接寄存器。两者只差一个立即数。

1)以累加器为目的操作数的指令

这组指令的功能是把源操作数的内容送入累加器 A,源操作数有寄存器寻址、直接寻址、间接寻址和立即寻址方式。

指令格式	功能	举例	寻址方式
MOV A,Rn	;(Rn)→(A), n=0～7	MOV A,R0	寄存器寻址
MOV A,@ Ri	;((Ri))→(A),i=0,1	MOV A,@ R0	间接寻址
MOV A,direct	;(direct)→(A)	MOV A,40H	直接寻址
MOV A,#data	;#data→(A)	MOV A,#78H	立即寻址

【例3-1】 (A)=40H,(R0)=50H,(40H)=30H,(50H)=10H,则执行每条指令后的结果为:(1)(A)=50H,(2)(A)=10H,(3)(A)=30H,(4)(A)=78H。

2)以 Rn 为目的操作数的指令

这组指令的功能是把源操作数的内容送入当前一组工作寄存器区的 R0～R7 中的某一个寄存器。

```
MOV  Rn,A        ;(A)→(Rn),n=0～7
MOV  Rn,direct   ;(direct)→(Rn),n=0～7
MOV  Rn,#data    ;#data→(Rn),n=0～7
```

3)以直接地址 direct 为目的操作数的指令

```
MOV  direct,A         ;(A)→(direct)
MOV  direct,Rn        ;(Rn)→(direct), n=0～7
MOV  direct1,direct2  ;(direct2)→(direct1)
```

```
MOV  direct,@ Ri        ;((Ri))→(direct)其中 i＝0,1
MOV  direct,#data       ;#data→(direct)
```

这组指令的功能是把源操作数送入直接地址指出的存储单元。direct 指的是内部 RAM 或 SFR 的地址。

4)以寄存器间接地址为目的操作数的指令

```
MOV  @ Ri,A            ;(A)→((Ri)),i＝0,1
MOV  @ Ri,direct       ;(direct)→((Ri))
MOV  @ Ri,#data        ;#data→((Ri))
```

这组指令的功能是把源操作数内容送入 R0 或 R1 指定的存储单元中。

【例 3-2】 (R0)＝28H,执行指令 MOV @ R0,#10H 后,完成把立即数 10H 送到内部 RAM 的 28H 单元中。

5)16 位数据传送指令

```
MOV  DPTR,#data16 ; #data16→(DPTR)
```

该指令是唯一的 16 位数据的传送指令。该指令把立即数的高 8 位送入 DPH,低 8 位送入 DPL。这个 16 位立即数其实就是外部 RAM/ROM 的地址,是专门配合外部数据传送指令用的。

2.堆栈操作指令

MCS-51 内部 RAM 中可以设定一个后进先出(Last In First Out,LIFO)的区域称作堆栈。

特殊功能寄存器中有一个堆栈指针 SP,用于指出堆栈的栈顶位置,在指令系统中有如下两条用于数据操作的堆栈操作指令。

1)进栈指令 PUSH direct

该指令先将栈指针 SP 加 1,然后把 direct 中的内容送到栈指针 SP 指示的内部 RAM 单元中。

【例 3-3】 当(SP)＝60H,(A)＝30H,(B)＝70H 时,执行下列指令:

```
PUSH ACC    ; (SP)+1＝61H→(SP),(A)→((SP))
PUSH B      ; (SP)+1＝62H→(SP),(B)→((SP))
```

其结果为:(61H)＝30H, (62H)＝70H, SP＝62H。

2)出栈指令 POP direct

该指令把 SP 指示的栈顶(内部 RAM 单元)内容送入 direct 字节单元中,栈指针 SP 减 1。

【例 3-4】 当(SP)＝62H,(62H)＝70H,(61H)＝30H,执行下列指令:

```
POP  DPH    ; ((SP))→(DPH),  (SP)-1→(SP)
POP  DPL    ; ((SP))→(DPL),  (SP)-1→(SP)
```

其结果为:(DPTR)＝7030H,(SP)＝60H。

3.累加器 A 与外部数据存储器传送指令

该类指令的功能是累加器 A 与外部数据存储器 RAM 或 I/O 的数据相互传送。外部 RAM 数据传送指令与内部 RAM 数据传送指令相比,在指令助记符中增加了"X","X"代表外部的意思。外部 RAM 的数据传送只能通过累加器 A 进行。当用 DPTR 作数据指针时,该指令可寻址外部 RAM 64KB 的范围。

```
MOVX  A ,@ DPTR        ;((DPTR))→(A)  ,读外部 RAM 或 I/O
MOVX  A ,@ Ri          ;((Ri))→(A)    ,读外部 RAM 或 I/O
```

```
MOVX  @ DPTR,A          ;(A)→((DPTR))  ,写外部 RAM 或 I/O
MOVX  @ Ri ,A           ;(A)→((Ri))    ,写外部 RAM 或 I/O
```

功能:读外部 RAM 存储器或 I/O 中的一个字节,或把 A 中一个字节的数据写到外部 RAM 存储器或 I/O 中。

采用 DPTR 间接寻址,高 8 位地址(DPH)由 P2 口输出,低 8 位地址(DPL)由 P0 口输出。采用 Ri(i=0,1)间接寻址,可寻址片外 256 个单元的数据存储器。Ri 内容由 P0 口输出。8 位地址和数据均由 P0 口输出,可选用其他任何输出口来输出高于 8 位的地址(一般选用 P2 口输出高 8 位的地址)。

4. 查表指令

该指令用于读程序存储器中的数据表格的指令,均采用基址寄存器加变址寄存器间接寻址方式。

1)MOVC A,@ A + PC

该指令以 PC 作为基址寄存器,A 的内容作为无符号整数和 PC 中的内容(下一条指令的起始地址)相加后得到一个 16 位的地址,并将该地址指出的程序存储单元的内容送到累加器 A。

注意:$\overline{PSEN}$ 信号有效。

【例 3-5】 (A)=30H,执行地址 1000H 处的指令。

```
1000H: MOVC  A,@ A + PC
```

该指令占用一个字节,执行结果将程序存储器中 1031H 的内容送入 A。

优点:不改变特殊功能寄存器及 PC 的状态,根据 A 的内容就可以取出表格中的常数。

缺点:表格只能存放在该条查表指令后面的 256 个单元之内,表格的大小受到限制,且表格只能被一段程序所利用。

2)MOVC A,@ A + DPTR

该指令以 DPTR 作为基址寄存器,A 的内容作为无符号数和 DPTR 的内容相加得到一个 16 位的地址,并把由该地址指出的程序存储器单元的内容送到累加器 A。

【例 3-6】 (DPTR)=8100H,(A)=40H

执行下列指令:

```
MOVC  A,@ A + DPTR
```

执行结果为:将 8140H 单元的内容送入 A。

本指令的执行结果只和指针 DPTR 及累加器 A 的内容有关,与该指令存放的地址及常数表格存放的地址无关,因此表格的大小和位置可以在 64KB 程序存储器中任意安排,一个表格可以为多个程序块公用。两条指令是在 MOV 的后面加 C,"C"是 CODE 的第一个字母,即代码的意思。

5. 字节交换指令

```
XCH  A, Rn
XCH  A, direct
XCH  A, @ Ri
```

这组指令的功能是将累加器 A 的内容和源操作数的内容相互交换。源操作数有寄存器寻址、直接寻址和寄存器间接寻址等方式。

【例 3-7】 (A)=80H,(R7)=08H,(40H)=0F0H,(R0)=30H,(30H)=0FH。

执行下列指令：

```
XCH  A,R7      ;(A)与(R7)互换
XCH  A,40H     ;(A)与(40H)互换
XCH  A,@R0     ;(A)与((R0))互换
```

结果为：(A)=0FH，(R7)=80H，(40H)=08H，(30H)=F0H。

6.半字节交换指令

```
XCHD  A,@Ri
```

该指令将累加器的低4位与内部RAM低4位交换。

【例3-8】 (R0)=60H,(60H)=3EH,(A)=59H执行 XCHD A,@R0 指令后,(A)=5EH,(60H)=39H。

三 逻辑操作指令

单片机的逻辑运算指令经过指令译码器译码后产生控制信号控制逻辑运算部件工作产生结果。单片机CPU内部集成的逻辑运算部件(主要有与运算器、或运算器、异或运算器等),可以完成与、或、异或运算等。

逻辑运算指令能够对8位二进制操作数进行逻辑运算,使之适合程序的需要。

1.逻辑移位指令

逻辑移位指令有4条,是单操作数指令,运算对象只放在累加器A中。

1)循环左移指令

该指令执行时,累加器A中的内容逐位左移一位。如位A_7的内容移入位A_0,不影响标志位,如表3-2所示。

循环左移指令 表3-2

汇编指令	操作
RL A;	

2)循环右移指令

该指令与左移指令的操作正好相反,是将累加器A中的内容逐位右移一位。如位A_0的内容移入位A_7,也不影响标志位,如表3-3所示。

循环右移指令 表3-3

汇编指令	操作
RR A;	

3)带进位位循环左移指令

执行该指令,累加器A中的内容依然是从A_0到A_7逐位移动一位,A_7的内容移入进位位C_y,而C_y的内容移入A_0;不影响标志位,如表3-4所示。

带进位位循环左移指令 表3-4

汇编指令	操作
RLC A;	

4) 带进位位循环右移指令

执行该指令,累加器 A 中的内容是从 A_7 到 A_0 逐位移动一位,A_0 的内容移入进位位 Cy,而 Cy 的内容移入 A_7;不影响标志位,如表 3-5 所示。

带进位位循环右移指令   表 3-5

汇 编 指 令	操　　作
RRC A;	

2. 逻辑与指令

如表 3-6 所示,前 4 条指令的目的寄存器都是累加器 A,其中的操作数与源寄存器中的操作数进行按位与操作,结果存入 A 中。后两条指令的目的地址是直接寻址单元,其中的操作数与 A 或立即数进行与操作,结果存回该地址单元。执行该指令不影响标志位。

逻 辑 与 指 令   表 3-6

汇 编 指 令	操　　作
ANL A, Rn ;	$(A) \leftarrow (A) \wedge (Rn)$
ANL A, direct ;	$(A) \leftarrow (A) \wedge (direct)$
ANL A, @ Ri ;	$(A) \leftarrow (A) \wedge ((Ri))$
ANL A, #data ;	$(A) \leftarrow (A) \wedge data$
ANL direct, A ;	$(A) \leftarrow (direct) \wedge (A)$
ANL direct, #data ;	$(A) \leftarrow (direct) \wedge data$

【例 3-9】　设 (R0) =40H,(40H) =76H,问执行如下指令后累加器 A 和 40H 单元的内容是什么?

(1)　MOV A, #0F0H

　　　ANL A, R0

(2)　MOV A, #0FH

　　　ANL A, @ R0

(3)　ANL 40H,#10H

解:

(1)　MOV A, #0F0H ;(A) =0F0H

　　　ANL A, R0　　;

　　　　　;11110000B(0F0H) $\wedge$ 01000000B(40H) =01000000B(40H)

　　　执行结果:(A) =40H

(2)　MOV A, #0FH　;(A) =0FH

　　　ANL A, @ R0　;

　　　　　;(A) =00001111B $\wedge$ ((R0))01110110B =00000110B(06H)

　　　执行结果:(A) =06H

(3)　ANL 40H,#10H　;01110110B $\wedge$ 00010000B =00010000B

　　　执行结果:(40H) =10H

由上例可以看出,ANL 指令可以用于屏蔽某些不用的位,留下某些有用的位。

3. 逻辑或指令

如表 3-7 所示,逻辑或操作的目的地址也有两种,即累加器 A 和直接寻址单元。两个操作数完成或操作后,结果存回目的地址单元。执行该指令不影响标志位。

逻辑或指令　　　　　　　　　　　　　　表3-7

汇 编 指 令	操　　作
ORL A, Rn ;	(A)←(A)∨(Rn)
ORL A, direct ;	(A)←(A)∨(direct)
ORL A, @ Ri ;	(A)←(A)∨((Ri))
ORL A, #data ;	(A)←(A)∨data
ORL direct, A ;	(A)←(direct)∨(A)
ORL direct, #data ;	(A)←(direct)∨data

【例3-10】 设(40H)=76H,要求将40H单元的低4位送P1口,但不能影响P1口的高4位,请写出程序。

解:因为0跟任何数作或操作,结果仍为原数据不变,所以可考虑将40H单元的高4位屏蔽为0,再送P1口。参考程序如下:

```
MOV  A, #0FH   ;00001111B送累加器A
ANL  A, 40H    ;
               ;(A)=(A)∧(40H)=00001111B∧01110110B=00000110B
ANL  P1, #0F0H ;将P1口的高4位保留,清除低4位
ORL  P1, A     ;(P1)=(P1)∨(A)=P7P6P5P40110B
```

执行结果:(P1) = $P_7P_6P_5P_4$0110B,保留了P1口的原高4位,又把40H单元的低4位送到了P1口的低4位。

4.逻辑异或指令

如表3-8所示,同前述两种逻辑操作,逻辑异或操作的目的地址也是两种,即累加器A和直接寻址单元。两个操作数完成异或操作后,结果存回目的地址单元。执行该指令不影响标志位。

逻辑异或指令　　　　　　　　　　　　　　表3-8

汇 编 指 令	操　　作
XRL A, Rn ;	(A)←(A)⊕(Rn)
XRL A, direct ;	(A)←(A)⊕(direct)
XRL A, @ Ri ;	(A)←(A)⊕((Ri))
XRL A, #data ;	(A)←(A)⊕data
XRL direct, A ;	(A)←(direct)⊕(A)
XRL direct, #data ;	(A)←(direct)⊕data

【例3-11】 设(30H)=0FFH,(40H)=0FFH,(41H)=13H,写出如下语句的执行结果:

```
MOV  A, 30H
XRL  A, 40H
MOV  40H, A
XRL  A,41H
MOV  41H, A
```

解:

```
MOV  A, 30H    ;(A)=0FFH
XRL  A, 40H    ;(A)⊕(40H)=11111111B⊕11111111B=00000000B
MOV  40H, A    ;(40H)=00H
```

```
XRL  A, 41H    ;(A)⊕(41H)=11111111B⊕00010011B=11101100B
MOV  41H, A    ;(41H)=0ECH
```

执行结果:(30H)的数据不变,(40H)=00H,(41H)=0ECH≠00H。

由此例看出,当两个相同的数据作异或运算时,结果为0,否则不为0,可用于比较两个数是否相等。

5.累加器清零和取反指令

如表3-9所示,这两条指令是对A的内容清0和取反。执行这两条指令均不影响标志位。

表3-9

累加器清零和取反指令

汇 编 指 令	操　　作
CLR A;	(A)←0
CPL A;	(A)←(A)取反

四 算数运算指令

算术运算类指令包含加、减、乘、除法以及十进制调整等指令,使51单片机具有较强的运算能力。该类指令大多是双操作数指令,累加器A总是存放第一源操作数,并作为目的地址存放操作结果。第二操作数可以是立即数,或某工作寄存器Rn、内存单元、间接寻址单元的内容。运算操作将影响标志寄存器PSW中的某些位,如溢出OV、进位Cy、辅助进位AC、奇偶标志位P等。程序中监视这些标志位,可方便地进行相关运算操作,如进位标志用于多字节加法、减法等,溢出标志用于实现补码运算,辅助进位用于BCD码运算等。

1.加法类指令

1)加法指令

如表3-10所示,参与运算的两个操作数都是8位二进制数,源地址的操作数和累加器A的操作数相加,结果存放于A中。指令的执行将影响标志寄存器PSW的位AC、Cy、OV、P。当结果的第3位向第4位有进位时(即半字节进位),将AC置1,否则为0;当结果的最高位(第7位)有进位时,将Cy置1,否则为0;结果中有奇数个1时,P为1,否则为0;如果位6有进位输出而位7没有进位,或者位7有进位输出而位6没有进位,则OV置1,否则为0。

表3-10

加 法 指 令

汇 编 指 令	操　　作
ADD A, Rn ;	(A) ← (A) + (Rn)
ADD A, direct ;	(A) ← (A) + (direct)
ADD A, @ Ri ;	(A) ← (A) + ((Ri))
ADD A, #data ;	(A) ← (A) + data

【例3-12】 设(A)=53H,(R0)=FCH,执行ADD A, R0后的结果及相关标志位为:(A)=4FH,Cy=P=1,OV=0。

运算结果是否正确需要考虑是将操作数看作无符号数还是有符号数。若将操作数视作无符号数,则根据Cy来判断运算结果是否溢出,若Cy=1,表明溢出,有进位;若视为有符号数,则根据OV来判断结果是否溢出,若OV=1,表明溢出,结果错误。

2)带进位加法指令

如表3-11所示,这组指令执行的是将A中的操作数、另一个操作数与Cy相加,结果存放于 A 中。此处的 Cy 是指令执行前的值,而不是指令执行中产生的值。其对标志位的影响与不带进位加法指令的相同。该加法指令常用于多字节相加。

带进位加法指令 表 3-11

汇 编 指 令	操 作
ADDC A, Rn ;	$(A) \leftarrow (A) + (Rn) + (Cy)$
ADDC A, direct ;	$(A) \leftarrow (A) + (direct) + (Cy)$
ADDC A, @ Ri ;	$(A) \leftarrow (A) + ((Ri)) + (Cy)$
ADDC A, #data ;	$(A) \leftarrow (A) + data + (Cy)$

3)加 1 指令

如表 3-12 所示,加 1 指令使指定的单元的内容增加 1,只有第一条指令 INC A 能对奇偶标志位 P 产生影响,其余几条不会对任何标志位产生影响。第五条指令是对数据指针进行 16 位加 1 运算,为地址加 1 提供了方便。

【例 3-13】 设(R0)=70H,(70H)=41H,(71H)=56H,执行如下指令后结果是什么?

(1)　INC　@ R0　;

(2)　INC　R0　　;

　　　INC　@ R0

解:

(1)　执行后,((R0))+1=(70H)+1=41H+1=42H,即(70H)=42H;

(2)　执行后,(R0)+1=70H+1=71H,即(R0)=71H;

　　　((R0))+1=(71H)+1=56H+1=57H,即(71H)=57H;

　　　执行结果:(R0)=71H,(70H)=42H,(71H)=57H。

由此例看出,加 1 指令可以非常灵活地运用于有递增需要的场合。

加 1 指令 表 3-12

汇 编 指 令	操 作
INC A ;	$(A) \leftarrow (A) + 1$
INC Rn ;	$(Rn) \leftarrow (Rn) + 1$
INC direct;	$(direct) \leftarrow (direct) + 1$
INC @ Ri ;	$(Ri) \leftarrow ((Ri)) + 1$
INC DPTR ;	$(DPTR) \leftarrow (DPTR) + 1$

2. 十进制调整指令

如表 3-13 所示,当 BCD 码按二进制数相加后,需用该指令对结果进行校正,才能得到正确的 BCD 码的和值。一个字节可包含两个 BCD 码,称为压缩的 BCD 码。指令过程如下:

若累加器 A 的低 4 位字节 $(A)_{0\sim3} > 9$ 或 $(AC) = 1$,则 $(A)_{0\sim3} = (A)_{0\sim3} + 06H$;

同时,若累加器 A 的高 4 位 $(A)_{4\sim7} > 9$ 或 $(Cy) = 1$,则 $(A)_{4\sim7} = (A)_{4\sim7} + 60H$。

十进制调整指令仅对进位位 Cy 产生影响,不影响 OV 标志。需要注意的是,本指令不能简单地把累加器 A 中的 16 进制数变换成 BCD 码,也不能用于十进制减法的校正。

十进制调整指令 表 3-13

汇 编 指 令	操 作
DA A ;	对 A 中的 BCD 码加法结果进行校正

【例 3-14】 对于两个 4 位 BCD 码相加,设加数、被加数已经按压缩 BCD 码从高位到低

位存放在内存单元中,被加数存于 RAM 的 31H、30H,结果存于 38H、39H,和存于 4EH、4FH,设和不会溢出。

参考程序如下:

```
ORG   0030H
MOV   A, 30H      ;被加数的 BCD 码的低 2 位送 A
ADD   A, 39H      ;与加数的 BCD 码的低 2 位相加
DA    A           ;作十进制调整
MOV   4FH, A      ;低 2 位和值存于 4FH
MOV   A, 31H      ;被加数的高 2 位送 A
ADDC  A, 38H      ;与加数的高 2 位相加
DA    A           ;作十进制调整
MOV   4EH, A      ;高 2 位和值存于 4EH
END
```

3.减法类指令

1)带借位减法指令

如表 3-14 所示,带借位减法指令是从累加器 A 中减去进位标志 Cy 的值和指定的变量的值,结果存放于 A 中,会影响标志位 Cy、AC、OV、P。若第 7 位有借位,则 Cy=1,否则为 0;若第 3 位有借位,则 AC=1,否则为 0;若操作数被视为符号数,当有溢出时,OV=1;减法结果中的 1 的个数为奇数时,P=1。

带借位减法指令   表 3-14

汇编指令	操作
SUBB A, Rn ;	$(A) \leftarrow (A) - (Rn) - (Cy)$
SUBB A, direct ;	$(A) \leftarrow (A) - (direct) - (Cy)$
SUBB A, @ Ri ;	$(A) \leftarrow (A) - ((Ri)) - (Cy)$
SUBB A, #data ;	$(A) \leftarrow (A) - data - (Cy)$

【例 3-15】 若(A)=C9H,(R2)=54H,(Cy)=1,试分析指令 SUBB A,R2 执行后,累加器的内容及状态标志。

```
     (A):  1 1 0 0   1 0 0 1
   -(R2):  0 1 0 1   0 1 0 0
   ─────────────────────────
   -(Cy):                  1
    结果:  0 1 1 1   0 1 0 0
```

2)减 1 指令

如表 3-15 所示,减 1 指令是将指定的地址或单元中的内容减 1,结果仍存放于原单元中,且不影响标志位。

减 1 指令   表 3-15

汇编指令	操作
DEC A ;	$(A) \leftarrow (A) - 1$
DEC Rn ;	$(Rn) \leftarrow (Rn) - 1$
DEC direct ;	$(direct) \leftarrow (direct) - 1$
DEC @ Ri ;	$(Ri) \leftarrow ((Ri)) - 1$

【例3-16】 设(A)＝0FFH,(R0)＝50H,(50H)＝0AH,试问下述指令的执行结果是什么？

(1) DEC A

(2) DEC @R0

(3) DEC R0

解:执行结果如下:

(1)(A)＝0FFH－1＝0FEH

(2)(50H)＝0AH－1＝09H

(3)(R0)＝50H－1＝4FH

4.乘法指令

乘法指令是将累加器A和寄存器B中的两个无符号整数相乘,所得积的高8位存于B,低8位存于A,如表3-16所示。该操作将会对OV、Cy和P标志产生影响:当乘积结果大于255(0FFH),溢出标志OV＝1,否则为0;进位标志Cy总是被清零;当累加器A中1的个数为奇数时,奇偶校验标志位P＝1,否则为0。

乘 法 指 令   表3-16

汇 编 指 令	操　　作
MUL AB ;	(B)(高8位)、(A)(低8位)←(A)×(B)

【例3-17】 试编写程序计算$100_d \times 55_d$,并将结果存放于60H(高8位)、61H(低8位)。

解:

```
ORG  0030H
MOV  A, #100    ;十进制被乘数赋值给A
MOV  B, #55     ;十进制乘数赋给B
MUL  AB         ;两数相乘
MOV  60H, B     ;积的高8位送RAM的60H
MOV  61H, A     ;积的低8位送RAM的61H
END
```

执行结果:(60H)＝15H,(61H)＝7CH

5.除法指令

除法指令是将累加器A中的8位无符号整数除以寄存器B中的8位无符号整数,所得商的整数部分存放在A中,余数部分存放在B中,如表3-17所示。该操作对Cy和P标志位的影响同乘法指令。当B中的值为00H,则执行结果是不确定的值,且置溢出标志OV为1,表明该次除法是无意义的;其余情况均清零Cy。

除 法 指 令   表3-17

汇 编 指 令	操　　作
DIV AB ;	(B)(余数)、(A)(整数)←(A)÷(B)

【例3-18】 试编写程序计算$240_d \div 55_d$,并将结果存放于60H(整数)、61H(小数)。

解:

```
ORG  0030H
MOV  A, #0F0H    ;将0F0H(240)送累加器A
MOV  B, #37H     ;将37H(55)送寄存器B
```

```
DIV  AB            ;执行除法指令
MOV  60H, A        ;将执行除法后的商送内部 RAM 的 60H 单元
MOV  61H, B        ;余数送 61H
END
```
执行结果:(60H)=04H(商),(61H)=14H(余数)

五 位操作指令

在单片机的控制应用中,常常有以位为单位的运算和操作的需要。MCS-51 中有一个布尔处理机用于实现布尔变量的处理,即可以执行按位操作。相关的操作由位操作指令来完成。

1. 位传送指令

如表 3-18 所示,指令中的操作数 C 代表位累加器 Cy 的内容,操作数 bit 代表内存 RAM 中的可寻址位的内容,bit 可以是位地址,也可以是可位寻址字节的某一位。

位 传 送 指 令   表3-18

汇 编 指 令	操　　作
MOV C,bit ; MOV bit,C ;	(Cy)←(bit) (bit)←(Cy)

【例3-19】 试编程实现将 2FH 位的内容送到 P1.0(90H)。

解:
```
MOV  20H, C        ;将 Cy 的内容暂存在 20H 位
MOV  C, 2FH        ;将 2FH 位的内容送入 Cy
MOV  90H, C        ;Cy 的内容送入 90H 位
MOV  C, 20H        ;恢复 Cy 的内容
```
第三句也可写成:MOV P1.0, C

【例3-20】 比较 MOV 20H, A 和 MOV 20H, ACC.0,20H 指的是同一个地址单元吗?

解:两条指令中的 20H 不是同一个地址单元,MOV 20H,A 中的 20H 是 RAM 的 20H 字节单元,而 MOV 20H, ACC.0 中的 20H 是位单元,即字节单元 24H 的第 0 位(24H.0)。

2. 位置 1 和清零指令

如表 3-19 所示,这几条指令完成的功能就是将 0 或 1 送给位累加器 Cy 或可寻址位。

位置 1 和清零指令   表3-19

汇 编 指 令	操　　作
SETB C ; SETB bit ; CLR C ; CLR bit ;	(Cy)←1 (bit)←1 (Cy)←0 (bit)←0

3. 位逻辑运算指令

如表 3-20 所示,逻辑与指令 ANL 的功能是,当两个操作位的值都是 1 时,将 1 送给 Cy,否则送 0。逻辑或指令 ORL 的功能是,当两个操作位的值都是 0 时,将 0 送给 Cy,否则送 1。取反指令 CPL 的功能是,操作位的值是 1 时,将 0 送操作位;操作位的值是 0 时,将 1 送操作位。

位逻辑运算指令   表 3-20

汇编指令	操 作
ANL C, bit ;	$(Cy) \leftarrow (Cy) \wedge (bit)$ ，逻辑与
ANL C, /bit ;	$(Cy) \leftarrow (Cy) \wedge \overline{(bit)}$ ，逻辑与
ORL C, bit ;	$(Cy) \leftarrow (Cy) \vee (bit)$ ，逻辑或
ORL C, /bit ;	$(Cy) \leftarrow (Cy) \vee \overline{(bit)}$ ，逻辑或
CPL C ;	$(Cy) \leftarrow \overline{(Cy)}$ ，逻辑非
CPL bit ;	$(bit) \leftarrow \overline{(bit)}$ ，逻辑非

注:指令中的"/bit"表示对位单元内容取反。

【例 3-21】 试说出下列程序段实现的操作。

（1）MOV C, P1.7   ;将 P1.7 的值送入 Cy

ANL C, ACC.0   ; Cy = (Cy)∧(ACC.0)

显然,P1.7 和 ACC.0 均为 1 时,Cy 等于 1。

（2）MOV C, P1.7   ;将 P1.7 的值送入 Cy

ORL C, ACC.7   ; Cy = (Cy)∨(ACC.0)

因此,只要 P1.7 或 ACC.0 之一为 1 时,Cy 就等于 1。

4.位条件转移指令

该组指令按位判断的对象及转移处理方式分为三组。

1）判 Cy 转移指令

如表 3-21 所示,这两条指令是根据 Cy 的值来判断是否进行跳转,满足条件就跳转,否则就顺序执行。同样地,rel 通常用标号地址表示,取值的范围是以指令的当前 PC 为基准参照点的 - 128 ~ + 127 字节之间。

判 Cy 转 移 指 令   表 3-21

汇编指令	操 作
JC rel ;	若(Cy) =1, 则(PC) ←(PC) +2 +rel 若(Cy) ≠1, 则(PC) ←(PC) +2
JNC rel ;	若(Cy) =0, 则(PC) ←(PC) +2 +rel 若(Cy) ≠0, 则(PC) ←(PC) +2

2）判位变量转移指令

如表 3-22 所示,这三条指令是根据位变量 bit 的内容来确定程序的执行方向。第三条指令除了令程序转移外,还有清零 bit 内容的作用。

判位变量转移指令   表 3-22

汇编指令	操 作
JB bit, rel ;	若(bit) =1 , 则(PC) ←(PC) +3 +rel 若(bit) ≠1 , 则(PC) ←(PC) +3
JNB bit, rel ;	若(bit) =0 , 则(PC) ←(PC) +3 +rel 若(Cy) ≠0 , 则(PC) ←(PC) +3
JBC bit, rel ;	若(bit) =1 , 则(bit) ←0, PC ←(PC) +3 +rel 若(bit) ≠1 , 则(PC) ←(PC) +3

六 控制转移指令

程序的顺序执行是由 PC 自动加 1 实现的,而在程序的执行中,往往需要根据某种条件而改变程序的执行流向,完成这种功能的指令便是控制转移类指令。该类指令包括无条件转移指令、条件转移指令、子程序调用和返回指令及空操作指令。

1. 无条件转移指令

如表 3-23 所示,无条件转移指令有 4 条,下面分别进行介绍。

条 件 转 移 指 令   表 3-23

汇 编 指 令	操 作
LJMP addr16 ;	$(PC) \leftarrow addr16$
AJMP addr11 ;	$(PC) \leftarrow (PC) + 2, (PC_{10 \sim 0}) \leftarrow addr11_{10 \sim 0}$
SJMP rel ;	$(PC) \leftarrow (PC) + 2, (PC) \leftarrow (PC) + rel$
JMP @ A + DPTR ;	$(PC) \leftarrow ((A) + (DPTR))$

1) 长转移指令

LJMP addr16 指令称为长转移指令,是将 16 位地址数据 addr16 送程序计数器 PC,使程序无条件地转向指定的目标地址 addr16 去执行。由于直接提供 16 位目标地址,所以转移范围在 64KB 程序存储器空间之内,且与 PC 的当前值无关。作为最常用的跳转指令,为了编写程序的方便,addr16 常常采用符号地址(即指令前可以用一个名称加 ":" 来标志该条指令的位置)。

设某程序的主程序开始的符号地址是 MAIN,当程序执行完毕,要求回到开始处再次执行,即可采用该条指令。

【例 3-22】 ORG 0100H

MAIN: MOV R7, #8 ;程序的第一句

       LJMP MAIN   ;跳回程序开始处

2) 绝对转移指令

AJMP addr11 指令称为绝对转移指令。指令中的 addr11 提供 11 位地址作为目标地址的低 11 位,程序计数器 PC 的当前值(即指向该条 AJMP 指令的地址)加 2 后,取其高 5 位与之组合成 16 位目标地址,程序无条件转向执行。

由于是 addr11 提供的跳转地址,因而可跳转的范围在 × × × × ×00000000000 ~ × × × × ×11111111111 之间,一共 2KB 的空间。但要注意:AJMP 指令的目标地址必须是与 (PC) + 2 后的地址在同一个 2KB 空间。通常,目标地址也是用符号地址。

3) 短转移指令

SJMP rel 指令是短转移指令,指令长度为 2 个字节,其操作过程是先将指向该指令的 PC 值加 2,然后和 rel 相加构成目标地址,rel 是个相对偏移量,为 8 位补码数,取值范围为 -128 ~ +127。当目标地址大于指令所在源地址时,rel 为正数,程序向前转移;若目标地址小于源地址,rel 为负数,程序将向后转移。rel 的计算公式为:

向前转移:rel = 目标地址 - (源地址 + 2)

向后转移:rel = (目标地址 - (源地址 + 2))_补

$$= FFH - ((源地址 + 2) - 目标地址)) + 1$$

通常,用符号地址来描述目标地址。在执行程序时,由连接器 linker 根据程序,自动地计算出 rel 的值。

【例3-23】 设有如下指令,以符号地址描述相对偏移量 rel

地址　　　　　指令

01A4H　READ:　MOV　R7,#8

01D7H　　　　SJMP　READ

在汇编时,根据 SJMP 指令所在源地址(PC)=01D7H,目标地址(PC)=01A4H,计算出相对偏移量 rel = 01A4H – 01D7H – 2 = CBH(补码)= – 35H,即向后偏移 35H,跳到 01A4H。

4)间接转移指令

JMP　@A+DPTR 指令被称为间接转移指令,是单字节指令,其功能是将累加器 A 中的 8 位无符号整数和 16 位数据指针 DPTR 的内容相加,得到目的地址。该指令以 DPTR 的内容为基址,A 的内容为变址,可实现以 DPTR 为首地址的 256 个字节范围的转移,常常用于实现程序的多分支转移。

2.条件转移指令

顾名思义,条件转移指令是在满足一定的条件下才执行的。

1)累加器判零转移指令

如表3-24所示,一般 rel 都用符号地址,较少采用数值偏移量。

累加器判零转移指令　　　　　　　　　　　　　　表3-24

汇 编 指 令	操　　作
JZ　rel　;	若(A)=0,则(PC)←(PC)+2+rel
	若(A)≠0,则(PC)←(PC)+2
JNZ rel　;	若(A)≠0,则(PC)←(PC)+2+rel
	若(A)=0,则(PC)←(PC)+2

【例3-24】 试编程从 P1 口读入数据,若为 0,则在本地循环等待;若不为 0,则顺序执行。

解:

WAIT:MOV　A,P1　　;将 P1 口的内容送 A 中

　　JZ　　WAIT　　;(A)=0,转到 WAIT,重复读取 P1 口的数据

　　　　　　　　　;若(A)≠0,则程序向下顺序执行

2)比较转移指令

如表3-25所示,比较转移指令是3字节指令,功能是比较指令中的两个操作数,若二者的值不相等,则程序转移到当前 PC 加3,再加偏移地址量 rel,即(PC)+3+rel 地址处;若二者的值相等,则程序向下顺序执行。该操作会影响进位标志 Cy,源操作数小于目的操作数时,Cy 被清零;源操作数大于目的操作数时,Cy 被置为 1。

比较转移类指令　　　　　　　　　　　　　　表3-25

汇 编 指 令	操　　作
CJNE　A, direct, rel　;	若(A)=(direct),则顺序执行;
	若(A)≠(direct),则(PC)←(PC)+3+rel
CJNE　A, #data, rel　;	若(A)=data,则顺序执行;
	若(A)≠data,则(PC)←(PC)+3+rel
CJNE　Rn, #data, rel　;	若(Rn)=data,则顺序执行;
	若(Rn)≠data,则(PC)←(PC)+3+rel
CJNE　@Ri, #data, rel;	若((Rn))=data,则顺序执行;
	若((Rn))≠data,则(PC)←(PC)+3+rel

【例3-25】 某程序段根据5FH单元中的数据若不等于0FFH,则在本地循环,否则向下执行。

```
LOOP:MOV  A, 5FH          ;将5FH单元的数值送入A
     CJNE  A, #0FFH, LOOP  ;比较A和立即数0FFH,
                          ;若(A)≠FFH,则转向LOOP
     AJMP  DEAL           ;(A)=0FFH, 转向子程序DEAL
```

3) 循环转移指令

如表3-26所示,循环转移指令中,寄存器Rn或直接寻址单元作为循环控制变量,里面存放着循环次数,以减1后是否为0作为转移条件,来实现按次数控制循环。

循 环 转 移 指 令   表3-26

汇 编 指 令	操 作
DJNZ Rn, rel ;	若(Rn)−1≠0,则(PC)←(PC)+2+rel 若(Rn)−1=0,则(PC)←(PC)+2
DJNZ direct, rel;	若(direct)−1≠0,则(PC)←(PC)+3+rel 若(direct)−1=0,则(PC)←(PC)+3

【例3-26】 试编程实现从1加到10,并将和存入70H单元。

解:

```
       ORG  0100H
       MOV  R1, #0AH     ;加法次数送寄存器R1
       MOV  R2, #01H     ;运算的加数放入R2,第一个加数是1
       MOV  70H, #00H    ;运算的和放入70H,并置初始值为0
LOOP:  MOV  A, R2        ;将加数送入累加器A
       ADD  A, 70H       ;作加法
       MOV  0H, A        ;和存入70H
       INC  R2           ;R2的值递增1,得第二个加数
       DJNZ R1, LOOP     ;若(R1)−1≠0,则转向LOOP,继续相加
       SJMP $            ;结束
```

3. 子程序调用和返回指令

程序设计中常常会遇到在一个程序中反复执行某一程序段的情况,如果在程序中反复写这一段程序,会使整个程序显得重复冗长。为此,可以将重复的程序段写成一个独立的子程序,在需要的地方主程序通过调用而使用它,执行完毕后,再回到调用其的主程序。这样,就需要子程序调用和返回指令。子程序的调用示意图如图3-6所示:

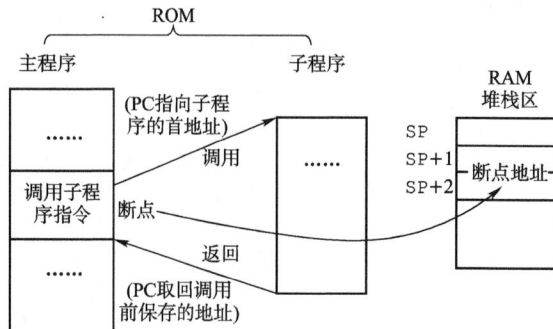

图3-6　子程序调用说明

当主程序在调用子程序时,会产生一个程序断点。此时单片机系统首先会自动将程序断点处的地址保存在堆栈中,然后再将所要调用的子程序首地址赋给PC,继而转向子程序执行指令。子程序结束时的最后一条指令必须是返回指令。子程序执行到返回指令时,系统会将堆栈中之前所保存的程序断点地址重新装入PC,因而从子程序返回后主程序就可从程序断点处开始继续执行。

子程序调用指令包括绝对调用指令ACALL和长调用指令LCALL。返回指令包括(普通的)子程序返回指令RET和中断服务子程序的返回指令RETI。下面分别予以介绍。

1)绝对调用指令

如表3-27所示,绝对调用指令ACALL指令是双字节指令。指令执行时,取出指令码后,将(PC)+2的值(断点地址)压入堆栈,并保留其高5位,另将指令中给出的addr11放入PC的低11位,二者合并而成的新地址就是子程序的起始地址,程序转入该地址执行。一般在编程时,addr11用标号表示。调用指令的地址PC加2后与所调用的子程序起始地址应在同一个2KB范围内。

绝 对 调 用 指 令 表3-27

汇 编 指 令	操 作
ACALL addr11 ;	$(PC) \leftarrow (PC) + 2$ $(SP) \leftarrow (SP) + 1, ((SP)) \leftarrow (PC_{7 \sim 0})$ $(SP) \leftarrow (SP) + 1, ((SP)) \leftarrow (PC_{15 \sim 8})$ $(PC_{10 \sim 0}) \leftarrow addr11_{10 \sim 0}, (PC_{15 \sim 11})$不变

2)长调用指令

如表3-28所示,长调用指令LCALL指令是三字节指令。指令执行时,取出指令码后,将(PC)+3的值(断点地址)压入堆栈,然后将指令中的addr16送入PC,转去执行子程序。由于指令中的调用指令是16位的,因而可在64KB范围内调用。

长 调 用 指 令 表3-28

汇 编 指 令	操 作
LCALL addr16 ;	$(PC) \leftarrow (PC) + 3$ $(SP) \leftarrow (SP) + 1, ((SP)) \leftarrow (PC_{7 \sim 0})$ $(SP) \leftarrow (SP) + 1, ((SP)) \leftarrow (PC_{15 \sim 8})$ $(PC) \leftarrow addr16$

3)返回指令

上述两个子程序调用指令是使程序转入子程序去执行,而子程序执行完毕后,应当回到原来调用处继续向下执行,完成这一功能的就是返回指令,如表3-29所示。

返 回 指 令 表3-29

汇 编 指 令	操 作
RET ;	$(PC_{15 \sim 8}) \leftarrow ((SP)), (SP) \leftarrow (SP) - 1$ $(PC_{7 \sim 0}) \leftarrow ((SP)), (SP) \leftarrow (SP) - 1$
RETI ;	$(PC_{15 \sim 8}) \leftarrow ((SP)), (SP) \leftarrow (SP) - 1$ $(PC_{7 \sim 0}) \leftarrow ((SP)), (SP) \leftarrow (SP) - 1$

RET是子程序返回指令,用于(普通的)子程序结尾处。其功能是从堆栈中取出断点地

址送入程序计数器 PC,使程序从断点处能继续向下执行。

RETI 是中断服务子程序的返回指令,只能用于中断服务程序的结尾处。其功能除了如 RET 一样令程序返回中断断点处继续执行外,还清除中断响应时被置位的优先级状态,以允许单片机响应低优先级的中断请求。更多关于中断的内容在后面有关"中断"的一章中有详细的介绍。

4. 空操作指令

如表 3-30 所示,该条指令是单字节单周期指令,控制 CPU 不进行任何操作,仅仅是程序计数器 PC 加 1。它常常用作等待或极短时间的延时。

空 操 作 指 令 表 3-30

汇 编 指 令	操　　作
NOP ;	(PC)←(PC) +1

七　伪指令

在以上的学习内容中,我们对单片机的指令系统进行了介绍,那些指令都是产生机器代码的指令,汇编语言源程序中还有另一种指令称为伪指令,这类指令不会产生执行代码,它们的作用是为了对汇编过程进行某种控制,如告诉汇编程序应从哪个单元开始存放程序、应留出多少个内存单元用于存放数据以及何时结束汇编等操作。这类指令仅在将汇编语言源程序翻译成机器语言的过程中起作用,本节首先介绍一类汇编语言中常用的伪指令。

1. 设置起始地址伪指令 ORG

指令格式:ORG　addr16

该指令的功能是将紧跟该指令后面程序代码或数据存放在以 addr16 为首地址的单元中,如程序段:

```
      ORG  1000H
START:  MOV  A, #30H
```

上述伪指令 ORG 告诉汇编程序将指令 MOV　A,#30H 的机器码存放在从 1000H 开始的单元中。ORG 指令可以多次出现在程序的任何地方,以规定不同程序段的起始位置,但所规定的地址应该从小到大,且不允许有重叠。

2. 汇编结束伪指令 END

指令格式:END

END 伪指令的功能是告诉汇编程序结束源程序汇编,它必须放在整个源程序的最后,即汇编程序在汇编源程序时,如遇到伪指令 END,则不管其后是否还有其他指令都将停止汇编。

3. 赋值伪指令 EQU

指令格式:符号名　EQU　常值表达式

EQU 伪指令的功能是将表达式的常值或某个汇编符号定义为一个指定的符号名。在后面的程序中可以方便地引用该符号名,汇编器在汇编过程中会将源程序中每个出现该符号的位置均由 EQU 定义的表达式的常值来取代。

4. 数据地址赋值命令 DATA

指令格式:符号名　DATA　常值表达式

DATA 伪指令的功能与 EQU 有些相似,使用时要注意它们有以下差别:EQU 伪指令定义的符号必须先定义后使用,而 DATA 伪指令无此限制;用 EQU 伪指令可以把一个汇编符号赋给一个字符名称,而 DATA 伪指令则不能;DATA 伪指令可将一个表达式的值赋给一个字符变量,所定义的字符变量也可以出现在表达式中,而用 EQU 定义的字符,则不能这样使用。DATA 伪指令在程序中常用来定义数据地址。

5. 定义字节伪指令 DB

指令格式:[标号:]　DB　字节数据列表

DB 伪指令的功能是将 DB 后面的多个字节数据依次存入以标号为起始地址的存储单元中,若指令中省去标号,则 DB 后面的多个字节数据依次被存放到上一条指令之后的存储单元中。

6. 定义字伪指令 DW

指令格式:[标号:]　DW　字数据列表

DW 伪指令的功能将其后的数据列表存放到从标号为起始地址的存储单元中。字数据为两个字节,占两个存储器单元。与通用计算机系统不同,单片机系统中字数据的高 8 位被存放在低地址单元,字数据中的低 8 位被存放在高地址单元。

例如:

```
      ORG    1000H
TAB:  DW     1234H,0ABH,10
```

汇编后的数据存储格式如图 3-7 所示。

1005H	0AH
1004H	00H
1003H	ABH
1002H	00H
1001H	34H
1000H	12H

7. 定义存储空间伪指令 DS

指令格式:[标号:]　DS　表达式

图 3-7　字数据存放格式

DS 伪指令的功能是从指定的地址开始,保留若干字节内存空间作为备用。在汇编以后,将根据表达式的值来决定从指定地址开始留出多少个字节空间,表达式也可以是一个常数值。例如:

```
      ORG 1000H
      DS 05H
      DB 36H,40H
```

汇编后,从 1000H 开始,先保留 5 个字节的内存单元,从 1005H 开始存放 DB 伪指令定义的数据,即 1005H 单元的内容为 36H,1006H 单元的内容为 40H。

DB、DW、DS 伪指令定义的数据或存储空间只能在程序存储器中,它们不能用于在数据存储器空间进行数据定义或进行初始化的工作。

8. 位地址符号定义伪指令 BIT

指令格式:字符名称　BIT　位地址

BIT 伪指令的功能是为某一位地址指定一个新的字符名称。例如:

WARNNING　BIT　P1.2

在程序中可以用 WARNNING 来代替 P1.2,增加程序的可读性。

第二节　MCS-51 单片机汇编程序设计

汇编语言程序设计是一种面向过程的程序设计,它是基于模块化的程序设计思想,其程序从结构上可分为顺序程序结构、选择程序结构和循环程序结构,在这三种结构的基础上还可嵌入子程序。

一 顺序结构设计

顺序程序就是按顺序依次执行的程序中的每条指令,执行完最后一条,程序就算执行完毕。顺序程序是最常见的一种程序,虽然比较简单,但它是构成复杂程序的基础。

【例 3-27】 设 a 为一个 8 位无符号数,求多项式 $y = a^2 - 6$ 的值。

解: 设 A 存放在 R2 中,结果放入 R6 和 R7 中。

```
        ORG   0000H
MOV     R3, #6
MOV     A, R2        ;A←a
MOV     B, A
MUL     AB           ;结果放在 B:A 中
CLR     C
SUBB    A, R3        ;低 8 位减 6
MOV     R7, A        ;R7←结果的低 8 位
MOV     A, B
SUBB    A, #00H      ;高 8 位减进位位
MOV     R6, A
END
```

二 选择结构设计

顺序结构程序简单,但应用有限,在实际问题中,往往需要根据某种情况做出判断,依据判断结果做出相应的处理,这时就需要有选择程序结构。一般情况下,一个条件只能形成两个分支,即每个分支都是一个入口,两个出口,像一个"单刀双掷"开关,当有 n 个条件时,可以形成 $n+1$ 个分支。

【例 3-28】 将 1 位十六进制数转换成对应的 ASCII 码。

解: 十六进制数 0 ~ 9 对应的 ASCII 码为 30H ~ 39H,A ~ F 对应的 ASCII 码为 41H ~ 46H,因此,当十六进制数小于、等于 9 时,对应的 ASCII 码为:十六进制数 +30H,大于 9 时为:十六进制数 +37H。设十六进制数存于 R2 中,转换后的结果仍存于 R2。

```
        ORG   0000H
        MOV   A, R2        ;将十六进制数送入 A
        CLR   C
        SUBB  A, #9        ;减 9
        JNC   ATOF         ;如果数大于 9, 则 C = 0
        MOV   A, #30H
        SJMP  EXIT
ATOF:   MOV   A, #37H
EXIT:   ADD   A, R2
        MOV   R2, A        ;结果送入 R2
        END
```

三 循环结构设计

在程序设计中,经常会遇到反复执行一段程序的情况,这时就要用循环程序结构,循环

程序结构有利于减少程序代码,提高程序的质量。循环程序一般有三个要素:

(1)循环初始条件。即确定循环开始时的初值,如使工作单元清 0,设置循环次数等。

(2)循环体。即要求重复执行的程序段。在循环体中,除了要执行的程序外,还应该有修改循环条件的语句。

(3)循环结束条件。程序根据循环结束条件来判断是否结束循环。

循环程序的结构有两种,即先判断后执行和先执行后判断,在许多情况下,循环程序中还可能包含着循环程序,这种现象称为循环嵌套。具有循环嵌套的程序称为多重循环程序。

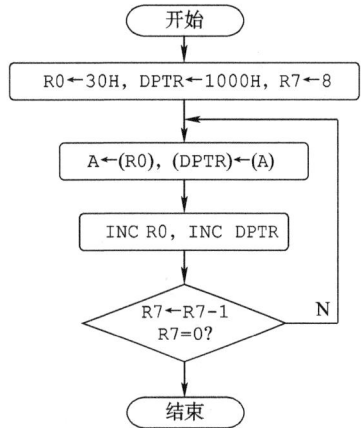

图 3-8   程序流程图

【例 3-29】   把内部数据存储器 30H ~ 37H 单元的内容传送到外部数据存储器以 1000H 开始的连续单元中。

解:30H ~ 37H 共计 8 个单元,需传送 8 次数据。以 R7 作为循环计数寄存器,程序流程图如图 3-8 所示。

实现的程序段如下:

```
        ORG     0000H
        MOV     R0, #30H
        MOV     DPTR, #1000H
        MOV     R7, #8
LOOP:   MOV     A, @ R0
        MOVX    @ DPTR, A
        INC     R0          ;指向下一个待传送的数据
        INC     DPTR        ;指向下一个要存放数据的单元
        DJNZ    R7, LOOP    ;R7 不为 0 继续传送数据
        END
```

四   子程序设计

因实际需要,程序设计过程中常会出现功能相对独立的某段程序反复被执行的情况,为了减少源程序和代码的长度,增加程序的可阅读性,较好的办法是把这段被多次执行的程序写成公用程序段,该公用程序段具有相对独立的功能,被称为子程序,当需要时,调用程序即可。使用子程序,可使整个程序的结构更清楚,阅读和理解更容易,而且,不必每次重复书写同样的指令,可以减少源程序和目标程序的长度。调用子程序的程序被称为主程序,主程序和子程序是相对的,一个程序既可以是一个程序的子程序,同时又可以是另一个程序的主程序,即子程序也可以有自己的子程序,这种现象称为子程序嵌套。子程序调用可用图 3-9 表示。主程序用 ACALL 或 LCALL 指令调用子程序,执行调用指令时,相当于图中的 A 和 C 点,会把紧跟在调用指令后的指令地址,即图 3-9 中存放指令 B 和指令 D 的地址压入堆

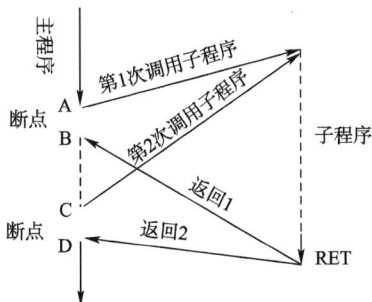

图 3-9   子程序调用图示

栈;执行子程序中的 RET 指令时,会把当前堆栈顶部两字节的内容弹回到 PC 中,使程序从断点处(图中的 B、D 点)继续向下执行。子程序第一条指令一般会有标号,该标号称为子程序名;子程序中至少会有一条 RET 指令,称为返回指令,当执行 RET 指令时,就返回到主程序,在汇编语言源程序中使用子程序时,要注意两个问题,即主程序和子程序间的参数传递和现场保护。

调用汇编语言子程序时,并不附带任何的参数,参数的传递要靠编程者自己安排。汇编语言中参数传递可采用以下两种方法:

(1)直接传递数据。当传递的数据较少时,可通过工作寄存器 R0 ~ R7 或累加器或几个内存单元来传送。即主程序事先将待传递的数据放入 R0 ~ R7 或累加器或几个内存单元中,在子程序中使用即可。

(2)传送地址。当需要传递很多数据时,可以将数据块的地址放入寄存器 R0、R1 或 DPTR 中,在子程序中能间接寻址取出待传递的数据。

在进入子程序特别是进入中断服务子程序后,要注意现场保护问题。由于在子程序中会用到一些寄存器,子程序中执行会改变这些寄存器的值和 PSW 中的标志位,而这些寄存器的内容和标志位会影响主程序的运行,所以,程序必须保证各寄存器的内容和标志位的状态都不应因调用子程序而改变,这就是现场保护问题。解决的方法是在进入子程序后,将在子程序中用到的寄存器压入堆栈,而在执行 RET 指令前,再将保存在堆栈中的各寄存器的值弹回到原寄存器中,恢复原来的状态。由于堆栈是按照"先进后出"的原则工作的,从堆栈弹出数据时,应按相反的次序进行。在子程序中,压栈和出栈的次数一定相等,否则,便不能从子程序正确返回到主程序。标准子程序的结构如下所示。

```
;;;;;;;;;;;;;;;;;;;;;;;;;;;;;;;;;;;;;;;;;;;;;;;;;
;;子程序名称:xxxxxxxxxxx
;;子程序功能:xxxxxxxxxxxxxxxxxxx
;;子程序的入口参数:xxxxxxxxxxxxxxxxxxxx
;;子程序的出口参数:xxxxxxxxxxxxxxxxxxxx
;;;;;;;;;;;;;;;;;;;;;;;;;;;;;;;;;;;;;;;;;;;;;;;;;
SUBROU:   PUSH   ACC      ;保护现场
          PUSH   PSW
          PUSH   B
          PUSH   R0

            ⋮                ;子程序体

          POP    R0       ;恢复现场
          POP    B
          POP    PSW
          POP    ACC
          RET             ;返回主程序指令
```

在实际的单片机应用系统中,会有大量的子程序,换句话说,单片机应用系统的程序是由一个主程序和若干个子程序组成,在编写每个子程序之前,最好能注释子程序的功能、入口和出口参数。入口参数就是执行子程序要求的初始条件;出口参数即是子程序的执行结果。进入子程序后首先要进行现场保护,将子程序中用到的寄存器暂时保存到堆栈中;在退出子程序前,要恢复现场。对于每个具体的子程序是否需要现场保护,以及需要保护哪些寄存器应视具体情况而定,特别是当子程序的运行结果要通过某个寄存器带回主程序时,则该寄存器在子程序中不需要保护。

【例 3-30】 延时是单片机系统最常见的一种操作,设系统采用的晶振频率为 12MHz,试编制 50 ms 延时子程序。

解: 由于使用的晶振频率为 12MHz,则每个机器周期为 1μs。

```
DEL50MS:  MOV  R7, #200    ;1μs
DEL1:     MOV  R6, #123    ;1μs
          NOP              ;1μs
DEL2:     DJNZ R6, DEL2    ;2×123 = 246
          DJNZ R7, DEL1    ;(1+1+246)×200 =50000μs =50ms
          RET              ;2μs
```

子程序 DEL50MS 的实际精确执行时间应是:$1μs + 50000μs + 2μs = 50.003$ ms

▸ 技能训练

项目一:利用 A51 编译调试程序

【实训要点】
(1)学习 KEIL 软件的操作方法;
(2)学习汇编语言的编译方法。

【实训方法】
上机实训。

【实训内容】

1. 情景设置

前面介绍了 MCS-51 汇编指令及一些实例,这些程序的编写及编译是在哪里完成的呢?现在,程序的编写、编译及软件仿真调试是在汇集了程序编辑器、编译器、调试器等工具的集成开发调试环境中完成的。目前较为流行的用于单片机软件编写及调试的软件是 KEIL μVision,它是众多单片机应用开发软件中优秀的软件之一,支持众多不同公司的 MCS-51 架构的芯片;它集编辑,编译,仿真等于一体,同时还支持 PLM,汇编和 C 语言的程序设计,它的界面和常用的微软 VC++ 的界面相似,界面友好,易学易用,在调试程序,软件仿真方面也有很强大的功能。因此很多开发 51 应用的工程师或普通的单片机爱好者,都对它十分喜欢。

2. 技能目标

了解并熟练使用 KEIL μVision 集成开发环境,掌握程序的输入、编译及调试的基本步骤。

3. 相关知识

1)开发环境介绍

KEIL μVision 是一个基于 Window 的 IDE 开发平台,包含一个高效的编辑器,一个项目管理器和一个 MAKE 工具。μVision 支持所有的 KEIL 8051 工具,包括 C 编译器、宏汇编器、连接/定位器、目标代码到 HEX 的转换器。μVision 界面提供一个菜单,一个工具条以便你快速选择命令按钮,另外,还有源代码的显示窗口,对话框和信息显示。μVision 允许同时打开浏览多个源文件。更多关于 KEIL μVision 的内容可参考附录 D。

2)开发步骤

当使用 KEIL μVision 工具时,项目开发流程和其他软件开发项目的流程极其相似。

具体开发步骤可参考附录 D 中第二部分。

4.实训准备

KEIL μVision 软件、PC 机一台。

5.实训步骤

(1)安装 KEIL μVision 软件;

(2)将集成开发调试环境设置成软件仿真器模式。并参照附录 D 中相关知识点新建工程文件;

(3)新建源文件并输入以下参考程序:

```
          LED     BIT     P1.7
          ORG     0000H
          SJMP    MAIN
          ORG     0030H
MAIN:     CPL     LED
          ACALL   DELAY
          SJMP    MAIN
DELAY:    MOV     R7, #4
LOOP1:    MOV     R6, #250
LOOP2:    MOV     R5, #250
          DJNZ    R5, $
          DJNZ    R6, LOOP2
          DJNZ    R7, LOOP1
          RET
          END
```

(4)编译调试程序。

6.注意事项

(1)安装软件时请务必先参考安装说明;

(2)新建工程要保存在熟悉的文件夹中,以便查找。

7.实训评价

实训评价内容见表3-31。

实 训 评 价 表   表 3-31

评 价 内 容	评价要求及评分标准	得　　分
软件安装	成功安装软件(20分)	
新建工程项目	正确建立(20分)	
新建源文件并编辑	正确输入程序(20分)	
编译工程文件	正确编译,生成机器码(20分)	
调试程序	会调试程序(20分)	

8.活动建议

单人单机练习,可互相评分。

项目二:开关信号检测程序编写

【实训要点】

(1)掌握独立式按键的扫描方法;

(2)掌握开关按键的设计电路。

【实训方法】

(1)编写相应程序;

(2)在编译环境中调试程序或用 Proteus 仿真。

【实训内容】

1.情景设置

在第二章项目三中,我们已经搭接好开关信号的输入检测电路,那么如何通过按键来控制红绿灯的转换呢? 这个实训就是来学习开关信号输入检测电路的软件程序编写。

2.技能目标

(1)掌握单个按键扫描方法;

(2)熟练使用 KEIL 软件编译程序。

3.相关知识

1)按键

在单片机上使用的键盘根据按键连接方式分为两类:独立式键盘和矩阵式键盘。独立式键盘是最简单的键盘电路,又称线性键盘,各个键相互独立,每个按键独立地与一根单片机的 I/O 端口线相连接,按键扫描可采用查询方式,在未按下时,所有的数据输入线都通过上拉电阻被连接成高电平;当任何一个键被压下时,与之连接的数据输入线将被拉成低电平。

由此可见,独立式按键的各按键相互独立,电路配置灵活;但是按键数量较多时,I/O 端线耗费较多,电路结构繁杂;同时其软件结构简单。因而多用于按键数量较少的场合。

2)键盘消抖处理

只要是弹簧片结构的按键,无论以何种方式接入单片机,在按键被按下的时候,簧片总要抖动一段时间才会和触点接触良好。因而要采取按键消抖的措施,以消除按键在闭合和断开瞬间的一连串抖动所带来的不利影响。如图 3-10 所示,键盘的抖动时间一般为 5 ~ 10ms,抖动现象会引起 CPU 对一次按键操作进行多次处理,从而可能产生错误。

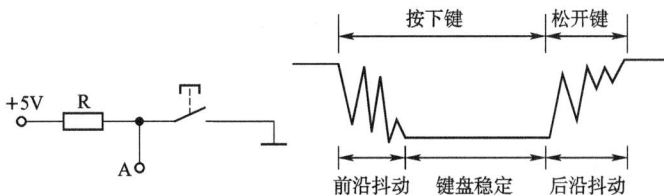

图 3-10 键操作和键抖动

为了保证 CPU 对按键的一次闭合仅作一次键输入处理,就必须采取消除抖动的措施,常见的有硬件和软件消抖两种方式:图3-11为几种常用硬件去抖动电路,其中RC滤波电路去抖动电路简单实用,效果较好;如果需要简化硬件电路,也可采用软件去抖动方法,在程序中检测接入的输入端口,如图3-12所示的P2口,若检测到按键按下后,延时10ms后进行再次确认该键是否确实按下,从而消除抖动的影响。

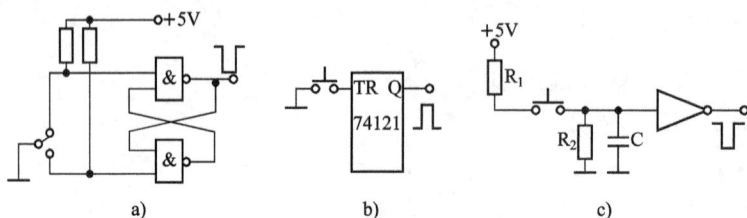

图3-11 常用硬件消抖电路

a)双稳态消抖电路;b)单稳态消抖电路;c)滤波消抖电路

4. 实训准备

PC机一台、编译环境,信号检测电路、单片机最小系统电路。

5. 实训步骤

(1)按照开关信号输入检测电路,编写键盘扫描程序。

开机后,所有LED灯均不亮,若K₁键被按下,则南北方向的绿灯亮,东西方向的红灯亮;若K₂键被按下,则南北、东西方向黄灯亮;若K₃键被按下,则东西方向的绿灯

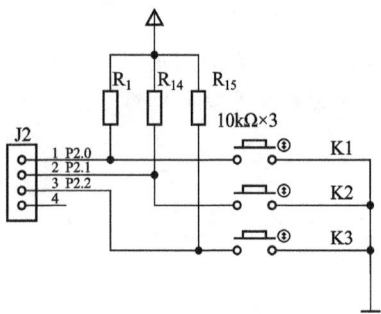

图3-12 按键电路

亮,南北方向的红灯亮。各个方向红黄绿灯的驱动电路如图2-15所示。

参考程序如下:

```
              ORG    0000H
              JMP    START
              ORG    0100H
START:        MOV    P1, #0FFH
              MOV    P2, #0FFH
KEY0:         JB     P2.0, KEY1
              CALL   D10ms          ;去抖动
              JNB    P2.0, $
              MOV    P1, #0DEH       ;南北方向的绿灯亮,东西方向的红灯亮
              JMP    KEY0
KEY1:         JB     P2.1, KEY2
              CALL   D10ms
              JNB    P2.1, $
              MOV    P1, #0EDH       ;南北、东西方向黄灯亮11101101
              JMP    KEY0
KEY2:         JB     P2.2, KEY0
              CALL   D10ms
              JNB    P2.2, $
```

```
              MOV    P1, #0F3H        ;东西方向的绿灯亮,南北方向的红灯亮
              JMP    KEY0
D10ms:        MOV    R5, #10
D1ms:         MOV    R4, #249
DL:           NOP
              NOP
              DJNZ   R4, DL
              DJNZ   R5, D1ms
              RET
```

(2)程序编写完后,进行编译,并生成目标代码。

(3)把程序下载到单片机中,看是否实现开关信号检测功能。

6. 注意事项

(1)编写程序要先新建工程项目;

(2)注意按键去抖动及扫描程序的编写。

7. 实训评价

实训评价内容见表3-32。

实 训 评 价 表　　　　　　　　　　　　　表3-32

评 价 内 容	评价要求及评分标准	得　　分
电路设计	设计正确(40分)	
程序编写	编写正确(40分)	
程序编译并下载电路连接	能实现开关信号检测(20分)	

8. 活动建议

可分组实训,开关信号输入检测电路调试完毕,各组可互相评分。

项目三:七段 LED 数码管的认知

【实训要点】

了解七段 LED 数码管,熟悉其分类和显示原理。

【实训方法】

(1)熟悉了解七段 LED 数码管;

(2)搭接简单电路点亮数码管中的相应位段。

【实训内容】

1. 情景设置

熟悉了解七段 LED 数码管,为后续学习打下良好基础。

2. 技能目标

(1)掌握 LED 数码管的结构及工作原理;

(2)能够按照要求搭接电路;

(3)掌握 LED 数码管的静态显示方式和动态显示方式。

3. 相关知识

1)LED 数码管(LED Segment Displays)

单片机系统中常用的显示器件有:LED(Light Emitting Diode)发光二极管、液晶 LCD(Liquid Crystal Display)显示器、CRT(Cathode Ray Tube)阴极射线管等。LED、LCD 显示器件有两种显示结构:段显示(七段、米字型等)和点阵显示,如图 3-13 所示。

图 3-13　LED 的显示结构

发光二极管 LED 是一种能发光的半导体电子元件,是由镓(Ga)与砷(As)、磷(P)、氮(N)、铟(In)的化合物制成的。当电子与空穴复合时能辐射发出可见光。磷砷化镓二极管发红光,磷化镓二极管发绿光,碳化硅二极管发黄光,铟镓氮二极管发蓝光。

七段 LED 数码管由 8 个发光二极管构成,分别记作 a、b、c、d、e、f 和 g,有的还有一个小数点 dp,如图 3-14 所示。每一只发光二极管都有一个电极引到外部引脚上,而另外一只引脚就连接在一起也引到外部引脚上,记作公共端(COM),即图中第 3、8 引脚。

市面上常见的七段 LED 数码管有共阳极与共阴极两种。

共阳极就是把所有 LED 的阳极连接到共同接点 COM,而每个 LED 的阴极分别为 a、b、c、d、e、f、g 及 dp(小数点)。共阳极数码管在应用时应将公共极 COM 接到 +5V,当某一字段发光二极管的阴极为低电平时,相应字段就点亮。当某一字段的阴极为高电平时,相应字段就不亮,如图 3-15a)所示。

共阴极则是把所有 LED 的阴极连接到共同接点 COM,而每个 LED 的阳极分别为 a、b、c、d、e、f、g 及 dp(小数点)。共阴极数码管在应用时应将公共极 COM 接到地线 GND 上,当某一字段发光二极管的阳极为高电平时,相应字段就点亮。当某一字段的阳极为低电平时,相应字段就不亮,如图 3-15b)所示。

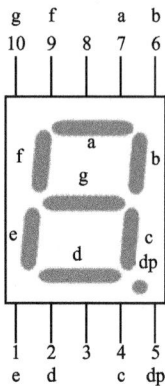

图 3-14　七段 LED 数码管
　　　　　引脚示意图

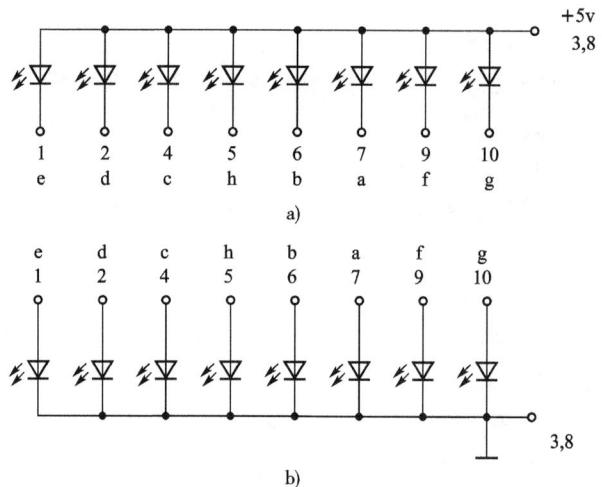

图 3-15　共阳极与共阴极
　　　　　a)共阳极;b)共阴极

图中的8个LED分别与图3-14中的a~dp各段相对应,通过控制各个LED的亮灭来显示数字,如图3-16所示。另外发光二极管正常工作需加限流电阻,如图3-17所示。

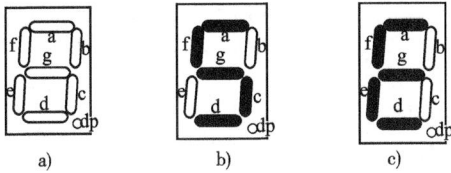

图3-16 LED数码管显示
a)不加电压,不显示3;b)显示5;c)显示E

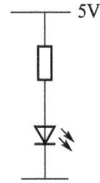

图3-17 LED数码管加限流电阻

2)LED数码管的显示驱动

LED数码管要正常显示,就要用驱动电路来驱动数码管的各个段码,从而显示出所要的数位,因此根据LED数码管的驱动方式的不同,可以分为静态式和动态式两类。

(1)静态显示驱动

静态驱动也称直流驱动。静态驱动是指每个数码管的每一个段码都由一个单片机的I/O口进行驱动,或者使用如BCD码二—十进位转换器进行驱动。静态驱动的优点是编程简单,显示亮度高,缺点是占用I/O口多,如驱动5个数码管静态显示则需要$5 \times 8 = 40$根I/O口来驱动,要知道一个AT89S51单片机可用的I/O口只有32个,故实际应用时必须增加驱动器进行驱动,增加了硬体电路的复杂性。

(2)动态显示驱动

数码管动态显示界面是单片机中应用最为广泛的一种显示方式之一,动态驱动是将所有数码管的8个显示笔画"a,b,c,d,e,f,g,dp"的同名端连在一起,另外为每个数码管的公共极COM增加位选通控制电路,位选通由各自独立的I/O线控制,当单片机输出字形码时,所有数码管都接收到相同的字形码,但究竟哪个数码管会显示出字形,取决于单片机对位元选通COM端电路的控制,所以只要将需要显示的数码管的选通控制打开,该位就显示出字形,没有选通的数码管就不会亮。

透过分时轮流控制各个LED数码管的COM端,可使各个数码管轮流受控显示,这就是动态驱动。在轮流显示过程中,每位数码管的点亮时间为1~2ms,由于人的视觉暂留现象及发光二极体的余辉效应,尽管实际上各位数码管并非同时点亮,但只要扫描的速度足够快,给人的印象就是一组稳定的显示,不会有闪烁感,动态显示的效果和静态显示是一样的,能够节省大量的I/O口,而且功耗更低,如图3-18所示。

4. 实训准备

(1)数字逻辑电路实验箱;

(2)共阴极、共阳极数码管;

(3)导线若干。

5. 实训步骤

(1)按照图3-19所示,在训练板上搭接共阴极数码管电路。

(2)给训练板供电,通过手动控制一个8位DIP开关,完成一个七段LED数码管对数字0~9的显示,并填写完成如表3-33所示的数码管编码真值表。

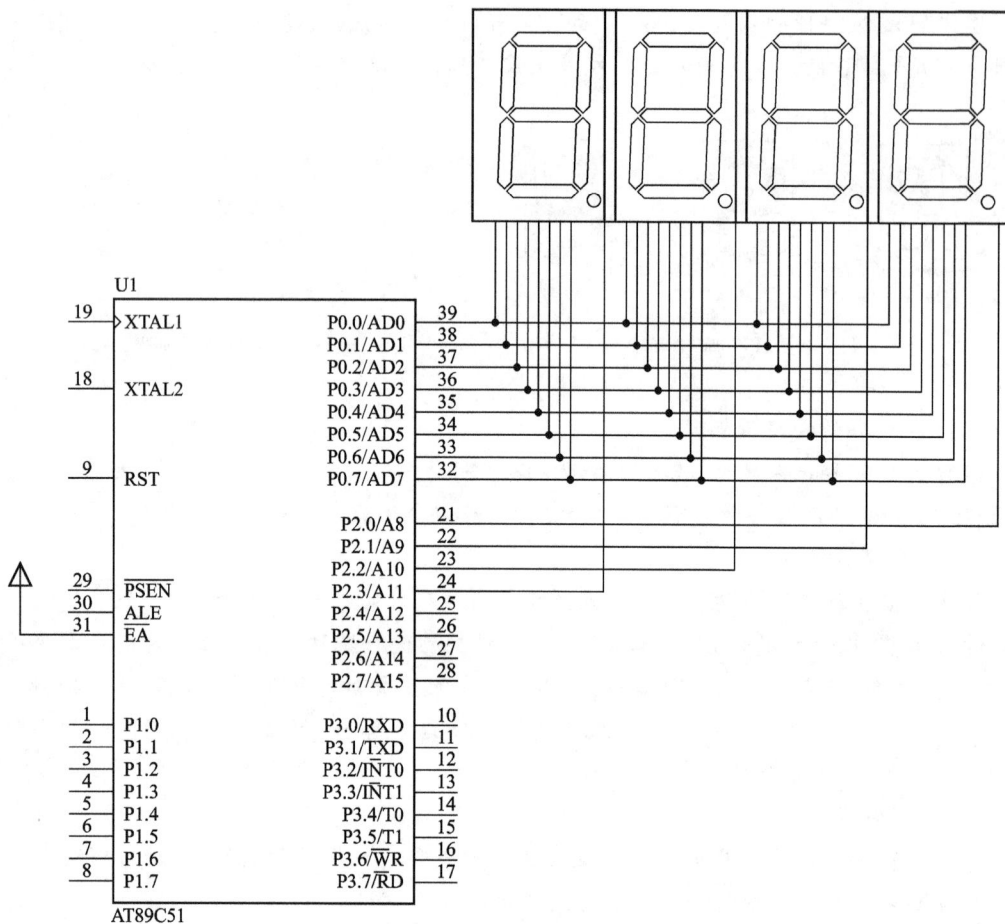

图 3-18 LED 数码管的动态显示接线图

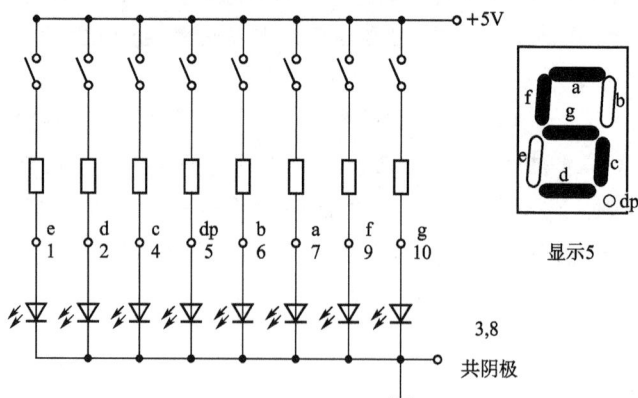

图 3-19 共阴极数码管实验电路

七段 LED 数码管编码真值表   表 3-33

显示字符	数码管种类	字符段状态(共阴极 1 亮 0 灭,共阳极 0 亮 1 灭)								16 进制特征码
		h	g	f	e	d	c	b	a	
0	共阴极									
	共阳极									

显示字符	数码管种类	字符段状态(共阴极1亮0灭,共阳极0亮1灭)								16进制特征码
		h	g	f	e	d	c	b	a	
1	共阴极									
	共阳极									
2	共阴极									
	共阳极									
3	共阴极									
	共阳极									
4	共阴极									
	共阳极									
5	共阴极	0	1	1	0	1	1	0	1	0x6D
	共阳极	1	0	0	1	0	0	1	0	0x92
6	共阴极									
	共阳极									
7	共阴极									
	共阳极									
8	共阴极									
	共阳极									
9	共阴极									
	共阳极									
A	共阴极									
	共阳极									
B	共阴极									
	共阳极									
C	共阴极									
	共阳极									
D	共阴极									
	共阳极									
E	共阴极									
	共阳极									
F	共阴极									
	共阳极									
全亮	共阴极	1	1	1	1	1	1	1	1	0xFF
	共阳极	0	0	0	0	0	0	0	0	0x00
全灭	共阴极									
	共阳极									

(3)将共阴极数码管换成共阳极数码管,重设电路,重复(1)、(2)的步骤。

(4)按照图3-18所示的连接线路,编写并调试在4个数码管中显示"1234"的程序。

参考程序如下：

```
        ORG     0000H
        AJMP    START
        ORG     0030H
START:
        MOV     SP,#60H         ;设置堆栈
        MOV     P0,#00H
Loop:
        MOV     P2,#0FFH
        CLR     P2.3
        MOV     P0,#06H         ;共阴极,数字1
        ACALL   Delay
        MOV     P2,#0FFH
        CLR     P2.2
        MOV     P0,#5BH         ;共阴极,数字2
        ACALL   Delay
        MOV     P2,#0FFH
        CLR     P2.1
        MOV     P0,#4FH         ;共阴极,数字3
        ACALL   Delay
        MOV     P2,#0FFH
        CLR     P2.0
        MOV     P0,#66H         ;共阴极,数字4
        ACALL   Delay
        AJMP    Loop
Delay:
        MOV     R6,#40          ;晶振频率若为12MHz,延时约2ms
D1:
        MOV     R7,#248
        DJNZ    R7,$
        DJNZ    R6,D1
        RET
        END
```

6. 注意事项

应使用直流电源给 LED 产品供电就不会影响产品的使用寿命。

7. 实训评价

实训评价内容见表 3-34。

实 训 评 价 表

表 3-34

评 价 内 容	评价要求及评分标准	得　分
共阳极数码管接线图绘制	正确画出接线图(10 分)	
数码管真值表填写	填写正确(40 分)	
数码管显示的硬件连接	连接正确(20)	
程序编写和调试	编写调试完成(30)	

8.活动建议

可分组实训,各组可互相评分。

项目四:按键扫描程序设计

【实训要点】

(1)掌握数码管显示方式;

(2)掌握矩阵式键盘设计电路;

(3)掌握矩阵式按键的扫描方法。

【实训方法】

(1)编写相应程序;

(2)在编译环境中调试程序。

【实训内容】

1.情景设置

项目二中介绍了独立式按键的扫描方法,每一个按键都需要接单片机的一个I/O,若单片机系统需要较多按键时,如果用独立按键便会占用过多的I/O口资源。单片机系统中I/O口资源往往比较宝贵,当用到多个按键时,为了节省I/O口线,有必要引入矩阵键盘。矩阵键盘如何扫描,这是本实训要学习的内容。

2.技能目标

(1)掌握矩阵式按键扫描方法;

(2)掌握LED数码管显示电路及编程方法。

3.相关知识

1)矩阵式键盘

矩阵式键盘是把所有按键排列成行列矩阵的键盘。如图3-20所示,设选用P1端口,P1.0～P1.3接4根行线,P1.4～P1.7接4根列线,行线和列线的交叉处接一个按键,构成4×4的矩阵键盘,最多可定义16个按键。

2)扫描原理

无论是独立式键盘还是矩阵式键盘,单片机检测器是否被按下的依据都是一样的,也就是检测与该键对应的I/O口是否为低电平。独立按键有一端固定为低电平,单片机写程序检测时比较方便。而矩阵式键盘两端都与单片机I/O口相连,因此在检测时需要人为通过单片机I/O送出低电平。检测时,先送一列为低电平,其余几列为高电平(此时确定了列数),然

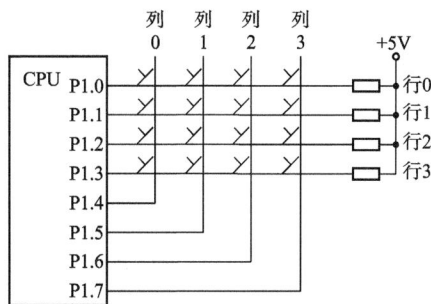

图3-20 4×4矩阵式键盘

后立即轮流检测一次各行是否有低电平,若检测到某一行为低电平(这时确定了行数),便可确认当前被按下的键是哪一行哪一列的。用同样的方法轮流送各列一次低电平,再轮流检测一次各行是否变为低电平,这样既可完成所有的按键,当按键被按下时便可判断出按下的是哪一个按键。当然,也可以将行线置低电平,扫描列是否有低电平。此种方法占用I/O端线较少,软件结构较复杂,比较适用于按键较多的场合。

3)LED数码管显示

LED 数码管的显示可参考本章项目三。

4. 实训准备

PC 机一台、编译环境,键盘扫描及显示电路。

5. 实训步骤

(1)画出键盘扫描及显示电路。

如图 3-21 所示,电路中采用 4×4 共 16 个按键进行扫描,当按键依次被按下时,数码管依次显示 0～F 这 16 个字符。本电路数码管采用共阴极显示方式。

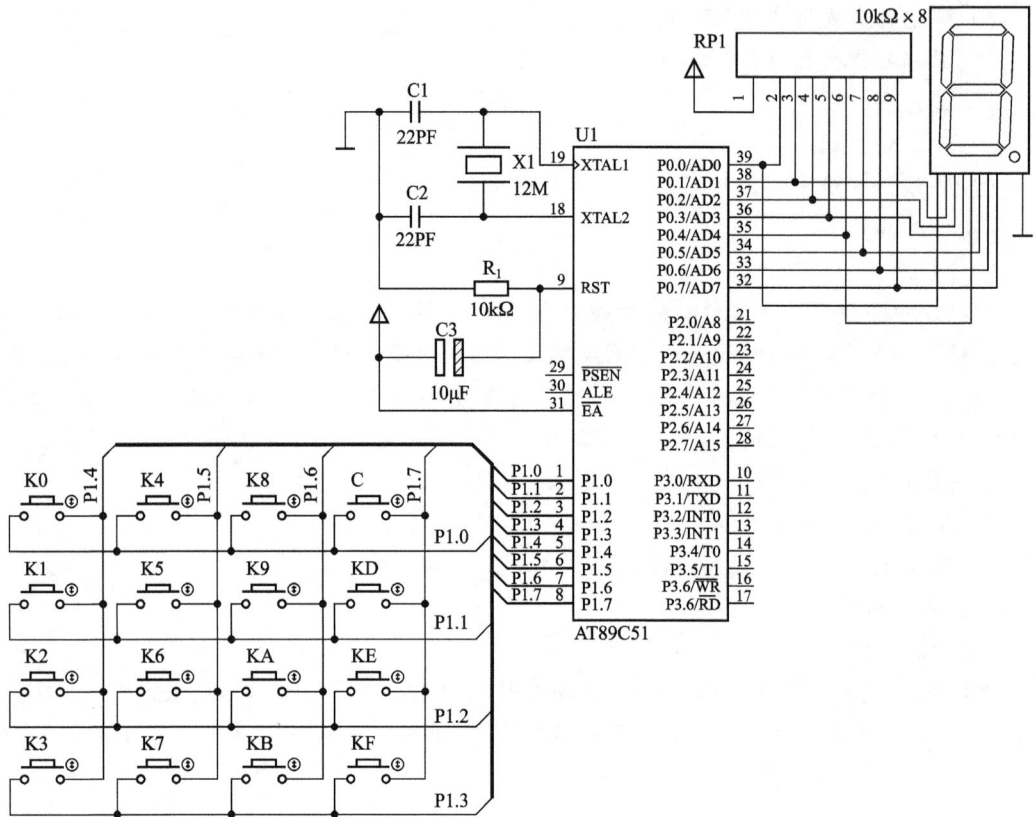

图 3-21 按键扫描电路

(2)编写扫描显示程序。

参考程序如下:

```
        KEYBUF   EQU   30H
        ORG      0030H
        MOV      P0, #00H
START:  MOV      P1,#0FFH        ;扫描第一列
        CLR      P1.4
        MOV      A, P1
        ANL      A, #0FH
        XRL      A, #0FH
        JZ       NOKEY1          ;判断是否有键按下
        LCALL    DELY10MS        ;若有键按下,延时去抖动
        MOV      A, P1
```

```
          ANL      A,#0FH
          XRL      A,#0FH
          JZ       NOKEY1            ;判断是否真的有键按下
          MOV      A,P1
          ANL      A,#0FH
          CJNE     A,#0EH,NK1        ;判断是否为 0 键值按下
          MOV      KEYBUF,#0
          LCALL    DISPLAY
NK1:      CJNE     A,#0DH,NK2        ;判断是否为 1 键值按下
          MOV      KEYBUF,#1
          LCALL    DISPLAY
NK2:      CJNE     A,#0BH,NK3        ;判断是否为 2 键值按下
          MOV      KEYBUF,#2
          LCALL    DISPLAY
NK3:      CJNE     A,#07H,NK4        ;判断是否为 3 键值按下
          MOV      KEYBUF,#3
          LCALL    DISPLAY
NK4:      NOP
DK1A:     MOV      A,P1
          ANL      A,#0FH
          XRL      A,#0FH
          JNZ      DK1A
NOKEY1:
          MOV      P1,#0FFH          ;扫描第二列
          CLR      P1.5
          MOV      A,P1
          ANL      A,#0FH
          XRL      A,#0FH
          JZ       NOKEY2
          LCALL    DELY10MS
          MOV      A,P1
          ANL      A,#0FH
          XRL      A,#0FH
          JZ       NOKEY2
          MOV      A,P1
          ANL      A,#0FH
          CJNE     A,#0EH,NK5
          MOV      KEYBUF,#4
          LCALL    DISPLAY
NK5:      CJNE     A,#0DH,NK6
          MOV      KEYBUF,#5
          LCALL    DISPLAY
NK6:      CJNE     A,#0BH,NK7
          MOV      KEYBUF,#6
```

```
            LCALL   DISPLAY
NK7:        CJNE    A, #07H, NK8
            MOV     KEYBUF, #7
            LCALL   DISPLAY
NK8:        NOP
DK2A:       MOV     A, P1
            ANL     A, #0FH
            XRL     A, #0FH
            JNZ     DK2A
NOKEY2:
            MOV     P1,#0FFH        ;扫描第三列
            CLR     P1.6
            MOV     A, P1
            ANL     A, #0FH
            XRL     A, #0FH
            JZ      NOKEY3
            LCALL   DELY10MS
            MOV     A, P1
            ANL     A, #0FH
            XRL     A, #0FH
            JZ      NOKEY3
            MOV     A, P1
            ANL     A, #0FH
            CJNE    A, #0EH, NK9
            MOV     KEYBUF, #8
            LCALL   DISPLAY
NK9:        CJNE    A, #0DH, NK10
            MOV     KEYBUF, #9
            LCALL   DISPLAY
NK10:       CJNE    A, #0BH, NK11
            MOV     KEYBUF, #10
            LCALL   DISPLAY
NK11:       CJNE    A, #07H, NK12
            MOV     KEYBUF, #11
            LCALL   DISPLAY
NK12:       NOP
DK3A:       MOV     A, P1
            ANL     A, #0FH
            XRL     A, #0FH
            JNZ     DK3A
NOKEY3:
            MOV     P1,#0FFH        ;扫描第四列
            CLR     P1.7
            MOV     A, P1
```

```
              ANL      A, #0FH
              XRL      A, #0FH
              JZ       NOKEY4
              LCALL    DELY10MS
              MOV      A, P1
              ANL      A, #0FH
              XRL      A, #0FH
              JZ       NOKEY4
              MOV      A, P1
              ANL      A, #0FH
              CJNE     A, #0EH, NK13
              MOV      KEYBUF, #12
              LCALL    DISPLAY
NK13:         CJNE     A, #0DH, NK14
              MOV      KEYBUF, #13
              LCALL    DISPLAY
NK14:         CJNE     A, #0BH, NK15
              MOV      KEYBUF, #14
              LCALL    DISPLAY
NK15:         CJNE     A, #07H, NK16
              MOV      KEYBUF, #15
              LCALL    DISPLAY
NK16:         NOP
DK4A:         MOV      A, P1
              ANL      A, #0FH
              XRL      A, #0FH
              JNZ      DK4A
NOKEY4:
              LJMP     START        ;扫描完 4 列后重新开始扫描
DISPLAY:                            ;显示子程序
              MOV      A, KEYBUF
              MOV      DPTR, #TABLE
              MOVC     A,@ A + DPTR
              MOV      P0, A
              RET
DELY10MS:                           ;延时子程序
              MOV      R6, #10
D1:           MOV      R7, #248
              DJNZ     R7, $
              DJNZ     R6, D1
              RET
TABLE:   DB      3FH, 06H, 5BH, 4FH, 66H, 6DH, 7DH, 07H
         DB      7FH, 6FH, 77H, 7CH, 39H, 5EH, 79H, 71H
              END
```

（3）程序编写完后,进行编译,并生成目标代码。

（4）把程序下载到单片机中,看是否实现矩阵按键扫描功能。

6.注意事项

（1）编写程序要先新建工程项目；

（2）注意矩阵按键扫描程序的编写。

7.实训评价

实训评价内容见表3-35。

实 训 评 价 表

表3-35

评 价 内 容	评价要求及评分标准	得 分
原理图设计	设计正确(40分)	
程序编写	编写正确(40分)	
程序编译并下载电路连接	能实现按键扫描(20分)	

8.活动建议

可分组实训,键盘扫描程序完成后,小组讨论矩阵键盘扫描的几种方法,各组也可互相评分。

项目五:交通信息 LED 发布点阵设计与控制软件编写

【实训要点】

（1）LED 点阵电路的设计；

（2）LED 点阵程序的编写。

【实训方法】

（1）画出 LED 点阵设计电路图；

（2）在编译环境中调试程序或用 Proteus 仿真程序。

【实训内容】

1.情景设置

随着信息技术及智能交通系统的飞速发展,交通作为为社会公众服务的行业及领域,公众对其服务范围及水平也提出了新的要求。其中交通信息的发布成为重要的服务内容之一,在公交车站、高速公路、城市道路等场合出现了各类拥有向公众发布信息的显示设备,其中 LED 点阵显示屏以其高亮度、高可靠性等特点在道路信息发布中得到了广泛的应用。交通信息发布主要是面向车辆驾驶者,行驶中的车辆在可视距离内的停留时间又很短,因此应避免使用复杂的多灰度图形和动画内容,显示内容多为文字和简单图形标志。考虑到交通标志信号的常用颜色,采用红绿黄三色的显示屏。红绿黄三种颜色可分别显示禁止,指示建议和警告信息等。本实训将介绍如何用 LED 点阵显示交通信息。

2.技能目标

（1）掌握 LED 点阵扫描方法；

（2）熟练使用汉字、图形取模软件。

3.相关知识

1）8×8 点阵屏介绍

LED 点阵显示屏由 LED 发光二极管组成,以灯珠的亮灭来显示文字、图片、动画、视频等,是各部分组件都模块化的显示器件,通常由显示模块、控制系统及电源系统组成。显示屏的内部电路原理图如图 3-22 所示,点阵屏有两个类型,一类为共阴极[图 3-22a)],另一类则为共阳极[图 3-22b)],下图给出了两种类型的内部电路原理及相应的管脚图。

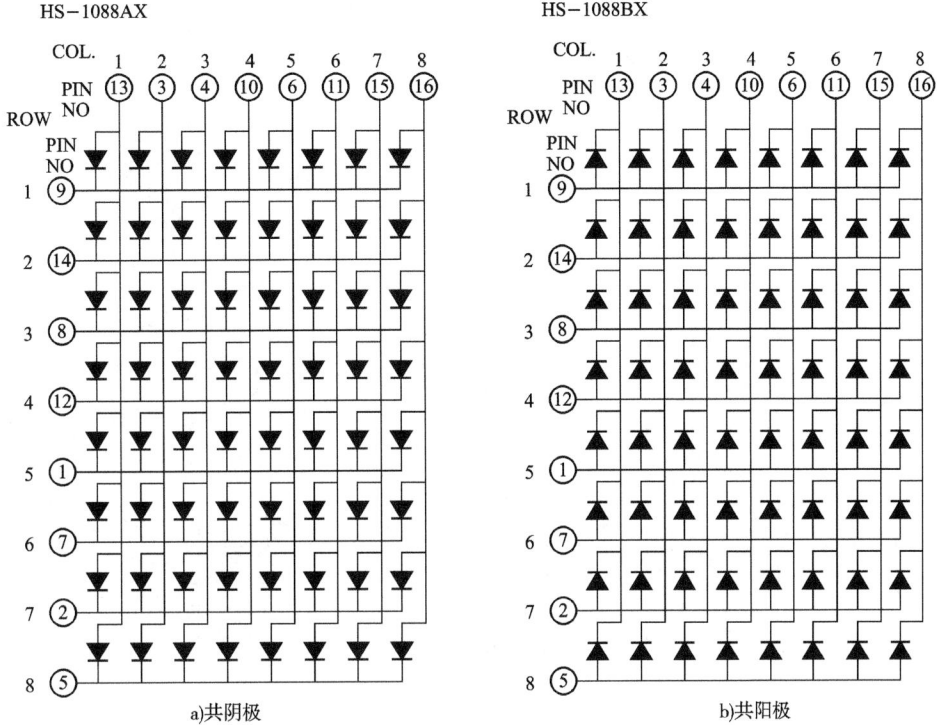

图 3-22　LED 点阵管脚图

2) 显示原理

以简单的 8×8 点阵共阴极为例,它共由 64 个发光二极管组成,且每个发光二极管是放置在行线和列线的交叉点上,当对应的某一行置低电平,某一列置高电平,则相应的二极管就亮;如要将第一个点点亮,则 9 脚接低电平 13 脚接高电平,则第一个点就亮了;如果要将第一行点亮,则第 9 脚要接低电平,而(13、3、4、10、6、11、15、16)这些引脚接高电平,那么第一行就会点亮;如要将第一列点亮,则第 13 脚接高电平,而(9、14、8、12、1、7、2、5)接低电平,那么第一列就会点亮。

一般我们使用点阵显示汉字,用的是 16×16 的点阵宋体字库,所谓 16×16,是每一个汉字在纵、横各 16 点的区域内显示,也就是说用四个 8×8 点阵组合成一个 16×16 的点阵,如图 3-23 所示。由于单片机总线为 8 位,一个字需要拆分为 2 个部分,首先通过列扫描方法获取汉字代码。汉字可拆分为上部和下部,上部由 8×16 点阵组成,下部也由 8×16 点阵组成,也可以分为左半部分和右半部分,左半部分是 16×8 点阵组成,右部分也由 16×8 点阵组成,因此一个汉字要用 $16 \times 2 = 32$ 个字节来表示。汉字点阵显示一般有点扫描、行扫描和列扫描 3 种。为了符合视觉暂留要求,点扫描方法扫描频率必须大于 $16 \times 64 = 1024\text{Hz}$,

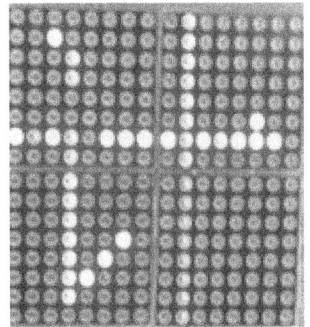

图 3-23　16×16 点阵

周期小于 1ms 即可。行扫描和列扫描方法扫描频率必须大于 $16 \times 8 = 128\text{Hz}$,周期小于 7.8ms 即可,但是一次驱动一列或一行时需外加驱动电路提高电流,否则 LED 亮度会不足。由以上扫描方法原理,逐个扫描然后求出相应的代码。

3）电路设计

在电路设计中要考虑硬件的选型,硬件的选型应根据设计要求和应用场合的限制选用。如果选用的器件达不到要求可能就会出现驱动能力不足造成亮度不够、传送数据出错等一系列问题。点阵参考显示电路如图3-24所示。

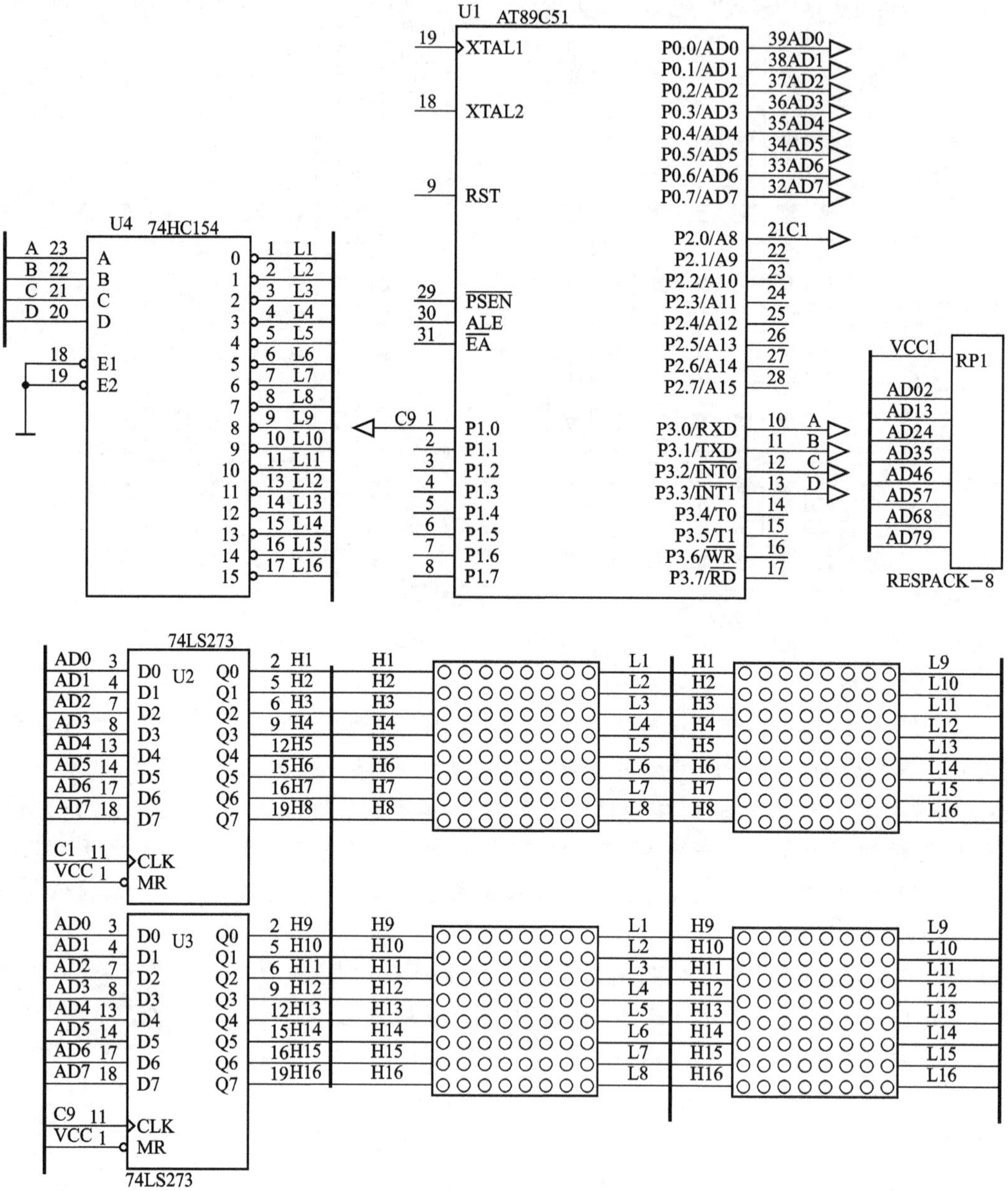

图 3-24　16×16 点阵显示电路

该 LED 点阵显示电路把 4 块 8×8 点阵两两分组,每组之间列线与列线相并联,行线与行线相并联,然后把 2 组的行线、列线并排接出构成 16 根行线、16 根列线。16×16 点阵需要用到 32 根线,明显不适合直接连接单片机管脚上,因为太占用单片机宝贵的引脚资源。在设计中我们使用 4~16 线译码芯片 74HC154 作为连接单片机与 16×16 点阵 16 根列线的中介,这样就能实现用 4 根引脚控制点阵的 16 根列线。另外再用 2 块锁存器 74HC373 作为连接单片机与点阵的 16 根行线,这样就能实现用 3 根引脚控制 16 根行线输入。需要指出的是,单片机最小系统连接图前面已做过,读者可直接使用,这里不再画出。

4.实训准备

PC 机一台、编译环境、16×16 点阵显示电、单片机最小系统电路。

5.实训步骤

(1)按照硬件电路焊接 16×16 点阵显示电路。

(2)编写软件程序:以屏幕显示"北京欢迎你"为例进行软件的编写。

参考程序如下:

```
            ORG   0000H
            LJMP  MAIN
            ORG   0030H
;主程序初始化
MAIN:       MOV   P3,#11111111B      ;P3 口提供译码信号
            MOV   P2,#10000000B      ;锁存器的移位脉冲信号
            MOV   P1,#10000000B      ;锁存器的移位脉冲信号
            MOV   P0,#00H            ;P0 口作数据输出端
            MOV   R0,#00H            ;数据偏移量
            MOV   R5,#00H
            CLR   20H
;控制文字变化速度
LOOP:       MOV   DPTR, #TAB         ;数据首地址
LOOP0:      MOV   R3,#226
LOOP2:      MOV   R4,#6
LOOP1:      ACALL SCAN
            DJNZ  R4, LOOP1
            INC   DPTR
            INC   DPTR
            DJNZ  R3, LOOP2
            CLR   A
            ADD   A, 20H
            SJMP  LOOP
SCAN:       INC   P3                 ;列驱动
            ACALL PORT               ;数据送出子程序调用
            ACALL DELAY
            CJNE  R0, #32, SCAN
            MOV   R0, #00H
            RET
PORT:                                ;移位脉冲子程序
            MOV   A,R0
            ADD   A,R5
            MOVC  A, @ A + DPTR
            MOV   P0, A
            ACALL PULSE
            MOV   A,R5
```

```
            ADD     A,#32
            MOV     R5,A
            CJNE    R5,#0,PORT
            MOV     R5,#00H
            INC     R0
            JB      20H,P_1
            JNB     P2.7,PORT
            SETB    20H
            SJMP    PORT
P_1:        JNB     P1.7,PORT
            CLR     20H
            RET
PULSE:      JB      20H,PORT_1         ;P1,P2 口脉冲输出
            MOV     A,P2
            RL      A
            MOV     P2,A
            SJMP    EXIT
PORT_1:     MOV     A,P1
            RL      A
            MOV     P1,A
EXIT:       RET
DELAY:      MOV     R7,#2              ;延时子程序
D1:         MOV     R6,#250
            DJNZ    R6,$
            DJNZ    R7,D1
            RET
TAB:
;---转换字符 北---;
DB 000H,010H,020H,030H,020H,018H,020H,008H
DB 020H,004H,0FFH,07FH,000H,000H,000H,000H
DB 000H,000H,0FFH,03FH,040H,040H,020H,040H
DB 030H,040H,018H,040H,010H,078H,000H,000H
;---转换字符 京---;
DB 000H,000H,004H,020H,004H,010H,0E4H,019H
DB 024H,00DH,024H,041H,025H,081H,026H,07FH
DB 024H,001H,024H,001H,024H,005H,0E4H,00DH
DB 006H,038H,004H,010H,000H,000H,000H,000H
;---转换字符 欢---;
DB 014H,020H,024H,010H,044H,04CH,084H,043H
DB 064H,043H,01CH,02CH,020H,020H,018H,010H
DB 00FH,00CH,0E8H,003H,008H,006H,008H,018H
DB 028H,030H,018H,060H,008H,020H,000H,000H
;---转换字符 迎---;
DB 040H,040H,041H,020H,0CEH,01FH,004H,020H
```

```
DB 000H,040H,0FCH,047H,004H,042H,002H,041H
DB 002H,040H,0FCH,05FH,004H,040H,004H,042H
DB 004H,044H,0FCH,043H,000H,040H,000H,000H
;---转换字符 你 ---;
DB 080H,000H,040H,000H,0F0H,07FH,02CH,000H
DB 043H,010H,020H,00CH,098H,003H,00FH,021H
DB 00AH,040H,0E8H,03FH,008H,000H,088H,000H
DB 028H,003H,01CH,01CH,008H,008H,000H,000H
END
```

(3)程序编写完后,进行编译,并生成目标代码。

(4)把程序下载到单片机中,看是否实现信息显示"北京欢迎你"。

(5)若想更改汉字或显示图形、字符,则可采用取模软件,进行相应取模。

取模软件如图 3-25 所示:

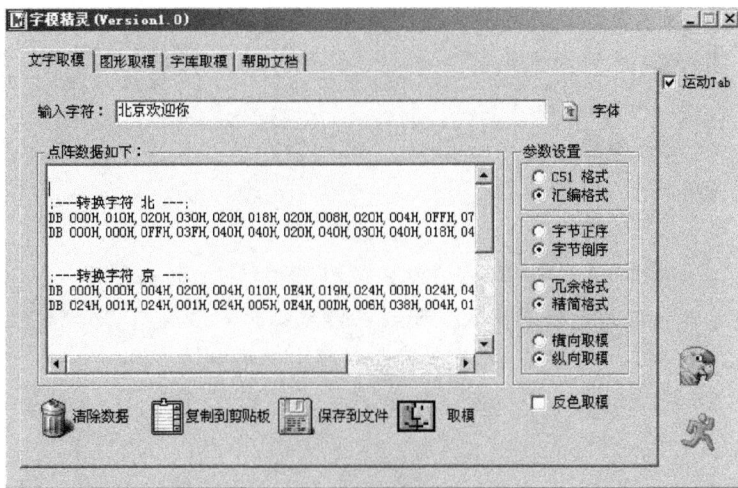

图 3-25　取模软件

6.注意事项

(1)点阵硬件电路设计有多种方法,书中只是其中一种方法;

(2)有多种取模软件,可网上下载。

7.实训评价

实训评价内容见表 3-36。

实 训 评 价 表　　　　　　　　　　　　　表 3-36

评价内容	评价要求及评分标准	得　分
硬件电路设计	会设计点阵电路(40 分)	
程序编写	编写正确(40 分)	
取模软件使用	会使用取模软件(10 分)	
程序编译并下载电路连接	调试正确(10 分)	

8.活动建议

可分组实训,各组可互相评分。

一、客观题(填空、是非、选择等)

1.假定(SP)=60H,(ACC)=30H,(B)=70H,执行下列指令:PUSH ACC 和 POP B 后,SP 的内容为_____,61H 单元的内容为_____,62H 单元的内容为_____。

2.假定(SP)=62H,(61H)=30H,(62H)=70H。执行指令:POP DPH 和 POP DPL 后,DPTR 的内容为_____,SP 的内容为_____。

3.假定(A)=85H,(R0)=20H,(20H)=0AFH。执行指令:ADD A,@R0 后,累加器 A 的内容为_____,Cy 的内容为_____,AC 的内容为_____,OV 的内容为_____。

4.假定(A)=56H,(R5)=67H。执行指令:ADD A,R6 和 DA 后,累加器 A 的内容为_____,Cy 的内容为_____。

5.假定(A)=50H,(B)=0A0H。执行指令:MUL AB 后,寄存器 B 的内容为_____,累加器 A 的内容为_____,Cy 的内容为_____,OV 的内容为_____。

6.假定(A)=0FBH,(B)=12H。执行指令:DIV AB 后,累加器 A 的内容为_____,寄存器 B 的内容为_____,Cy 的内容为_____,OV 的内容为_____。

7.假定(A)=0CFH,执行指令:SWAP A 后,累加器 A 的内容为_____。

8.MCS-51 单片机的指令格式中操作码与操作数之间必须用","分隔。(   )

9.MCS-51 指令:MOV A,#40H 表示将立即数 40H 传送至 A 中。(   )

10.MCS-51 指令:MOV A,@R0;表示将 R0 指示的地址单元中的内容传送至 A 中。(   )

11.MCS-51 指令:MOVX A,@DPTR;表示将 DPTR 指示的地址单元中的内容传送至 A 中。(   )

12.MCS-51 的数据传送指令是把源操作数传送到目的操作数,指令执行后,源操作数改变,目的操作数修改为源操作数。(   )

13.MCS-51 指令中,MOVX 为片外 RAM 传送指令。(   )

14.MCS-1 指令中,MOVC 为 ROM 传送指令。(   )

15.将 37H 单元的内容传送至 A 的指令是:MOV A,#37H。(   )

16.在相对寻址方式中,寻址的结果体现在(   )。
    A.PC 中　　　　　　　　　　B.累加器 A 中
    C.DPTR 中　　　　　　　　　D.某个存储单元中

17.在相对寻址方式中,"相对"两字是指相对于(   )。
    A.地址偏移量 rel　　　　　　B.当前指令的首地址
    C.当前指令的末地址　　　　　D.DPTR 值

18.在寄存器间接寻址方式中,指定寄存器中存放的是(   )。
    A.操作数　　　　　　　　　　B.操作数地址
    C.转移地址　　　　　　　　　D.地址偏移量

19. 对程序存储器的读操作,只能使用( )。

    A.MOV 指令   B.PUSH 指令

    C.MOVX 指令   D.MOVC 指令

20. 执行返回指令时,返回的断点是( )。

    A.调用指令的首地址   B.调用指令的末地址

    C.调用指令下一条指令的首地址   D.返回指令的末地址

21. 下列指令中与进位标志位 Cy 无关的指令有( )。

    A.移位指令   B.位操作指令

    C.十进制调整指令   D.条件转移指令

22. 可以为访问程序存储器提供或构成地址的有( )。

    A.只有程序计数器 PC   B.只有 PC 和累加器 A

    C.只有 PC,A 和数据指针 DPTR D. PC,A ,DPTR 和堆栈指针 SP

23. 以下各项中不能用来对内部数据存储器进行访问的是( )。

    A.数据指针 DPTR   B.按存储单元地址或名称

    C.堆栈指针 SP   D.由 R0 或 R1 作间址寄存器

24. 若原来工作寄存器 0 组为当前寄存器组,现要改 1 组为当前寄存器组,不能使用指令( )。

    A.SETB   PSW.3   B. SETB   DOH.3

    C.MOV   PSW.3.1   D.CPL   PSW.3

25. 必须进行十进制调整的十进制运算( )。

    A.有加法和减法   B.有乘法和除法

    C.只有加法   D.只有减法

二、简答题

1.AT89C51 共有哪几种寻址方式?各有什么特点?

2.AT89C51 指令按功能可以分为哪几类?每类指令的作用是什么?

3.什么是伪指令?它的作用是什么?

4.设计子程序时应注意哪些问题?

三、读程序

1.假定外部数据存储器 2000H 单元的内容为 80H ,执行下列指令后,累加器 A 中的内容为( )。

```
MOV P2,#20H
MOV R0,#00H
MOVX A,@ R0
```

2.假定(A) =0FFH ,(30H) =0F0H ,(R0) =40H ,(40H) =00H 。执行指令:

```
INC  A
INC  R3
INC  30H
INC  @ R0
```

后,累加器 A 的内容为( ),R3 的内容为( ),30H 的内容为( ),40H 的内容为( )。

3. 执行如下指令序列：

```
MOV    C, P1.0
ANL    C, P1.1
ANL    C, P1.2
MOV    P3.0, C
```

后,所实现的逻辑运算式为(   )。

4. 执行以下程序段：

```
MOV    SP, #3AH
MOV    A, #20H
MOV    B, #30H
PUSH   ACC
PUSH   B
POP    ACC
POP    B
```

后,A 和 B 的内容为(   )。

5. 假定(A) =83H ,(R0) =17H ,(17H) =34H ,执行以下程序段

```
ANL    A, #17H
ORL    17H, A
XRL    A, @ R0
CPL    A
```

后, A 的内容为(   )。

6. 执行以下程序段

```
MOV    R0, #data
MOV    A, @ R0
RL     A
MOV    R1, A
RL     A
RL     A
ADD    A, R1
MOV    @ R0, A
```

后,实现的功能是(   )。

四、案例分析题

1. 试编写程序,将 R1 中的低 4 位数与 R2 中的高 4 位数合并成一个 8 位数,并将其存放在 R1 中。

2. 试编写程序,查找在内部 RAM 的 30H ~50H 单元中是否有 0AAH 这一数据。若有,则将 51H 单元置为"01H";若未找到,则将 51H 单元置为"00H"。

第四章　KEIL C51程序设计

　　标准 C 语言是一种计算机程序设计语言,1972 年由美国贝尔实验室推出,它既具有高级语言的特点,又具有汇编语言的特点。C 语言适合作为系统描述语言,可用来编写系统软件,也可以作为应用程序设计语言,编写不依赖计算机硬件的应用程序。C 语言的应用范围广泛,具备很强的数据处理能力,其具体应用包括单片机以及嵌入式系统开发等。C51 实际上是对标准 C 语言的扩展,是目前使用较广泛的单片机编程语言。C51 使用专用的编译器,如 KEIL 与 Franklin 等,KEIL C51 是开发 51 系列单片机的 C 语言软件开发系统。

第一节　C51 编程基础

一　函数与程序结构

1.函数

　　函数是指可以被其他程序调用的具有特定功能的一段相对独立的程序。C51 程序是由函数组成的,必须要包含一个主函数 main()。在编写 C51 程序时一般都按照功能将程序分成数个子程序模块,每个子程序模块可以用功能函数来实现,从而既解决了程序代码的重复冗长的问题;又满足了结构化模块化编程的需要。因此,一些常用的功能函数都需要做成函数库,有的函数需要用户根据功能需求自定义。程序总是从主函数 main()开始执行,执行过程中可以直接调用库函数以及自定义功能函数,这样就大大提高了编程工作的效率。

　　1)函数的定义

　　C51 语言的编译器会自带包含常用函数的标准函数库,使用者可以直接调用而无须定义。而为了实现特定功能,使用者需要先自定义该函数然后调用。定义的一般格式如下:

　　　　函数类型 函数名称(形式参数表)
　　　　{
　　　　局部变量定义
　　　　可执行语句(有返回值的要有 return 语句)
　　　　}

　　其中,大括号以外的部分称为函数头;大括号以内的部分称为函数体。

　　函数类型是说明自定义函数返回值的类型。用返回值变量的类型来定义函数类型,如果函数不需要返回值,则函数类型可以写作"void"。

函数名称是用户为自定义函数取的名字,以便调用函数时使用。函数名的定义要遵循 C 语言变量命名规则,同时在同一程序中定义的函数不能同名。

形式参数是指调用函数时要传入到函数体内参与运算的变量,它可以有一个、几个或没有。如果不需要传入参数,就可省略。

函数体中一般包含有局部变量的定义和程序语句,如果函数要返回运算值还要使用 return 语句。返回语句执行后,程序使被调用函数立即结束并必须返回到调用函数时的位置,同时返回一个变量值。函数返回值类型应与函数定义的返回值类型一致。

按函数定义的形式划分,函数有三种形式:无参数函数、有参数函数和空函数。这三种函数的具体定义方法是:

(1)无参数函数定义形式

    返回值类型标识符　函数名(   )
    {函数体语句}

例如:

```
void delay(void)      // 延时函数,无参数,无返回值
                      {
                      char a;
                      for (a=1;a<100; a++);
                      }
```

(2)有参数函数的定义形式

返回值类型标识符　函数名(类型　形式参数1, 类型 形式参数2, ……)
{函数体语句}

例如:

```
char delay(char j)    //延时函数,传递个变量值给参数 j,控制延时时间
{
char a;
for (a=1;a<j; a++);
a=200;
return a;
}
```

(3)空函数的定义形式

    返回值类型标识符　函数名()
    {   }

例如:

```
void example(void)
{   }
```

函数返回值的类型应与函数定义的返回值类型相一致。C 语言中规定:凡不加函数返回类型说明的函数,都按整型(int)来处理。

2)函数的调用

函数定义好后,只有被其他函数调用才能被执行。调用是指在一个函数体中引用另一个已定义的函数来实现所需的功能,这时函数体称为主调用函数,函数体中所引用的函数称为被调用函数。

在调用函数前,必须对函数的类型进行说明,就算是标准库函数也不例外。调用函数的一般形式为:

函数名(实际参数表)

函数名就是指被调用的函数的名称。实际参数表里的每个参数的类型、位置应与函数定义时所的形式参数一一对应,它的作用就是把参数传到被调用函数中的形式参数。按函数调用在程序中出现的形式和位置来分,有以下 3 种调用方式:

(1)函数调用语句

把函数调用单独作为一条语句,这种方式是要求函数完成一定的操作,不需要传递参数,也不需要函数返回值。如:

```
printf_star();
```

(2)函数参数

函数调用作为另一函数调用时的实参。如:

```
k=sum(sum(a,b),c);    //sum(a,b)的返回值作为外面 sum()函数的实参
```

(3)函数表达式

函数调用出现在一个表达式中,使用函数的返回值。如:

```
k=sum(a,b);       //这时要求函数带回一个确定的值以参加表达式的运算
```

3)函数的说明

在调用一个函数之前,必须对该函数进行说明。标准库函数的说明会被按功能分别写在不同的头文件中,使用时只要在文件最前面用#include 预处理语句引入相应的头文件。例如:

```
#include"stdio.h"   //将要调用的库函数说明文件 stdio.h 包含到文件中
```

如果调用的是自定义函数,则一般用如下形式进行说明:

```
[extern]函数类型   函数名(类型 参数1,类型 参数2……)
```

如果声明的函数在文件内部,则声明时不用 extern,如果声明的函数不在文件内部,而在另一个文件中,声明时须带 extern,指明使用的函数在另一个文件中。

这里要注意的是:函数的定义和说明是完全不同的,在编译的角度上看函数的定义是把函数编译存放在 ROM 的某一段地址上,而函数说明是告诉编译器要在程序中使用那些函数并确定函数的地址。如果在同一文件中在 main 函数之前定义的函数,在程序中就可以不用写函数类型说明。

2.C51 程序结构

C51 的程序结构与一般 C 语言没有什么差别。一个 C51 程序可以看作是一个函数定义的集合。C51 语言设计程序有且仅有一个是主函数 main(),程序还可以包含若干个其他的功能函数。所有 C51 程序的执行过程都是从 main()开始的,也就是说,这个 main()函数是程序的入口;而当 main()函数中的所有语句执行完毕,则程序也执行结束。在 main()函数中调用其他函数,其他函数也可以相互调用,但 main()函数不能被其他的函数所调用。功能函数可以是 C 语言编译器提供的库函数,也可以是由用户定义的自定义函数。在编制 C 程序时,程序的开始部分一般是预处理命令、函数说明和变量定义等。

KEIL C51 程序一般结构如下:

```
预处理语句         /*  用于包含头文件等 */
全局变量说明       /*  全局变量可被本程序的所有函数引用 */
```

```
类型 函数名(参数表)      /*  说明自定义函数,以便调用 * /
main()                  /*  主函数 * /
{
局部变量说明;           /*  局部变量只能在所定义函数内部引用 * /
执行语句;
函数调用;
}
/*  其他函数定义 * /
```

【例 4-1】 一个 C51 程序的典型程序结构。

```
#include  <reg52.h>      //包含特殊功能寄存器库
#include  <stdio.h>      //包含 I/O 函数库
int  max(int  x,int  y);     //对 max 函数进行说明
void main(void)              //主函数
{
int  a,b;
SCON = 0x52;                 //串口初始化
TMOD = 0x20;
TH1 = 0XF3;
TR1 = 1;
scanf("please input a,b:% d,% d",&a,&b);
printf("\\n");
printf("max is:% d\\n",max(a,b));
while(1);
}
int  max(int  x,int  y)     //自定义函数 max()的定义
{int  z;
z = (x > = y? x:y);
return(z);
}
```

二 C51 与标准 C 的差别

其实,C51 和标准的 C 语言在语法规则、程序结构以及程序设计方法等方面基本一致,程序也都是采用函数结构,大部分函数都相同。C 语言只是一种程序语言的统称,针对不同的处理器,相关的 C 语言都会做一些细节的改变。编写标准的 C 程序时,如要对硬件编程,程序员就必须对硬件要有一定的认识;针对 51 单片机的编程,C51 就需要与相关单片机的硬件相联系。简单地说,C51 是对标准 C 的拓展;具体来说,单片机 C 语言与一般 C 语言的不同点如下:

1. C51 对标准 C 的拓展

C51 是针对 MCS-51 系列单片机,对标准 C 进行了拓展。C51 编译器拓展的关键字见表 4-1。单片机增加了特有的 bit、sbit、sfr、sfr16 等数据类型。C51 扩充的数据类型,用于访问 MCS-51 单片机中的特殊功能寄存器数据,它分 sfr 和 sfr16 两种类型。sfr 为字

节型特殊功能寄存器类型,占一个内存单元,利用它可以访问 MCS-51 内部的所有特殊功能寄存器;sfr16 为双字节型特殊功能寄存器类型,占用两个字节单元,利用它可以访问 MCS-51 内部的所有两个字节的特殊功能寄存器。在 C51 中对特殊功能寄存器的访问必须先用 sfr 或 sfr16 进行声明。

C51 编译器拓展的关键字   表 4-1

关 键 字	用 途	说 明
bit	位标量声明	声明一个位标量或位类型的函数
sbit	位标量声明	声明一个可位寻址变量
Sfr	特殊功能寄存器声明	声明一个特殊功能寄存器
Sfr16	特殊功能寄存器声明	声明一个 16 位的特殊功能寄存器
data	存储器类型声明	直接寻址的内部数据存储器
bdata	存储器类型声明	可位寻址的内部数据存储器
idata	存储器类型声明	间接寻址的内部数据存储器
pdata	存储器类型声明	分页寻址的外部数据存储器
xdata	存储器类型声明	外部数据存储器
code	存储器类型声明	程序存储器
small	存储模式声明	变量定义在 data 区,速度最快,可存变量少
compact	存储模式声明	变量定义在 pdata 区,性能介于 small 与 large 之间
large	存储模式声明	变量定义在 xdata 区,速度较慢,可存变量多
interrupt	中断函数声明	定义一个中断函数
reentrant	再入函数声明	定义一个再入函数
using	寄存器组定义	定义芯片的工作寄存器

2. 输入、输出处理不同

C51 与标准 C 的输入输出处理不一样。C51 中的输入输出是通过 MCS-51 串行口来完成的,输入输出指令执行前必须要对串行口进行初始化。

3. 存储模式不一样

单片机 C 语言增加了存储类型。C51 中变量的存储模式是与 MCS-51 单片机的存储器紧密相关。

4. 不隐含支持递归调用

如果程序要递归调用,那么调用前必须予以说明。

5. 库函数不同

标准的 C 语言定义的库函数是按通用微型计算机来定义的,而 C51 中的库函数是按 MCS-51 单片机相应情况来定义的。比如在 C51 中没有 fputs 等库函数,而在 ANSIC 中没有_NOP_,_crol_()。

6. 函数有区别

C51 与标准 C 在函数使用方面也有一定的区别,C51 中有专门的中断函数。

7. 单片机 C51 有自动覆盖技术和优化技术

单片机的 RAM 和计算机相比少得可怜,所以在编译时会自动分析判断,将不再用的变量占用的空间重新使用。单片机 C51 有优化技术,可以最大限度减少代码长度。

8. C51 语言编译文件可固化到单片机中

由于单片机 C51 语言编程的目的是要将程序最后固化到单片机或者 EPROM 中,所以最后要产生后缀为.HEX 的文件,该文件可以固化到单片机中。

三 中断函数

中断函数只有在 CPU 响应中断时才被执行,这在处理突发事件时候和实时控制是十分有效的。中断函数响应最节约 CPU 的时间,可提高工作效率。

C51 语言可以直接编写中断服务函数,中断函数的声明是通过关键字 interrupt 和中断号 n 来实现。在函数定义时只要在一个函数定义后面加上这个选项,该函数就变成了中断服务函数。定义中断函数的一般格式如下:

```
void 函数名称( ) interrupt  n [using  m]
{
可执行语句
}
```

其中,中断号 n 和中断向量取决于单片机的型号。51 系列单片机通常有 5 个中断源,为了方便使用,C51 语言对它们进行了编号,详见表4-2。其中 n 的常用取值为 0 ~ 5,分别对应不同的中断情况;

using m 是一个可选项,用于指定本中断函数所使用的寄存器组,其中 m 的取值为 0 ~ 3,表示寄存器组号。指定工作寄存器组的优点是:中断响应时,默认的工作寄存器组不会被推入堆栈,这将节省很多时间。缺点是:所有被中断调用的函数都必须使用同一个寄存器组,不然的话参数传递会发生错误。

51 系列单片机的中断源及其编号　　　　　　　　　　表4-2

编　号	中　断　源	中　断　向　量
0	外部中断 0	0003H
1	定时器/计数器 0 溢出中断	000BH
2	外部中断 1	0013H
3	定时器/计数器 1 溢出中断	001BH
4	串行口中断	0023H
5	定时器/计数器 2 溢出中断	002BH

【例4-2】　下列程序片段为定时器/计数器 0 的中断服务程序,指定使用第 2 组工作寄存器。

```
unsigned int CNT1;
unsigned char CNT2;
void Timer( ) interrupt 1 using 2        //中断服务程序入口
{
if( ++CNT1 ==1000 ){   // CNT1 计数到1000
CNT2 ++;    // CNT2 开始计数
CNT1 =0;     // CNT1 清零
}
```

使用中断服务函数时应注意:中断函数没有返回值;中断函数不能直接调用中断函数;不能通过形参传递参数;在中断函数中调用其他函数,两者所使用的寄存器组应相同,如果由于中断产生的随机性而导致对其他函数调用形成违规调用,可将被调用函数定义为再入函数。

第二节　C51 编程语言

一　C51 的数据类型、运算符和表达式

1. C51 的数据类型

数据的格式通常称为数据类型。C51 的数据类型分为基本数据类型和组合数据类型,情况与标准 C 中的数据类型基本相同,在标准 C 语言中基本的数据类型为 char、int、short、long、float 和 double,而在 C51 编译器中 int 和 short 相同,float 和 double 相同,这里就不列出说明。C51 中还有专门针对 MCS-51 单片机的特殊功能寄存器型和位类型。表 4-3 列出了 C51 编译器所支持的数据类型。

KEIL C51 支持的数据类型表　　　　　　　　　　　　表 4-3

数 据 类 型	关 键 字	长　度	表示值的范围
整型	unsigned int	2 字节	0 ~ 65536
	signed int	2 字节	-32768 ~ 32767
	unsigned long	4 字节	0 ~ 4294967295
	signed long	4 字节	-2147483648 ~ 2147483647
实型	float	4 字节	$\pm 1.175494E - 38 \sim$ $\pm 3.402823E + 38$
字符型	unsigned char	1 字节	0 ~ 255
	signed char	1 字节	-128 ~ 127
指针类型	*	1 ~ 3 字节	对象的地址
位类型	bit	1 位	0 或 1
	sbit	1 位	0 或 1
特殊功能寄存器类型	sfr	1 字节	0 ~ 255
	sfr16	2 字节	0 ~ 65536

1)位类型

位类型是 C51 扩充用于访问 MCS-51 单片机中的可寻址的位单元。它们在内存中都只占一个二进制位,值是"1"或"0"。C51 支持两种位类型:

(1)bit(位类型)

它可以定义一个位变量,但不能定义位指针,也不能定义位数组。定义的位变量在 C51 编译器编译时,在不同的时候位地址是可以变化的。

(2)sbit(可寻址位类型)

它可以定义 8051 单片机内部 RAM 中的可寻址位或特殊功能寄存器中的可寻址位。用 sbit 定义的位变量必须与 MCS-51 单片机的一个可以寻址位单元或可位寻址的字节单元中的某一位联系在一起,其对应的位地址是不可变化的。用法有三种:

　　　　sbit 位变量名 = 位地址;例如:sbit P1_1 = 0x91。

　　　　sbit 位变量名=特殊功能寄存器名^位位置;例如 sbit OV = PSW^2。

　　　　sbit 位变量名=字节地址^位位置;例如 sbit P1_1 = 0x91^1。

　　2)特殊功能寄存器类型

　　它用于访问 MCS-51 单片机中的特殊功能寄存器类型,它分 sfr 和 sfr16 两种:

　　(1)sfr(特殊功能寄存器类型)

　　它可以定义 8051 单片机的所有内部 8 位特殊功能寄存器。sfr 型数据占用一个内存单元,其取值范围是 0~255,例如 sfr SCON = 0X98。

　　(2)sfr16(16 位特殊功能寄存器类型)

　　它占用两个内存单元,取值范围是 0~65535,可以定义 8051 单片机部 16 位特殊功能寄存器,例如 sfr16 T2 = 0xCC。

　　在 C51 中对特殊功能寄存器的访问必须先用 sfr 或 sfr16 进行声明。

　　2.运算量:常量与变量

　　1)常量

　　常量是指在程序执行过程中其值不能改变的量。常量可用在不必改变值的场合,如数据表、字库等。C51 中支持整型常量、浮点型常量、字符型常量和字符串型常量和位标量。

　　(1)整型常量

　　整型常量能表示为十进制如 123,0,-101 等。十六进制则以 0x 开头如 0x91,-0x3B 等。长整型就在数字后面加字母 L,如 104L 等。

　　(2)浮点型常量

　　浮点型常量也就是实型常数,可以用十进制表示形式和指数表示。十进制的如 0.8,345.345,0.0 等,指数表示形式为[±]数字[.数字]e[±]数字,如 12e3,-4.1e-3。

　　(3)字符型常量

　　字符型常量是单引号内的字符,如'a'、'b'等,控制字符在该字符前加反斜杠"\"组成专用转义字符。

　　(4)字符串型常量

　　字符串型常量由双引号内的字符组成,如"answer","ABC"等。

　　(5)位标量

　　位标量,其值是一个二进制数。

　　2)变量

　　变量是在程序运行过程中能不断变化的量。变量在使用前必须对变量进行定义,指出变量的数据类型和存储模式。KEIL C51 中对变量进行定义的格式如下:

　　　　[存储种类] 数据类型　[存储器类型]　变量名表;

　　"存储种类"和"存储器类型"是可选项。变量的存储种类有四种:分别为自动(auto)、外部(extern)、静态(static)和寄存器(register)。定义变量时如果省略存储种类选项,默认为自动(auto)类型。

　　数据类型指明变量的数据类型,指明变量在存储器中占用的字节数。C51 还允许用户为系统固有的数据类型用 typedef 或#define 起别名,定义别名后,就可以用别名代替数据类型说明符对变量进行定义。格式为:

　　　　typedef　c51 固有数据类型 别名;

　　　　#define 别名 C51 固有数据类型;

例如：

```
typedef unsigned int  WORD;
#define uchar unsigned char;
```

存储器类型的说明是指定该变量在单片机硬件系统中所使用的存储区域,使之能在编译时准确定位。表 4-4 中列出的是 C51 编译器所能识别的存储器类型。

C51 编译器识别的存储器类型　　　　　　　　　　　　　　　表 4-4

存储器类型	与存储空间的对应关系	地　址
data	直接访问内部数据存储器(128KB),访问速度最快	00H ~ 7FH
bdata	可位寻址内部数据存储器(16KB),允许位与字节混合访问	20H ~ 2FH
idata	间接访问内部数据存储器(256KB),允许访问全部内部地址	00H ~ FFH
pdata	分页访问外部数据存储器(256KB),用 MOVX @ Ri 指令访问	00H ~ FFH
xdata	外部数据存储器(64KB),用 MOVX @ DPTR 指令访问	0000H ~ FFFFH
code	程序存储器(64KB),用 MOVC @ A + DPTR 指令访问	0000H ~ FFFFH

例如：

```
char data var1;  /* 在片内 RAM 低 128B 定义用直接寻址方式访问的字符型变量 var1* /
int idata var2;  /* 在片内 RAM256B 定义用间接寻址方式访问的整型变量 var2* /
auto unsigned long data var3;  /* 在片内 RAM128B 定义用直接寻址方式访问的自动无符号长整型变量 var3* /
extern float xdata var4;  /* 在片外 RAM64KB 空间定义用间接寻址方式访问的外部实型变量 var4* /
int code var5;  /* 在 ROM 空间定义整型变量 var5* /
unsignedchar bdata var6;  /* 在片内 RAM 位寻址区 20H ~ 2FH 单元定义可字节处理和位处理的无符号字符型变量 var6* /
```

如果省略存储器类型,系统则会按编译模式 Small、Compact 或 Large 所规定的默认存储器类型去指定变量的存储区域。默认的存储器类型与 C51 的存储模式有关,见表 4-5。

C51 的存储模式　　　　　　　　　　　　　　　表 4-5

存储模式	默认的存储器类型	说　明
Small	默认为 data,最大为 128KB	所有缺省变量参数均装入内部 RAM,优点是访问速度快,缺点是空间有限,只适用于小程序
Compact	默认为 pdata,每页 256KB	所有缺省变量均位于外部 RAM 区的一页(256KB),具体哪一页由 P2 口指定,在 STARTUP.A51 文件中说明,也可用 pdata 指定,优点是空间较 Small 为宽裕速度较 Small 慢,较 large 要快,是一种中间状态
Large	默认为 xdata,最大为 64KB	所有缺省变量可放在多达 64KB 的外部 RAM 区,优点是空间大,可存变量多,缺点是速度较慢

存储模式在单片机 C 语言编译器选项中选择。例如,设定存储模式的预处理命令:

```
#pragma    small
#pragma    compact
#pragma    large
```

3.运算符与表达式

运算符就是完成特定运算的符号,按其在表达式中与运算对象的关系,又可分为单目运算符、双目运算符和三目运算符等。单目就是指只需有一个运算对象,双目就要有两个运算对象,三目则要三个运算对象。按照运算符在表达式中的作用,可以把运算符分为算术运算符、逻辑运算符、关系运算符、字位运算符、赋值运算符等。表达式则是由运算符及运算对象所组成的具有特定含义的式子,表达式后面加";"就构成了一个表达式语句。

1)赋值运算符与赋值表达式

在 C51 中,赋值运算符"="的功能是将一个数据的值赋给一个变量,如"x=10;"。利用赋值运算符将一个变量与一个表达式连接起来的式子称为赋值表达式。在赋值表达式的后面加一个分号";"就构成了赋值语句,使用"="的赋值语句格式是:

   变量 = 表达式;

执行时先计算出右边表达式的值,然后赋给左边的变量。例如:

   a = 0x3F; //将常数十六进制数 3F 赋给变量 a

   x=y=87; /* 将常数 87 同时赋给变量 x 和 y* /

   X=a+9; /* 将 a+9 的值赋给变量 x* /

2)算术运算符、增减量运算符与算术表达式

单片机 C 语言中的算术运算符有如下几个:

   + 加或取正值运算符

   – 减或取负值运算符

   * 乘法运算符

   / 除法运算符

   % 取余运算符

算术表达式的形式是:

   表达式 1 算术运算符 表达式 2

如:3+b* (130−a);(x+9)/(z−a);25.0/20.0 的结果为 1.25;x=5%3 的结果 x 值为 2。

增减量运算符作用就是对运算对象作加 1 和减 1 运算。例如"x=x+1"既可以写成"++x",也可写成"x++",其运算结果完全相同。要注意的是运算对象在符号前或后,其含义都是不一样的,虽然同是加 1 或减 1。如:

a++(或 a−−)是先使用 a 的值,再执行 a+1(或 a−1);

++a(或 −−a 是先执行 a+1(或 a−1),再使用 a 的值。例如:

   a=19;

   b=++a;

则 a=20,b=20,如果程序改为:

   a=19;

   b=a++;

则 b=19,a=20。

3)关系运算符与关系达式

单片机 C51 语言中有六种关系运算符:

   > 大于   < 小于   > = 大于等于

   < = 小于等于 = = 等于 ! = 等于

关系运算符用于比较两个数的大小,关系表达式常用在选择或循环程序中作为判别条

件。当两个表达式用关系运算符连接起来就是关系表达式。一般形式如下：

      表达式1   关系运算符   表达式2

用关系运算符的运算结果为逻辑量,成立为真(1),不成立为假(0)。结果更可以作为一个逻辑量参与逻辑运算。例如:$7>1$,结果为真(1),而$4==5$,结果为假(0)。关系运算符的优先级比算术运算符低,例如表达式"$10>x+1$"的计算,应看作是"$10>(x+1)$"。

4)逻辑运算符与逻辑表达式

C51有3种逻辑运算符:

      &&   逻辑与

      || 逻辑或

      !   逻辑非

关系运算符反映的是两个表达式之间的大小等于关系,而逻辑运算符则是用于求条件式的逻辑值。用逻辑运算符将关系表达式或逻辑量连接起来就是逻辑表达式。逻辑表达式的一般形式为:

      逻辑与:条件式1 && 条件式2

      逻辑或:条件式1 || 条件式2

      逻辑非:! 条件式2

逻辑与,当条件式1和条件式2都为真时结果为真(非0值),不然为 假(0值)。

逻辑或,只要二个运算条件中有一个为真时,运算结果就为真,只有当条件式都不为真时,逻辑运算结果才为假。

逻辑非则是把逻辑运算结果值取反,也就是说如果两个条件式的运算值为真,进行逻辑非运算后则结果变为假,条件式运算值为假时最后逻辑结果为真。

逻辑运算符也有优先级别,!（逻辑非)→&&(逻辑与)→||(逻辑或),逻辑非的优先值最高。例如:当$a=3,b=2,c=0$时,则:$!\ a=0,!\ c=1,a\&\&b=1,!\ a\&\&b=0,b||c=1,(a>0)\&\&(b>3)=0$。

逻辑运算符的优先级比算术运算符低。

5)位运算符及其表达式

位运算符的作用是按位对变量进行运算,但是并不改变参与运算的变量的值。C51中位运算符只能对整数进行操作。C51语言中共有6种位运算符,按照优先级从高到低依次是:

      ~   (按位取反)

      <<   (左移)

      >>   (右移)

      &   (按位与)

      ^   (按位异或)

      | (按位或)

位运算一般的表达形式如下:

      变量1   位运算符   变量2

如:已知$a=0x54=0101\ 0100B,b=0x3b=0011\ 1011B$,则:

    $a\ \&\ b=00010000;$

    $a\ |\ b=01111111;$

```
a ^ b = 01101111;
 ~a = 10101011;
a < <2 = 01010000;
 b > >1 = 00011101;
```

6）复合赋值运算符

复合赋值运算符就是在赋值运算符"="的前面加上其他运算符。C51 语言中的复合赋值运算符有：

+ = 加法赋值　　　> > = 右移位赋值

– = 减法赋值　　&= 逻辑与赋值

* = 乘法赋值　　|= 逻辑或赋值

/ = 除法赋值　　^= 逻辑异或赋值

% = 取模赋值　　– = 逻辑非赋值

< < = 左移位赋值

复合运算的一般形式为：

变量　复合赋值运算符　表达式

复合运算的含义就是变量与表达式先进行运算符所要求的运算,再把运算结果赋值给参与运算的变量。凡是二目运算都能用复合赋值运算符简化表达。例如：a + =16 相当于 a = a +16;x > > =1 相当于 x = x > >1。这样能提高编译的效率。

7）条件运算符及条件表达式

条件运算符(？)是 C51 语言中唯一的一个三目运算符,用它可以将三个表达式连接在一起构成一个条件表达式。条件表达式的一般格式为：

逻辑表达式？　表达式 1：　表达式 2

条件表达式功能是先计算逻辑表达式的值,当逻辑表达式的值为真(非 0 值)时,将计算的表达式 1 的值作为整个条件表达式的值;当逻辑表达式的值为假(0 值)时,将计算的表达式 2 的值作为整个条件表达式的值。例如：条件表达式 max = (a > b)？a:b 的执行结果是将 a 和 b 中较大的数赋值给变量 max。

8）指针和地址运算符

单片机 C 语言中提供的两个专门用于指针和地址的运算符为：

* 取内容运算符

& 取地址运算符

取内容和地址的一般形式分别为：

变量 = * 指针变量　　或　　　指针变量 = & 目标变量

取内容运算是将指针变量所指向的目标变量的值赋给左边的变量。例如指针变量 p 中的地址为 2000H,则 * p 所访问的是地址为 2000H 的存储单元,x = * p,实现把地址为 2000H 的存储单元的内容送给变量 x。取地址运算是将目标变量的地址赋给左边的变量。例如设变量 x 的内容为 12H,地址为 2000H,则 &x 的值为 2000H,如有指针变量 p,则通常用 p = &x,实现将 x 变量的地址送给指针变量 p,指针变量 p 指向变量 x,以后可以通过 * p 访问变量 x。

9）sizeof 运算符

sizeof 是用来求数据类型、变量或是表达式的字节数的一个运算符,但它并不像"="

之类运算符那样在程序执行后才能计算出结果,它是直接在编译时产生结果的。它的语法如下:

```
sizeof (数据类型)
sizeof (表达式)
```

下面是两句应用例句,大家可试着编写程序。

```
printf("char 是多少个字节?% d 字节 \n",sizeof(char));
printf("long 是多少个字节?% d 字节 \n",sizeof(float));
```

结果是:

```
char 是多少个字节?1 个字节
long 是多少个字节?4 个字节
```

10)逗号运算符及表达式

可以用逗号运算符将两个或两个以上的表达式连接起来,称为逗号表达式。其一般格式为:

表达式 1,表达式 2,…,表达式 n

程序执行时按从左至右的顺序依次计算出各个表达式的值,而整个逗号表达式的值是最右边的表达式(表达式 n)的值。例如:x = (a = 3,2 * 3)结果 x 的值为 6。

11)表达式语句

在表达式的后边加一个分号";"就构成了表达式语句,如:

```
a = b * 10;
```

可以一行放一个表达式形成表达式语句,也可以一行放多个表达式形成表达式语句,这时每个表达式后面都必须带";"号,另外,还可以仅由一个分号";"占一行形成一个表达式语句,这种语句称为空语句。

12)复合语句

复合语句是由若干条语句组合而成的一种语句,在 C51 中,用一个大括号"{ }"将若干条语句括在一起就形成了一个复合语句,复合语句最后不需要以分号";"结束,但它内部的各条语句仍需以分号";"结束。复合语句的一般形式为:

```
{
局部变量定义;
语句 1;
语句 2;
}
```

二 C51 的结构流程控制

C51 语言是一种结构化设计语言,程序由若干模块组成,每个模块包含若干基本结构,每个基本结构中可以有若干语句。C51 语言有 3 种基本结构:顺序结构、选择结构和循环结构。

1.顺序结构

顺序结构是最基本、最简单的结构,在这种结构中,程序由低地址到高地址依次执行,如图 4-1 所示,给出了顺序结构流程图,程序先执行 A 操作,然后再执行 B 操作。

【例 4-3】 求圆面积和周长的程序。

```
#include"stdio.h"
```

```
#define PI 3.14
main( )
{
float r,s,y;/* 定义三个浮点型变量* /
r=30;
s=PI * r * r;
y=2* PI* r;
}
```

2.选择结构

选择结构可使程序根据不同的情况,选择执行不同的分支,在选择结构中,程序先都对一个条件进行判断。当条件成立,即条件语句为"真"时,执行一个分支,当条件不成立时,即条件语句为"假"时,执行另一个分支。如图4-2所示,当条件 S 成立时,执行分支 A,当条件 P 不成立时,执行分支 B。

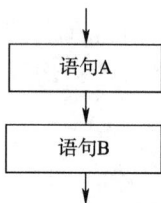

图4-1　顺序结构流程图　　　　图4-2　选择结构流程图

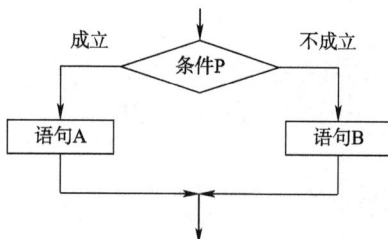

在 C51 中,实现选择结构的语句通常有四种格式:

1)if(表达式){语句;}

例如:

```
if  (x!=y)  printf("x=% d,y=% d\n",x,y);
```

执行上面语句时,如果 x 不等于 y,则输出 x 的值和 y 的值。

2)if(表达式){语句1;}　else　{语句2;}

例如:

```
if  (x>y)  max=x;
else  max=y;
```

3)if(表达式1){语句1;}　else if {语句2;}

格式为:

```
if(表达式1){语句1;}
else  if(表达式2){语句2;}
else  if(表达式3){语句3;}
......
else  if(表达式 n-1){语句 n-1;}
else  {语句 n;}
```

例如根据分数 score 分别评出 A、B、C、D、E 五个等级,程序可为:

```
if  (score >=90)  printf("你的分数是 A 级 \n");
else  if  (score >=80)  printf("你的分数是 B 级 \n");
else  if  (score >=70)  printf("你的分数是 C 级 \n");
```

```
else  if  (score > =60)  printf("你的分数是 D 级 \n");
else  printf("你的分数是 E 级 \n");
```

4) switch 多分支选择语句

格式如下：

```
switch(表达式)
{ case 常量表达式1:{语句1;}break;
  case 常量表达式2:{语句2;}break;
  ......
  case 常量表达式n:{语句n;}break;
  default:{语句 n +1;}
}
```

【例4-4】 从键盘输入一整数,然后根据情况计算另一个值后输出。

```
#include "stdio.h"
main()
{
int   x,y;
scanf("% d",&x);
if (x >10)
y = x +5;
else
y = x* 5;
printf("% d",y);
}
```

switch/case 语句实现多分支。例如计算分数等级：

```
degree = score/10;
switch  (degree)
{
case 10:
case 9:g = 'A';break;
case 8:g = 'B';break;
case 7:g = 'C';break;
case 6:g = 'D';break;
case 5:
case 4:
case 3:
case 2:
case 1:
case 0:g = 'E';
}
```

3. 循环结构

在程序处理过程中,循环语句是几乎每个程序都会用到的,它的作用就是用来实现需要反复进行多次的操作。有时需要某一段程序重复执行多次,这时就需要循环结构来实现。

如一个 12MHz 的 51 芯片应用电路中要求实现 1ms 的延时,那么就可以执行 1000 次空语句才可以达到延时的目的,如果是写 1000 条空语句是很麻烦的事情,1000 条空语句无非就是一条空语句重复执行 1000 次,因此我们就可以用循环语句去写,这样不但使程序结构清晰明了,而且使其编译的效率大幅提高。

在 C 语言中构成循环控制的语句有 while、do-while、for 和 goto 语句。同样都是起到循环作用,但具体的作用和用法又大不一样。

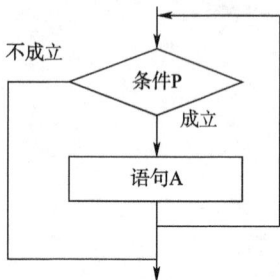

图 4-3 while 循环结构流程图

1)while 语句

while 语句在 C51 中用于实现当型循环结构。当条件表达式 P 成立(为"真")时,重复执行语句 A,当条件不成立(为"假")时才停止重复,执行后面的程序,如图 4-3 所示。

图 4-3 所示流程的语句的语法格式如下:

```
while(条件表达式 P)
    {语句 A;}
    ……
```

【例 4-5】 下面程序是通过 while 语句实现计算并输出 1~100 的累加和。

```c
#include  <reg52.h>    //包含特殊功能寄存器库
#include  <stdio.h>    //包含 I/O 函数库
void main(void)        //主函数
{
int  i,s=0;            //定义整型变量 x 和 y
i=1;
SCON=0x52;             //串口初始化
TMOD=0x20;
TH1=0XF3;
TR1=1;
while  (i<=100)        //累加 1~100 之和在 s 中
{
s=s+i;
i++;
}
printf("1+2+3……+100=% d\n",s);
while(1);
}
```

程序执行的结果:

1+2+3……+100=5050

2)do-while 语句

do-while 语句在 C51 中用于实现直到型循环结构,它的特点是先执行循环体中的语句,后判断表达式。如表达式成立(真),则再执行循环体,然后又判断,直到有表达式不成立(假)时,退出循环,执行 do-while 结构的下一条语句。do-while 语句在执行时,循环体内的语句至少会被执行一次。

do-while 语句的语法格式如下:

```
do
{循环语句;}
```

```
while(表达式);
```

【例4-6】 用 do-while 语句实现下列功能:开机后,全部发光二极管不亮;按下 K1 键,D0 闪烁;松开 K1 键,D0 停止闪烁并熄灭。

```
#include <reg51.h>
sbit D0 = P1^0;      // 定义发光二极管 D0 所对应的引脚
sbit K1 = P3^2;      // 定义按键 K1 所对应的引脚
/* * * * * * * * * * * * * * * * * * * * * * * * * * * * * *
函数功能:延时。若 f_osc = 12MHz,则延时 x ms
* * * * * * * * * * * * * * * * * * * * * * * * * * * * * */
void DelayX( unsigned int x )
{
unsigned int y = 0;
do{
do y++; while( y < 1000 );
x--;
}while( x > 0 );
}
void main( void )
{
do{
P3 |= 0xff;
do{
if( K1 == 0 ) D0 = ! D0;      // 若按下 K1 键,D0 闪烁
else D0 = 1;                   // 若松开 K1 键,D0 熄灭
DelayX( 1000 );                // 延时 1000ms
```

3)for 语句

在 C51 语言中 for 语句比较灵活,功能最强大,完全可以代替 while 语句。其语法格式如下:

```
for(循环变量初值表达式1;循环条件表达式2;循环变量增值表达式3)
{语句;}      //循环体
```

for 语句的执行步骤如下:

(1)先求解循环变量初值,即表达式1的值。

(2)求解循环条件表达式2的值,如值为真,则执行循环体中的语句,然后执行步骤(3)的操作;如表达式2的值为假,则结束 for 循环,转到最后一步。

(3)若表达式2的值为真,则执行完循环体中的语句后,求解表达式3,循环变量增值,然后转到第四步。

(4)转到步骤(2)继续执行。

(5)退出 for 循环,执行下面的一条语句。

【例4-7】 用 for 语句实现计算并输出 1~100 的累加和。

```
#include <reg52.h>   //包含特殊功能寄存器库
#include <stdio.h>   //包含 I/O 函数库
void main(void)       //主函数
```

```
{
int   i,s = 0;      //定义整型变量 x 和 y
SCON = 0x52;        //串口初始化
TMOD = 0x20;
TH1 = 0XF3;
TR1 = 1;
for (i = 1;i < =100;i ++) s = s + i;   //累加 1 ~ 100 之和在 s 中
printf("1 + 2 + 3…… + 100 = % d \n",s);
while(1);
}
```

程序执行的结果：

1 + 2 + 3…… + 100 = 5050

在一个循环的循环体中允许又包含一个完整的循环结构,这种结构称为循环的嵌套。外面的循环称为外循环,里面的循环称为内循环,如果在内循环的循环体内又包含循环结构,就构成了多重循环。在 C51 中,允许三种循环结构相互嵌套。

【例 4-8】 利用双层循环打印 9 × 9 乘法表。

```
#include <reg51.h>
#include <stdio.h>
/* * * * * * * * * * * * * * * * * * * * * * * * * * * * * * * * * * * *
函数功能:初始化单片机的串行口,以便在 Serial #1 窗口中观察程序运行结果
* * * * * * * * * * * * * * * * * * * * * * * * * * * * * * * * * * * /
void Serial_Init ( void )
{
SCON = 0x50;      // 串行口以方式 1 工作
TMOD |= 0x20;     // 定时器 T1 以方式 2 工作
TH1 = 0xf3;       // 波特率为 2400 时 T1 的初值
TR1 = 1;          // 启动 T1
TI = 1;           // 允许发送数据
}
/* * * * * * * * * * * * * * * * * * * * * * * * * * * * * * * * * * * *
函数功能:主函数,以下三角形式输出 9 × 9 乘法表
调用 Serial_Init ( )函数
* * * * * * * * * * * * * * * * * * * * * * * * * * * * * * * * * * * /
void main ( void )
{
int i, j;      // 定义循环控制变量
Serial_Init ( );
for( i = 1; i < 10; i ++ ) {
for( j = 1; j < = i; j ++ ) printf( "% 5d", i* j);
printf( "\n" );
}
while( 1 ) ;     // 原地踏步,等待
}
```

4)break 和 continue 语句

（1）break 语句

使用 break 语句还可以从循环体中跳出循环，提前结束循环而接着执行循环结构下面的语句。

【例 4-9】 计算圆的面积，当计算到面积大于 100 时，由 break 语句跳出循环。

```
for (r =1;r < =10;r ++)
{
area =pi* r* r;
if (area >100) break;
printf("% f\n",area);
}
```

（2）continue 语句

continue 语句用在循环结构中，用于结束本次循环，跳过循环体中 continue 下面尚未执行的语句，直接进行下一次是否执行循环的判定。

【例 4-10】 输出 100～200 间不能被 3 整除的数。

```
for (i =100;i < =200;i ++)
{
if (i% 3 = =0) continue;
printf("% d  ";i);
}
```

continue 语句和 break 语句的区别在于：continue 语句只是结束本次循环而不是终止整个循环；break 语句则是结束循环，不再进行条件判断。

（3）goto 语句

它是一个无条件的转向语句，只要执行到这个语句，它将程序运行的流向转到指定的标号处。它的语法如下：

goto 语句标号；

其中的语句标号为一个带冒号的标识符。

三 C51 的编译预处理

在 C51 程序中，预处理过程就是扫描源代码，检查包含预处理指令的语句、宏定义和根据条件决定编译时是否包含某些代码，并对源代码进行响应的转换，产生新的源代码提供给编译器，预处理过程还会删除程序中的注释和多余的空白字符。预处理过程先于编译器对源代码进行处理。预处理指令是以#号开头的代码行。#号必须是该行除了任何空白字符外的第一个字符。#后是指令关键字，在关键字和#号之间允许存在任意个数的空白字符。整行语句构成了一条预处理指令，该指令将在编译器进行编译之前对源代码做某些转换。

1.宏定义

宏定义用一个宏名来替换一个字符串，而这个字符串既可以是常数、其他字符串或带参数的表达式。预处理过程会把源代码中出现的宏标识符替换成宏定义时的值。命令为#define，宏定义的一般语法格式是：

#define 宏名 字符串

当程序任何地方使用到宏名称时，则将以所代表的字符串来替换。在程序中如果多次使用宏,则会占用较多的内存,但执行速度较快。有以下几种指令。

1)#define 指令

#define 预处理指令在这个例子中,对于阅读该程序的人来说,符号 MAX_NUM 就有特定的含义,它代表的值给出了数组所能容纳的最大元素数目。程序中可以多次使用这个值。作为一种约定,习惯上总是全部用是用来定义宏的。例如:

```
#define MAX_NUM 10
int array[MAX_NUM];
for(i=0;i<MAX_NUM;i++)
```

预处理过程把上面的代码转换成:

```
int array[10];
for(i=0;i<10;i++)
```

宏还可以代表一个字符串常量,例如:

```
#define VERSION "Version 1.0 Copyright(R) 2013"
```

2)带参数的#define 指令

带参数的宏和函数调用看起来有些相似。如:

```
#define Cube(y) (y)*(y)*(y)
```

可以是任何数字表达式甚至函数调用来代替参数 y。宏展开后完全包含在一对括号中,而且参数也包含在括号中保证了宏和参数的完整性。如:

```
int num=6+2;
volume=Cube(num);
```

展开后为(6+2)*(6+2)*(6+2);

如果没有那些括号就变为 6+2*6+2*6+2 了。

3)#运算符

宏定义中的#运算符把跟在其后的参数转换成一个字符串。有时把这种用法的#称为字符串化运算符。例如:

```
#define PA(n) "abc"#n
main()
{
printf("%s\n",PA(110));
}
```

宏定义中的#运算符告诉预处理程序,把源代码中任何传递给该宏的参数转换成一个字符串。所以输出应该是 abc110。

4)##运算符

##运算符用于把参数连接到一起。预处理程序把出现在##两侧的参数合并成一个符号。如:

```
#define STR(a,b,c) a##b##c
main()
{
printf("%s\n",STR("aa","bb","cc"));
}
```

程序的输出为:aabbcc

2. 文件包含

文件包含是指一个程序文件将另一个指定文件的全部内容包含进来。文件包含命令的功能是用指定文件的全部内容替换该预处理行。

文件包含命令的一般格式为：

```
#include <文件名> 或 #include "文件名"
```

预处理过程不检查在转换单元中是否已经包含了某个文件并阻止对它的多次包含。这样就可以在多次包含同一个头文件时，通过给定编译时的条件来达到不同的效果。例如：

```
#include <reg51.h>
#include "reg51.h"
```

3. 条件编译

条件编译是指对 C51 语言程序进行编译时，有时希望根据某个表达式的值或者某个特定的宏是否被定义来作为编译条件，对程序的其中一部分内容只在满足该条件时才进行编译，不满足条件的部分内容不被编译。条件编译选择不同的编译范围，从而产生不同的代码。

条件编译命令格式为：

```
#if 表达式
#else
#endif
```

#if 指令检测关键字后的常量表达式。如果表达式为真，则编译后面的代码否则编译 #else 下的程序，#endif 为结束条件表达式编译。

　　#ifdef　宏名；如果宏名称已被定义过，则编译以下的程序。

　　#ifndef　宏名；如果宏名称未被定义过，则编译以下的程序。

条件表达式编译通常用来调试，保留程序(但不编译)，或者有两种状况而须做不同处理的程序编写时使用。例如：

```
#define DEBUG 0
main()
{
#if DEBUG
printf("Debugging! \n");
#endif
printf("Running! \n");
}
```

由于程序定义 DEBUG 宏代表 0，所以 #if 条件为假，不编译后面的代码直到 #endif，所以程序直接输出 "Run!"。

又例如

```
#define DEBUG
main()
{
#ifdef DEBUG
printf("Debugging \n");
#else
printf("Not debugging \n");
```

```
#endif
printf("Running \n");
}
```

#else 指令用于某个#if 指令之后,当前面的#if 指令的条件不为真时,就编译#else
后面的代码。#endif 指令将中指上面的条件块。

#elif 预处理指令综合了#else 和#if 指令的作用。

```
#define TWO
main()
{
#ifdef ONE
printf("1 \n");
#elif defined TWO
printf("2 \n");
#else
printf("3 \n");
#endif
}
```

最后的输出结果是 2。

4. 其他一些标准指令

#error 指令将使编译器显示一条错误信息,然后停止编译。

#line 指令可以改变编译器用来指出警告和错误信息的文件号和行号。

#pragma 指令没有正式的定义。编译器可以自定义其用途。典型的用法是禁止或允
许某些烦人的警告信息。

四 C51 库函数

所谓标准库函数,是指由编译系统提供的、用户可以直接调用的函数。KEIL C51 强大
功能及其高效率的重要体现之一在于其丰富的可直接调用的库函数,并把它们分门别类地
归属到不同的头文件中,在程序设计中,多使用库函数使程序代码简单,结构清晰,易于调试
和维护。根据 51 系列单片机本身的特点,C51 语言编译系统在 C 语言的基础上又扩展了以
下几种库函数。

1. C51 常用库函数

1)内部函数(intrins.h)

内部函数是指编译时直接将固定的代码插入到当前行,从而大大提高函数的访问效率。
非内部函数则必须由"ACALL"和"LCALL"指令来实现调用。KEIL C51 的内部函数只有 9
个,数量虽少,但非常有用。本征库函数在头文件 intrins.h 中定义。所以使用时,必须
包含#include <intrins.h>一行,如不说明,其他谈到的库函数均指非本征库函数。

crol,_cror_:将 char 型变量循环向左(右)移动指定位数后返回。

irol,_iror_:将 int 型变量循环向左(右)移动指定位数后返回。

lrol,_lror_:将 long 型变量循环向左(右)移动指定位数后返回。

nop:相当于插入 NOP。

testbit:相当于 JBC bitvar 测试该位变量并跳转同时清除。

chkfloat:测试并返回浮点数状态。

2）字符判断转换库函数（ctype.h）

字符判断转换库函数的原型声明在头文件 ctype.h 中定义，主要包含用来判断字符和字符转换的函数。

3）输入输出库函数（stdio.h）

输入输出库函数的原型声明在头文件中定义，通过 8051 系列单片机的串行口工作，如果希望支持其他 I/O 接口，只需要改动_getkey()和 putchar()函数，库中所有其他 I/O 支持函数都依赖于这两个函数模块。在使用 8051 系列单片机的串行口之前，应先对其进行初始化，如设定波特率等。如要修改支持其他 I/O 接口，比如改为 LCD 显示，则可修改 lib 目录中的 getkey.c 及 putchar.c 源文件，然后在库中替换它们即可。

4）字符串处理库函数（string.h）

缓冲区处理函数位于"string.h"中。其中包括复制字符串、比较字符串、移动字符串等函数，如 memccpy、memchr、memcmp、memcpy、memmove、memset，这样可以很方便地对缓冲区进行处理。

5）标准库函数类型转换及内存分配函数（stdlib.h）

标准库函数主要是转换及内存分配函数，函数的原型声明包含在头文件 stdlib.h 中，利用该库函数可以完成数据类型转换以及存储器分配操作。

6）数学计算库函数（math.h）

数学计算库函数的原型声明包含在头文件 math.h 中。包含常见的数学计算函数。

7）专用寄存器地址访问库函数（reg51.h）

在 reg51.h 的头文件中定义了 MCS-51 的所有特殊功能寄存器和相应的位，定义时都用大写字母。但在程序的头部把寄存器库函数 reg51.h 包含后，就可以在程序中直接使用 MCS-51 的特殊功能寄存器和相应的位。一般系统都必须包括本文件。

8）绝对地址访问库函数（absacc.h）

该文件中实际只定义了几个宏，以确定各存储空间的绝对地址。表 4-6 列出了 C51 提供的标准库函数。标准库函数的原型、功能描述、返回值、重入属性以及应用举例在 KEIL C51 集成开发环境提供的帮助文档中均可以查到。

常用的标准库函数及其分类   表 4-6

函 数 名 称	函数类型	所属的头文件
chkfloat, _crol_, _irol_, _lrol_, _cror_, _iror_, _lror_, nop_, _testbit_	内部函数	intrins.h
isalnum, isalpha, iscntrl, isdigit, isgraph, islower, isprint, ispunct, isspace, isupper, isxdigit, toascii, toint, tolower, toupper, _tolower_, _toupper_	字符函数	ctype.h
_getkey, getchar, gets, ungetchar, putchar, printf, sprintf, puts, scanf, sscanf, vprintf, vsprintf	标准 I/O 函数	stdio.h
memchr, memcmp, memcpy, memccpy, memmove, memset, strcat, strncat, strcmp, strncmp, strcpy, strncpy, strlen, strstr, strchr, strrchr, strspn, strcspn, strpbrk, strrpbrk	字符串函数	string.h

函 数 名 称	函 数 类 型	所属的头文件
atof, atoll, atoi, calloc, free, init_mempool, malloc, realloc, rand, srand, strtod, strtol, strtoul	标准函数	stdlib.h
abs, cabs, fabs, labs, exp, log, log10, sqrt, cos, sin, tan, acos, asin, atan, atan2, cosh, sinh, tanh, ceil, floor, modf, pow	数学函数	math.h
cbyte, dbyte, pbyte, xbyte	绝对地址访问库函数	absacc.h

2. 库函数的调用

由于每个库函数都在相应的头文件中给出了函数原型声明,因此在使用库函数时,必须在源程序的开头处用预处理命令#include 将有关的头文件包含进来,例如:

```
#include <reg51.h>
#include <stdio.h>
......
void main(){… }
```

在 C51 语言中,调用标准库函数的方式有以下两种。

(1)作为表达式的一部分。例如,求 y = |x| + 3 可以通过调用 abs() 函数来实现:

```
y = abs(x) + 3;
```

(2)作为独立的语句完成某种操作。例如:

```
printf("* * * * * \n");
```

【例 4-11】 标准输出函数 printf() 的使用,练习标准库函数调用的方法。

```
#include <reg51.h>
#include <stdio.h>
/* * * * * * * * * * * * * * * * * * * * * * * * * * * * * * * * * * * * *
函数功能:通过输出 C51 中不同类型的变量,演示 printf() 函数使用方法
* * * * * * * * * * * * * * * * * * * * * * * * * * * * * * * * * * * * */
void tst_printf (void)
{
char a = 1;      //a 为字符型变量
int b = 12365;      // b 为基本整型变量
long c = 0x7FFFFFFF;      // c 为长整型变量
unsigned char x = 'A';      // x 为无符号字符型变量
unsigned int y = 54321;      // y 为无符号基本整型变量
unsigned long z = 0x4A6F6E00;      // z 为无符号长整型变量
float f = 10.0, g = 22.95;      // f、g 为实型变量
char buf [ ] = "Test String";      // buf 为字符数组
char * p = buf;      // p 为指针变量
printf("char: % bd, int: % d, long: % ld\n", a, b, c);
printf("Uchar: % bu, Uint: % u, Ulong: % lu \n", x, y, z);
printf("xchar: % bx, xint: % x, xlong: % lx\n", x, y, z);
printf("String \"% s\" is at address % p\n", buf, p);
printf("% f ! = % g\n", f, g);
```

```
        }
/*****************************************
函数功能:主函数,串行口工作状态初始化
*****************************************/
    void main( void )
    {
    SCON = 0x50;        //串行口:工作模式 1
    TMOD |= 0x20;        //定时器 T1:工作模式 2
    TH1 = 0xf3;        //波特率为 2400 时 T1 的初值
    TR1 = 1;        //启动 T1
    TI = 1;        //允许发送数据
    tst_printf( );
    }
```

由于标准 I/O 库函数一般是通过 51 系列单片机串行接口工作的,因此,在调用 printf( )函数之前,要先对 51 系列单片机的串行口工作状态进行初始化。在 KEIL C51 集成开发环境中,输入上述源程序并命名为 4.4.c,建立名为 MyProject 的工程并将 4.4.c 加入其中,编译、链接后进入调试状态,执行菜单命令 View→Serial Window #1 或单击按钮打开串行窗口。全速运行,即可看到如图 4-4 所示的运行结果。

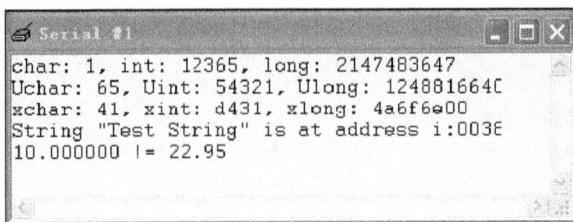

图 4-4　运行结果

🔍 技能训练

项目一:利用 C51 编译调试程序

【实训要点】

(1)了解 C51 程序的开发流程;

(2)熟悉 KEIL C51 软件的基本使用方法;

(3)熟悉 C51 语言基本语句以及函数的使用;

(4)掌握 C51 程序的调试技巧。

【实训方法】

上机操作。

【实训内容】

1.情景设置

第一次上机练习 C51 程序开发调试。有一台计算机已经装有 KEIL μVision 和 Proteus I-SIS,试着根据学习掌握的 C51 程序开发知识创建第一个 C51 单片机应用程序。

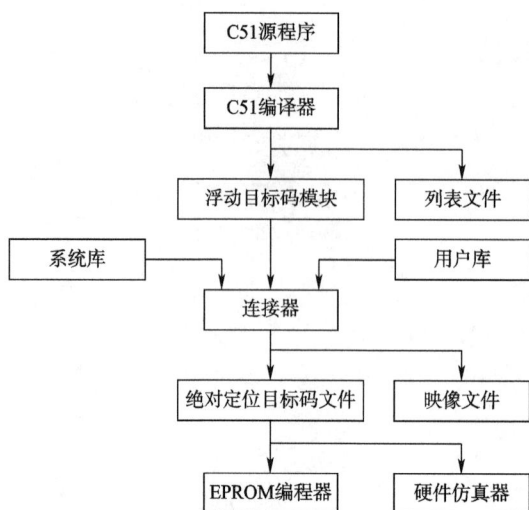

图 4-5　C51 程序的开发流程图

2.技能目标

(1)掌握 C51 程序的开发流程;

(2)掌握 KEIL C51 软件的基本使用方法和程序的调试步骤。

3.相关知识

KEIL C51 软件是众多单片机应用开发的优秀软件之一,它集编辑、编译、仿真于一体,支持汇编和 C 语言的程序设计,界面友好,易学易用。更多关于 KEIL μVision 的信息可参考附录 D。

一个 C51 程序的开发过程如图 4-5 所示。通过简单的编程、调试,熟悉 KEIL C51 软件的基本使用方法和调试技巧,具体步骤可参考附录 D 中的第三部分。

4.实训准备

一台装有 KEIL μVision 和 Proteus ISIS 的计算机。

5.实训步骤

(1)参照附录 D 第三部分的描述完成 C51 程序的编译链接,要求达到如图 D-22 所示的实验效果。参考程序 test2.c 如下:

```c
#include <reg51.h>
sbit LED = P1^7;
void main()
{
    unsigned char i,j,k;
    while(1)
    {
        if (LED ==1)
            LED = 0;
        else
            LED = 1;
        for(i =4; i >0; --i)
            for(j =250; j >0; --j)
            for(k =250; k >0; --k)
                ;
    }
}
```

(2)通过 UART 窗口观测程序运行结果。

①新建源文件,输入以下参考程序并保存为 test3.c,编译后如图 4-6 所示。

```c
#include <reg51.h>    //包含文件
#include <stdio.h>
void main(void)    //主函数
{
```

```
    SCON=0x52;
    TMOD=0x20;
    TH1=0xf3;
    TR1=1;       //此行及以上3行为PRINTF函数所必需的
    printf("Hello, I am KEIL. \n");      //打印程序执行的信息
    printf("I will be your friend. \n");
    while(1);
}
```

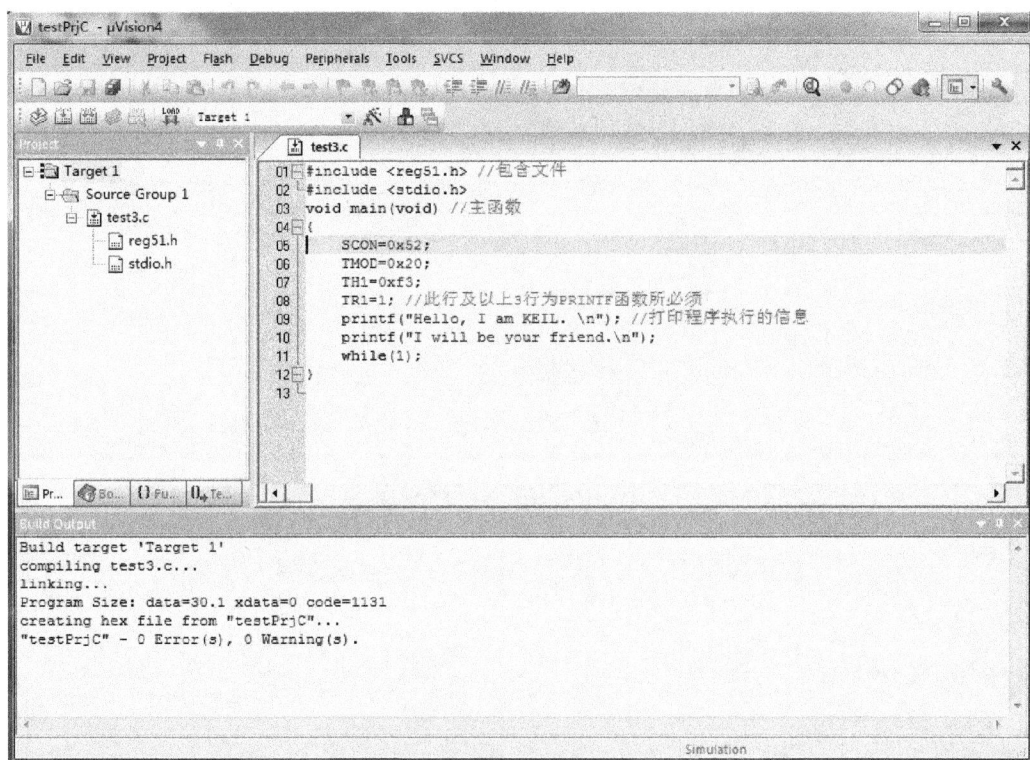

图4-6 新建添加源程序并编译

②在KEIL μVision中,选择Debug → Start/Stop Debug Session,启动软件仿真调试。之后再如图4-7所示选择View → Serial Windows→UART #1,即可打开UART #1观测窗口,见图4-8。

③在KEIL μVision中,选择**Debug→Run**,运行程序后即可在打开的UART #1观测窗口看到程序运行结果,见图4-9。

6.注意事项

(1)注意掌握C51程序的开发步骤和调试技巧。

(2)KEIL C51支持汇编和C语言,而且μVision2要根据后缀判断文件的类型,从而自动进行处理,因此存盘时一定要使输入的文件名后带上扩展名.asm或.c。

(3)保存完毕后请观察:保存前后源程序有哪些不同?关键字的颜色是否改变?此时需要检查每一条程序命令行是否正确。

7.实训评价

实训评价内容见表4-7。

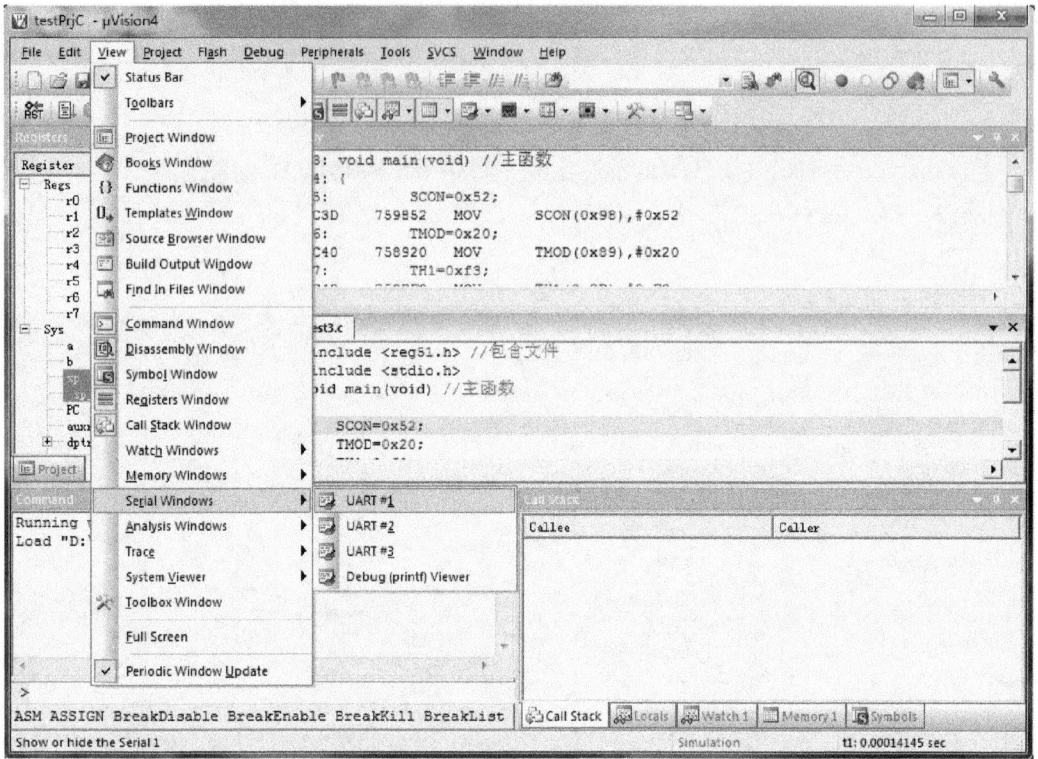

图 4-7　打开 UART #1 观测窗口

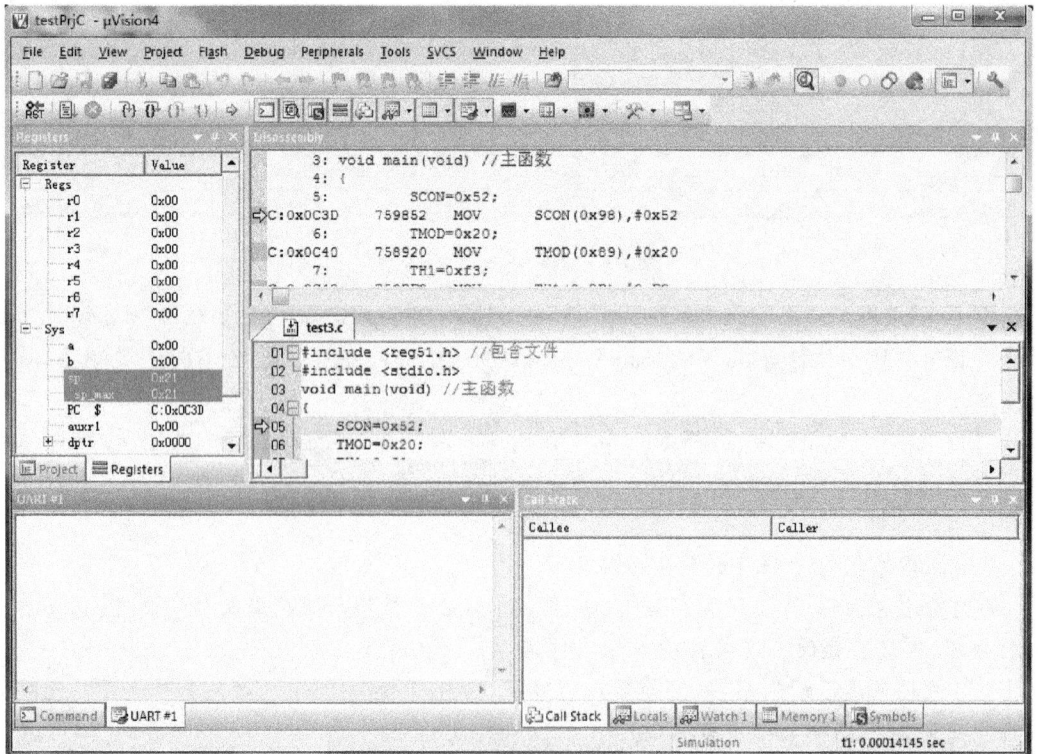

图 4-8　UART #1 观测窗口已打开

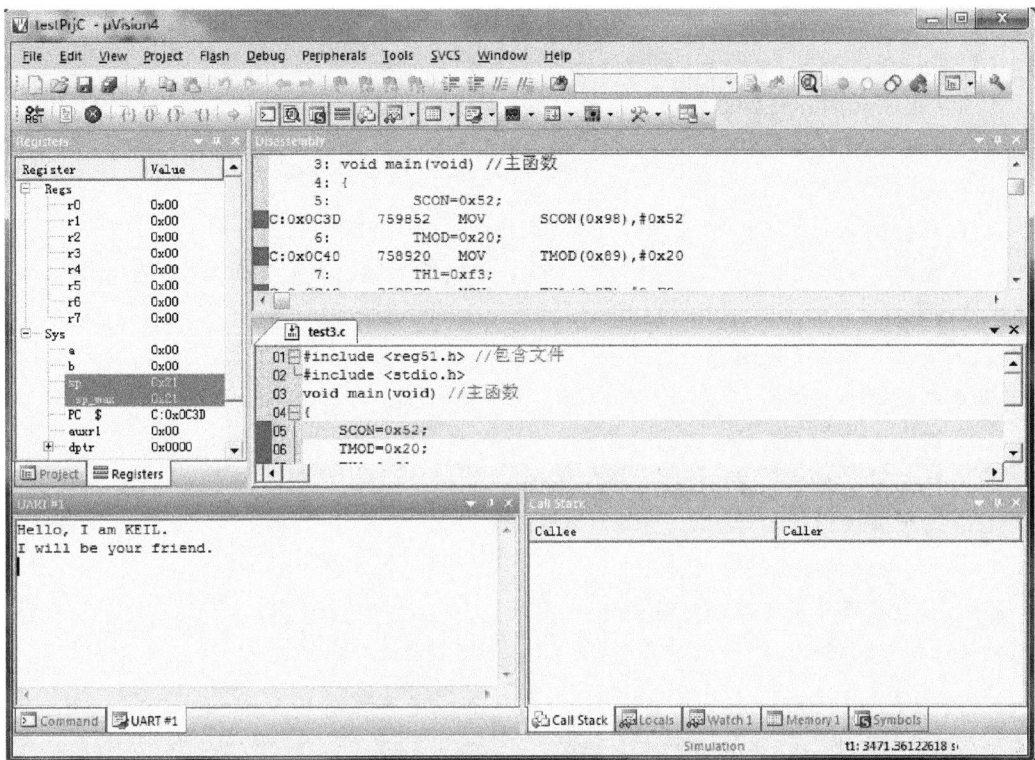

图 4-9　程序运行结果显示在 UART #1 观测窗口中

实 训 评 价 表   表 4-7

评 价 内 容	评价要求及评分标准	得　分
新建工程项目	正确建立(20分)	
新建源文件并编辑	正确输入程序(40分)	
编译工程文件	正确编译,生成机器码(20分)	
调试程序	会调试程序(20分)	

8.活动建议

单人单机进行项目学习,各成员完成项目后可互相评分。

项目二:用不同程序控制语句实现软件延时

【实训要点】

利用本章学习的 C51 知识,使用不同的程序控制语句(for,while,do...while)实现软件延时并做一个延时到的简单响应。

【实训方法】

上机操作。

【实训内容】

1.情景设置

实现单片机开发板点亮 P1 口的 1 个 LED 灯,使 LED 灯始终以不同频率闪烁。

2.技能目标

(1)熟练掌握实现不同的程序控制语句(for,while,do...while)编写程序的方法；

(2)掌握在主函数 main( )中调用延时子函数的方法；

(3)掌握函数间参数传递方法；

(4)掌握程序烧录的方法。

3．相关知识

1)程序控制语句

程序控制语句(for,while,do...while)编写方法,详见本章"C51 的结构流程控制"小节的内容。

2)函数调用以及参数传递

详见本章第一节内容。

4．实训准备

单片机开发板及安装 KEIL C51 的计算机。

5．实训步骤

1)编写、调试并编译 C51 程序

(1)while 语句实现软件延时程序

```c
#include<reg52.h>       //头文件包含特殊功能寄存器的定义
sbit LED0 = P1^0;       // 用 sbit 关键字 定义 LED 灯 P1.0 端口
void Delay(unsigned int t);    //函数声明
/* 主函数 */
void main (void)
{
  unsigned char i;     //定义一个无符号字符型局部变量 i 取值范围 0~255
  while (1)          //主循环
  {
    for(i = 0;i < 10;i ++)    // for 循环大括号中的程序循环执行 10 次
    {
      LED0 = 0;     //将 P1.0 口赋值 0,对外输出低电平
      Delay(5000);     //调用延时程序;更改延时数字可以更改延时长度;
               //用于改变闪烁频率
      LED0 = 1;     //将 P1.0 口赋值 1,对外输出高电平
      Delay(5000);
    }
    for(i = 0;i < 10;i ++)
    {
      LED0 = 0;       //将 P1.0 口赋值 0,对外输出低电平
      Delay(60000);      //调用延时程序;更改延时数字可以更改延时长度;
               //用于改变闪烁频率
      LED0 = 1;     //将 P1.0 口赋值 1,对外输出高电平
      Delay(60000);
    }
          //主循环中添加其他需要一直工作的程序
  }
```

```
    }
/* -----------------------------------------------------
延时函数,含有输入参数 unsigned int t,无返回值;
unsigned int 是定义无符号整形变量,其值的范围是 0~65535
------------------------------------------------------*/
    void Delay(unsigned int t)
    {
      while(--t);
    }
```

(2) for 语句实现软件延时

主函数 main( ) 代码一致,其中延时子函数 Delay( ) 语句如下:

```
void Delay(unsigned int t)
{
    for(;t>0;t--);
}
```

(3) do-while 语句实现软件延时

主函数 main( ) 代码一致,其中延时子函数 Delay( ) 语句如下:

```
void Delay(unsigned int t)
{
    do
    {
        t--;
    }while(t>0);
}
```

以上 3 个 Delay( ) 子函数功能一致,只需要编写其中一个即可。编辑、编译,运行后如图 4-10 所示。

2) 接口连接

将 LED 灯接口与单片机 P1 口相连接。

3) 下载程序到单片机

(1) 打开 STC-ISP 单片机下载软件,如图 4-11 所示。

(2) 打开已经编译好的 16 进制程序文件,如图 4-12 所示。

(3) 选择对应的单片机型号(与开发板上的单片机型号一致),如图 4-13 所示。

(4) 选择对应的串口(可在设备管理器中查看),如图 4-14 所示。

(5) 点击"Download/下载"将程序下载至单片机(下载之前单片机先断电),如图 4-15 所示。

(6) 关电复位然后接通单片机的电源开关,如图 4-16 所示。

(7) 程序下载中,如图 4-17 所示。

(8) 程序下载完毕,如图 4-18 所示。

(9) 运行单片机,可以看到 P1 口 LED 灯按照不同频率闪烁,如图 4-19 所示。

6. 注意事项

(1) 在选择对应的单片机型号时,一定要选择与开发板上的单片机一致的型号。

(2) 编写程序时,3 个子函数只需要编写其中一个调用即可。

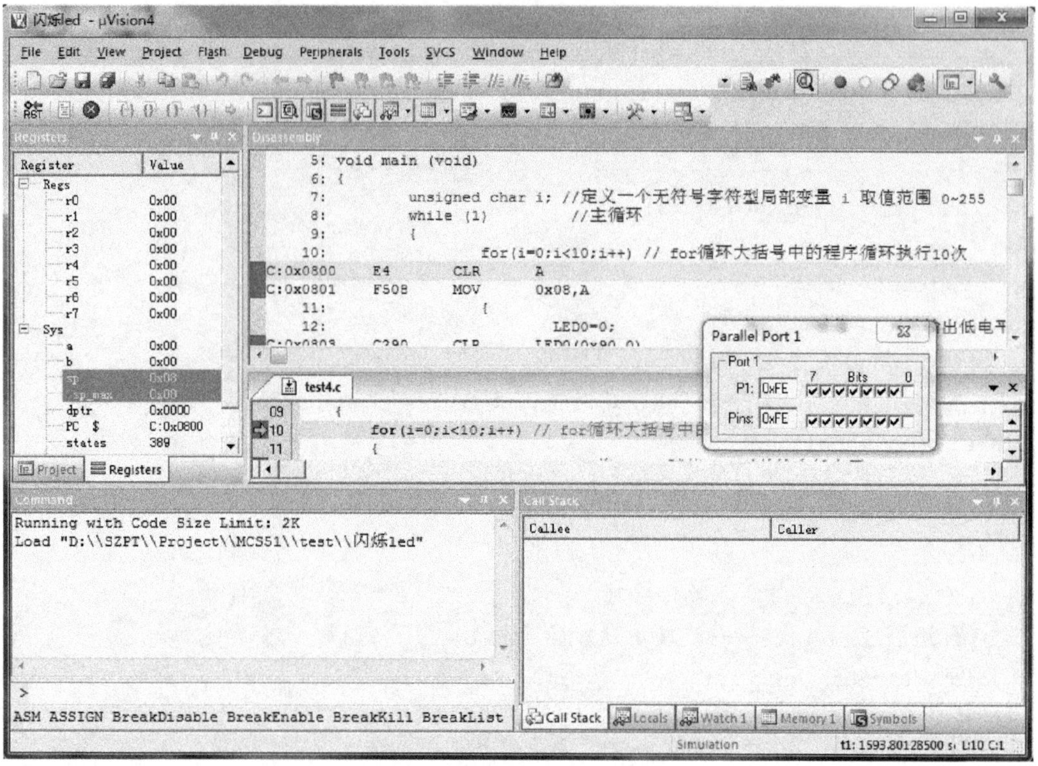

图 4-10　P1.0 端口的闪烁程序调试

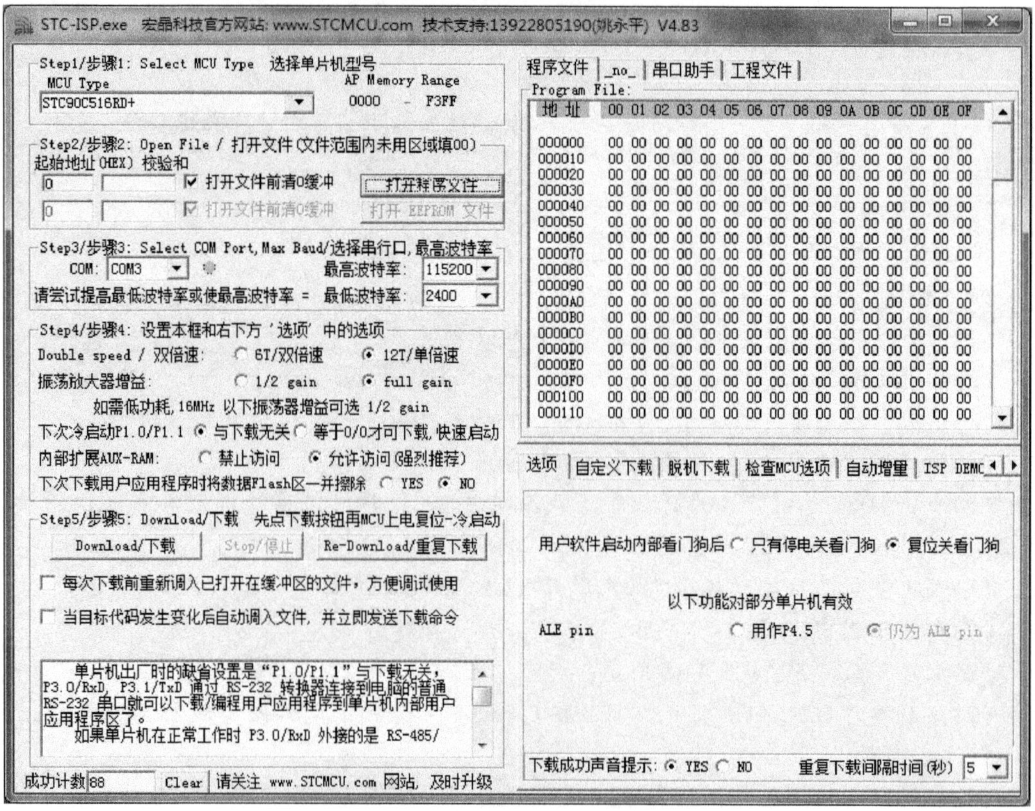

图 4-11　打开 STC-ISP 单片机下载软件

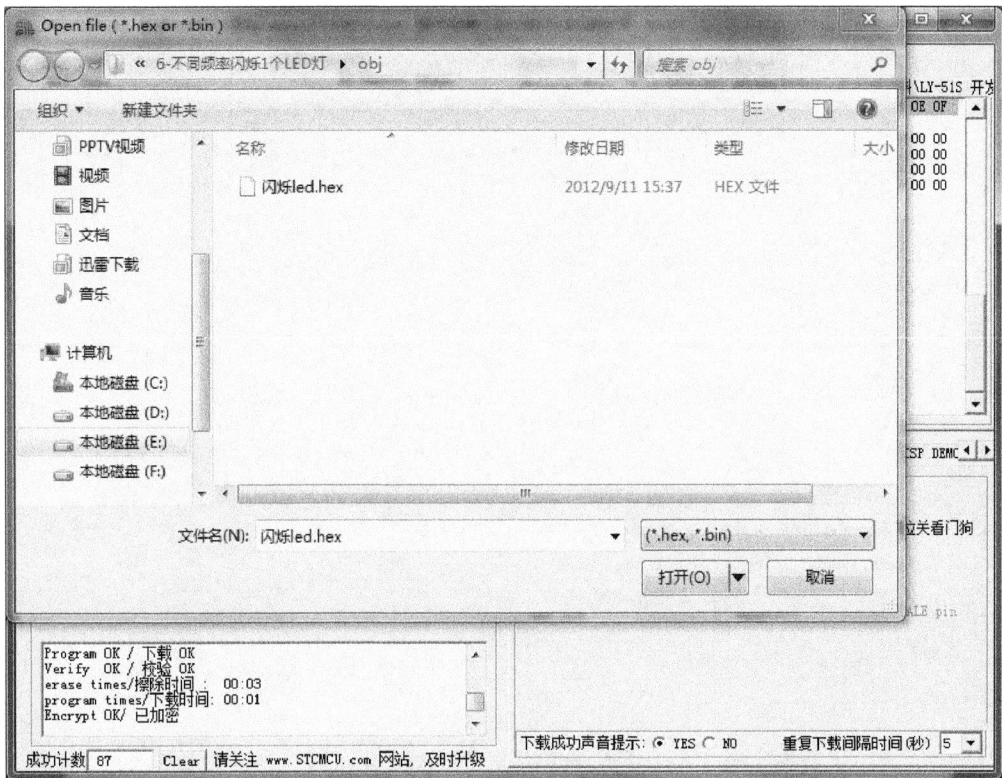

图 4-12　打开程序文件

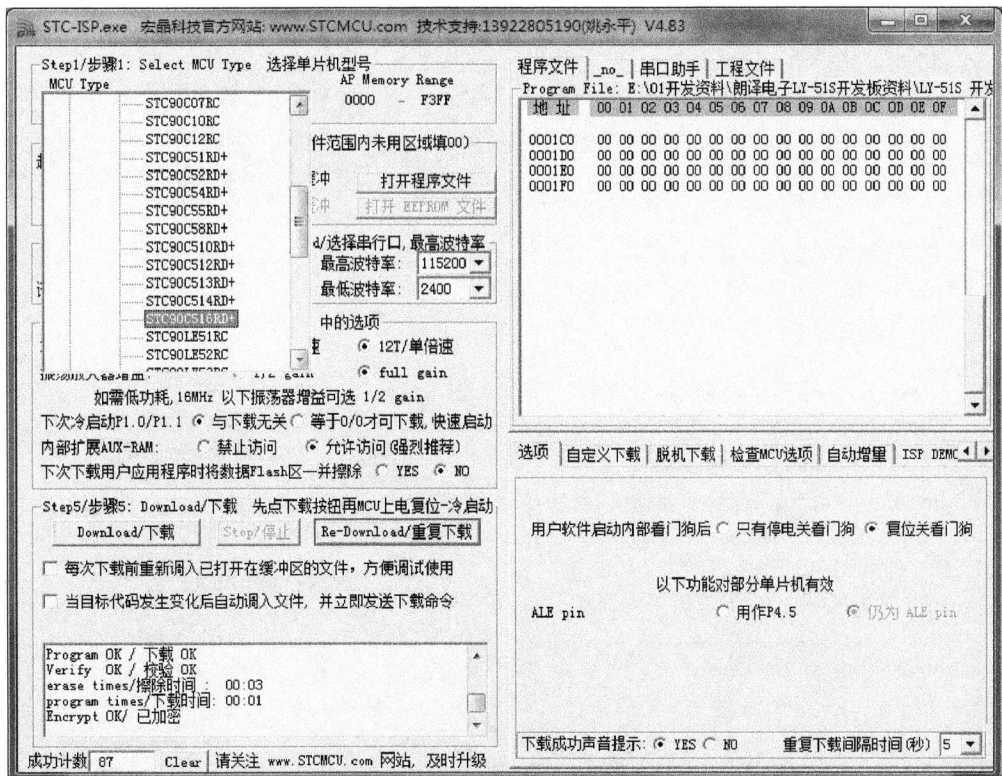

图 4-13　选择对应的单片机型号

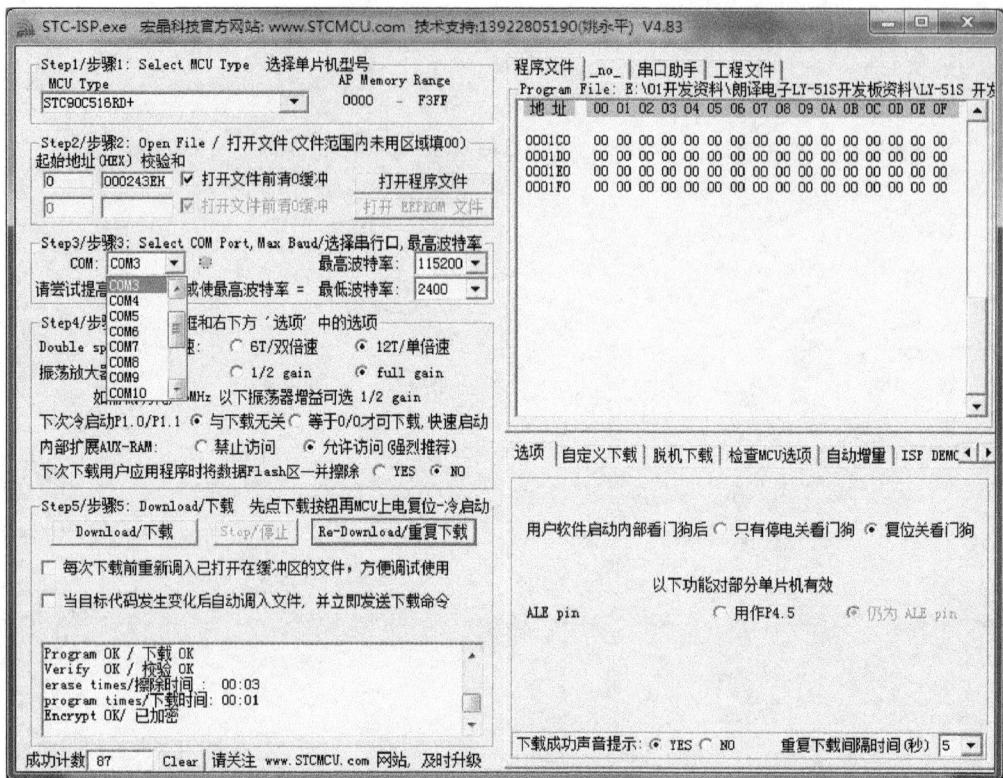

图 4-14　选择对应的串口

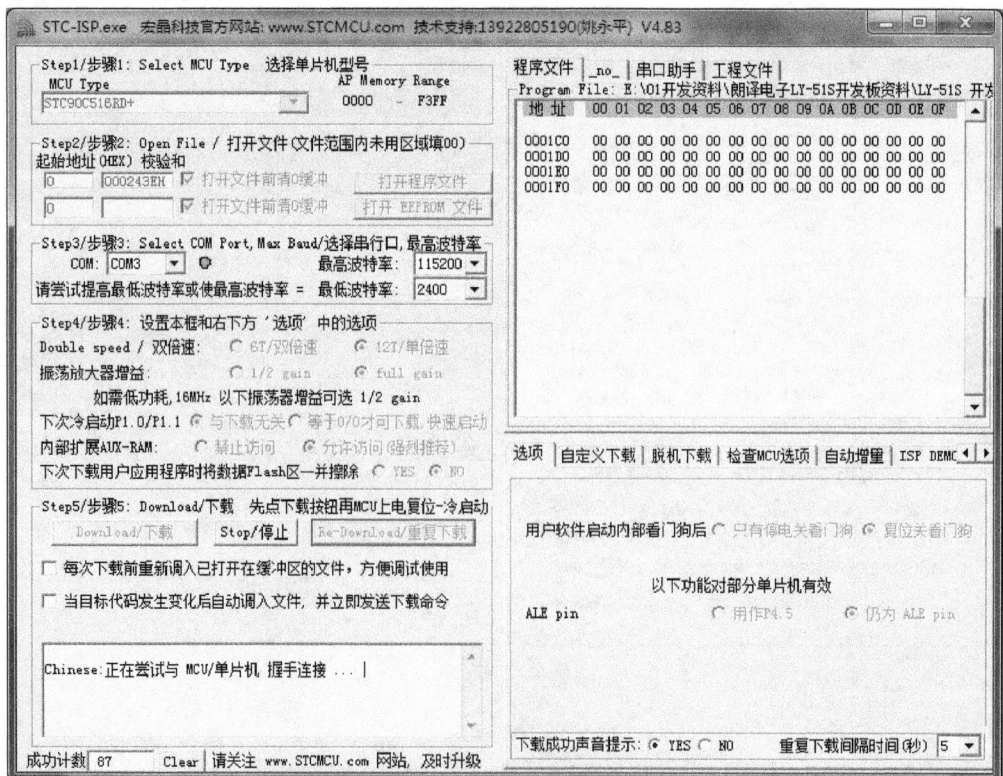

图 4-15　下载程序至单片机

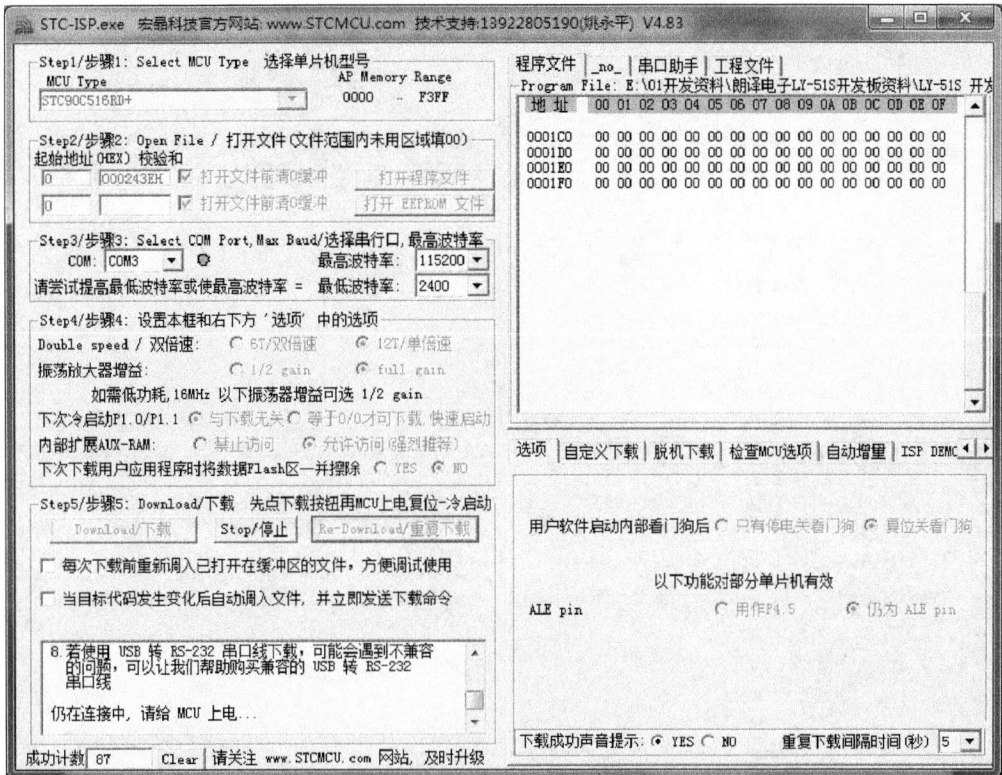

图 4-16　单片机上电

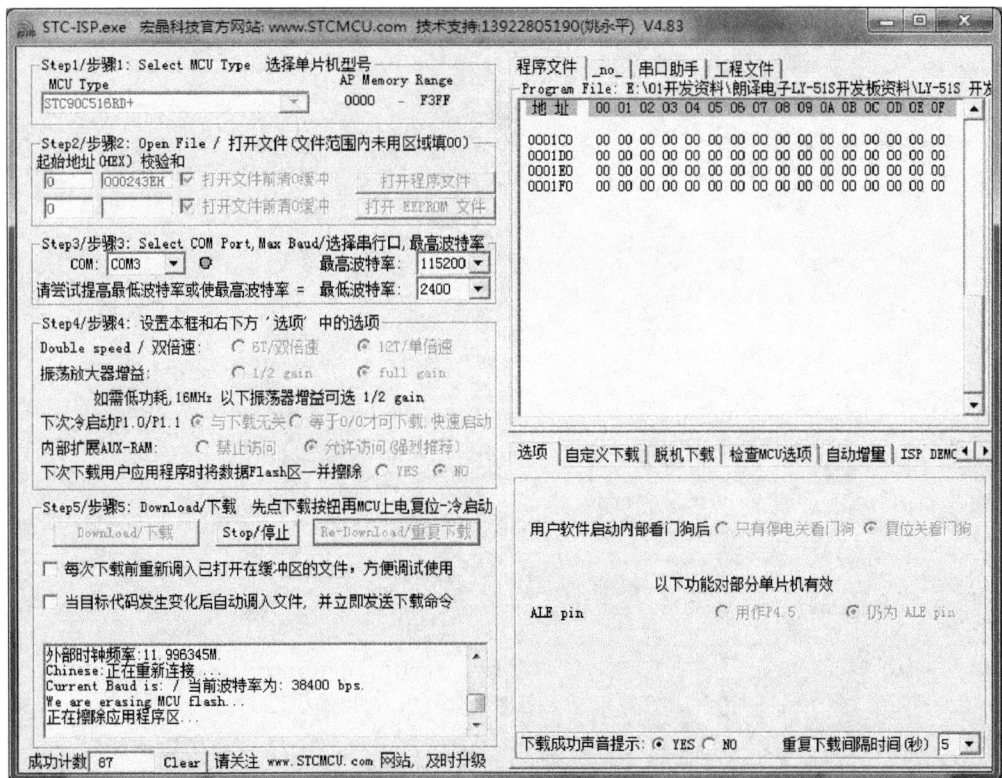

图 4-17　程序下载中

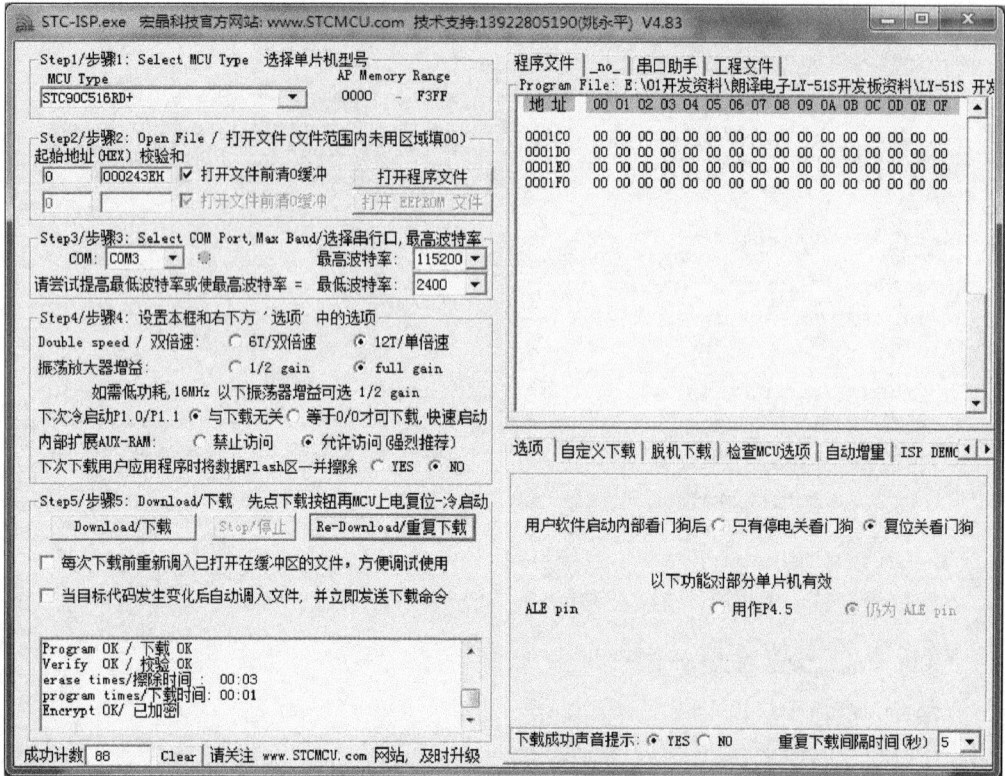

图 4-18　程序下载完毕

图 4-19　程序下载完毕

7. 实训评价

实训评价内容见表4-8。

实 训 评 价 表　　　　　　　　　　　　　　　　　表4-8

评价内容	评价要求及评分标准	得　分
新建工程项目	正确建立(20分)	
新建源文件并编辑	正确输入程序(20分)	
编译调试程序	正确编译,生成机器码(20分)	
程序烧录	会烧录程序(40分)	

8. 活动建议

单人单机进行项目学习,各成员完成项目后可互相评分。

思考练习

一、选择题

1. 利用下列( )关键字可以改变工作寄存器组。

　　A. interrupt　　　　　B. sfr　　　　　C. while　　　　　D. using

2. 使用宏来访问绝对地址时,一般需包含的库文件是( )。

　　A. reg51.h　　　　B. absacc.h　　C. intrins.h　　D. startup.h

3. 设有int i;则表达式 i=1, ++i, ++i||++i, i 的值为 ( )。

　　A. 1　　　　　　　B. 2　　　　　　C. 3　　　　　　D. 4

4. 设有int i;则表达式 i=1, ++i, i||++i, i 的值为 ( )。

　　A. 1　　　　　　　B. 2　　　　　　C. 3　　　　　　D. 4

5. 如果整型变量a、b、c、d的初始值分别是1、2、3和4,整型变量m和n的初始值均为1,则执行表达式(m=a>b)&&(n=c>d)后,m和n的值分别为( )。

　　A. 0　0　　　　　　　　　　　B. 0　1

　　C. 1　0　　　　　　　　　　　D. 1　1

6. 写出以下程序的输出结果为( )。

```
#define S(r) r*r
void main()
{
int a=4,b=6;
int area;
area=S(a+b);
printf("area=%d\n",area);
}
```

　　A. 100　　　　　B. 28　　　　　C. 24　　　　　D. 34

7. C51语言中,下列运算符属于三目运算符的是( )。

　　A. ++　　　　　　B. +=　　　　　C. ? :　　　　　D. ||

二、简答题

1. 简述C51语言的主要结构特点以及与标准C语言的异同点。

2. 简述C51的数据存储类型。

3. C51 中的中断函数和一般的函数有什么不同？

三、案例分析题

1. 请参照例题，编写一个 C 程序，输出以下信息：

```
--------------------------------------------------
            Hello,what's  your name ?
--------------------------------------------------
```

2. 上机运行下面的示例程序，熟悉 C51 程序的调试过程。

```c
#include <reg51.h>
#include <stdio.h>
main()
{   int a,b,sum;        /* 定义变量a、b及和sum* /
    int add(int x,int y);
    SCON=0x52;
    TMOD=0x20;
    TH1=0xf3;
    TR1=1;          //以上4行为输入、输出函数所必须,定义变量后加上
    a=2;b=3;
    sum=add(a,b);
    printf("sum=%d\n",sum);
    while(1);       //用 KEIL 软件调试时必须加上
}
int add(int x,int y)
{   int   z;
  z=x+y;
  return(z);
}
```

第五章 微控制器的中断系统

中断系统是单片机中极其重要的组成部分,其作用是使单片机可以对外部或内部随机发生的事件进行实时处理。中断功能的存在,在很大程度上提高了单片机实时处理能力,它是单片机最重要的功能之一,也是学习单片机必须掌握的重要内容之一。学生不但要了解单片机的中断系统,更要学会如何去操作并管理它。

一 中断的概念

1. 中断的概念

事实上,"中断"的现象并不仅仅出现在单片机中,在人们的日常生活中也时常发生。为让大家更加浅显易懂的了解什么是中断,先来看一个如图 5-1 所示的生活中经常发生的事例:一个人正在家中写文章,突然电话响了,他会放下笔去接电话,通完电话后回到书桌前继续写文章;过了一会儿门铃又响了,于是他又会放下笔去开门,开了门后他又回到书桌前继续写文章。这就是生活中最常见最普通的"中断"现象了。简单地说,"中断"就是指正常进行的工作过程被外部的事情打断了。

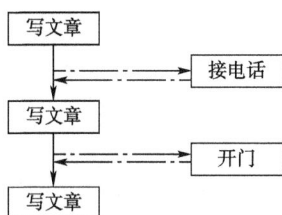

图 5-1 日常生活中发生的
"中断"情况

对于单片机来说,"中断"指的是 CPU(中央处理器)在处理某一事件 A 时,发生了另一事件 B,并请求 CPU 迅速去处理(中断发生);CPU 接到"中断"请求后,暂停当前正在进行的工作 A(中断响应),转去处理事件 B(执行相应的中断服务程序),待 CPU 将事件 B 处理完毕后,再回到原来事件 A 被中断的地方继续处理事件 A(中断返回),这一过程就是单片机中的"中断"了。

2. 中断的组成部分

1)中断源

中断源就是指引起"中断"的事件。在对应生活例子中,接电话和开门就是中断源。

2)中断系统

能够实现中断过程的软、硬件系统被称为中断系统。

3)主程序与中断服务程序

CPU 正在执行的当前程序称为主程序;中断发生后,转去对突发事件的处理程序称为中断服务程序。

二 MCS-51 单片机的中断系统及其管理

1. 中断系统构成

MCS-51 单片机的中断系统(见图 5-2)由 5 个中断源,4 个中断控制寄存器组成。

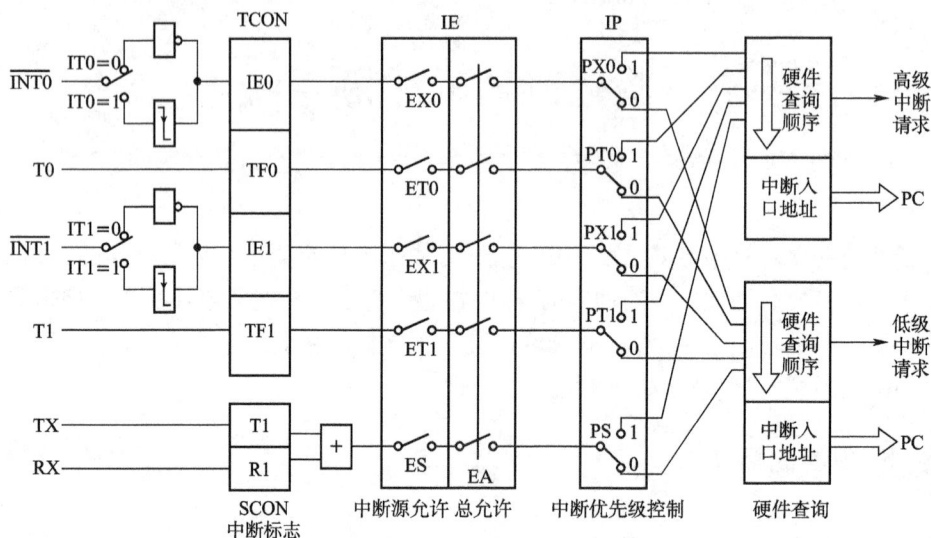

图 5-2　MCS-51 单片机的中断系统

其中的 5 个中断源分别是:

(1)INT0-外部中断 0。由 P3.2 端口引入,可设置为低电平触发或下降沿触发。

(2)INT1-外部中断 1。由 P3.3 端口引入,可设置为低电平触发或下降沿触发。

(3)T0-定时器/计数器中断 0。由内部计数器计满溢出触发。

(4)T1-定时器/计数器中断 1。由内部计数器计满溢出触发。

(5)TI/RI-串行口中断。由串行口完成一帧字符发送/接受后触发。

4 个用于控制中断类型、中断的开关以及确定各中断源的优先级的中断控制寄存器分别是 TCON、SCON、IE、和 IP。

2. 中断源

1)两个外部中断

(1)INT0(P3.2):可由 IT0(TCON.0)选择其为低电平有效还是下降沿有效。当 CPU 检测到 P3.2 引脚上出现有效的中断信号时,中断标志 IE0(TCON.1)置 1,向 CPU 申请中断。

(2)INT1(P3.3):可由 IT1(TCON.2)选择其为低电平有效还是下降沿有效。当 CPU 检测到 P3.3 引脚上出现有效的中断信号时,中断标志 IE1(TCON.3)置 1,向 CPU 申请中断。

2)三个内部中断

(1)TF0(TCON.5):片内定时/计数器 T0 溢出中断请求标志,当定时/计数器 T0 发生溢出时,置位 TF0,并向 CPU 申请中断。

(2)TF1(TCON.7):片内定时/计数器 T0 溢出中断请求标志,当定时/计数器 T1 发生溢出时,置位 TF1,并向 CPU 申请中断。

(3)RI(SCON.0)或 TI(SCON.1):串行口中断请求标志。当串行口接收完一帧串行数据时,置位 RI 或 TI,并向 CPU 申请中断。

3.中断的开放及控制

1)中断控制寄存器

(1)定时/计数器控制寄存器 TCON

TCON 即定时/计数器控制寄存器。这是一个可位寻址的 8 位特殊功能寄存器,可以对其每一位单独进行操作,其字节地址为 88H。它不仅与两个定时/计数器的中断有关,也与两个外部中断源有关。它可以用来控制定时/计数器的启动与停止,标志定时/计数器是否计满溢出和中断情况,还可以设定两个外部中断的触发方式、标志外部中断请求是否触发。因此,它又称为中断请求标志寄存器。单片机复位时,TCON 的全部位均被清 0。其各位名称如表 5-1 所示。

定时/计数器控制寄存器 TCON   表 5-1

位 号	D7	D6	D5	D4	D3	D2	D1	D0
位 名 称	TF1	TR1	TF0	TR0	IE1	IT1	IE0	IT0
位 地 址	8FH	8EH	8DH	8CH	8BH	8AH	89H	88H

表中:

① IT0:外部中断 0 触发方式控制位。

  当 IT0 = 0 时,为电平触发方式,低电平触发有效;

  当 IT0 = 1 时,为边沿触发方式,下降沿触发有效。

② IE0:外部中断 0 的中断请求标志位。

  当外部中断 0 的触发请求有效时,硬件电路自动将该位置 1,否则清 0。换句话说,当 IE0 = 1 时,表明外部中断 0 正在向 CPU 申请中断;当 IE0 = 0 时,则表明外部中断 0 没有向 CPU 申请中断。当 CPU 响应该中断后,由硬件自动将该位清 0,不需用专门的语句将该位清 0。

③ IT1:外部中断 1 的触发方式控制位。

  当 IT1 = 0 时,为电平触发方式,低电平触发有效;

  当 IT1 = 1 时,为边沿触发方式,下降沿触发有效。

④ IE1:外部中断 1 的中断请求标志位。

  当外部中断 1 的触发请求有效时,硬件电路自动将该位置 1,否则清 0。换句话说,当 IE1 = 1 时,表明外部中断 1 正在向 CPU 申请中断;当 IE1 = 0 时,则表明外部中断 1 没有向 CPU 申请中断。当 CPU 响应该中断后,由硬件自动将该位清 0,不需用专门的语句将该位清 0。

⑤ TR0:定时/计数器 T0 的启动控制位。

  当 TR0 = 1 时,T0 启动计数;当 TR0 = 0 时,T0 停止计数。

⑥ TF0:定时/计数器 T0 的溢出中断标志位。

  当定时/计数器 0 计满溢出时,由硬件自动将 TF0 置 1,并向 CPU 发出中断请求,当 CPU 响应该中断进入中断服务程序后,由硬件自动将该位清 0,不需用专门的语句将该位清 0。需要说明的是:如果使用定时/计数器的中断功能,则该位完全不用人为操作,硬件电路会自动将该位置 1、清 0,但是如果中断被屏蔽,使用软件查询方式去处理该位时,则需用专门语句将该位清 0。

⑦TR1:定时/计数器1(T1)的启动控制位。

其功能及使用方法同 TR0。

⑧TF1:定时/计数器1(T1)的溢出中断标志位。

其功能及使用方法同 TF0。

(2)串行口控制寄存器 SCON

SCON 是串行口控制寄存器,其低两位 TI 和 RI 锁存串行口的发送中断标志和接收中断标志。其字节地址为 98H,其各位名称如表5-2所示。

串行口控制寄存器 SCON　　　　　　　　　表5-2

位　号	D7	D6	D5	D4	D3	D2	D1	D0
位名称	/	/	/	/	/	/	TI	RI
位地址	9FH	9EH	9DH	9CH	9BH	9AH	99H	98H

表中:

①RI:串行口接收中断标志位。

若串行口接收器允许接收,并以方式0工作,每当接收到8位数据时,RI 被置1,若以方式1、2、3方式工作,当接收到半个停止位时,TI 被置1,当串行口一方式2或3方式工作,且当 SM2 =1 时,仅当接收到第9位数据 RB8 为1后,同时还要在接收到半个停止位时,RI 被置1。RI 为1表示串行口接收器正向 CPU 申请中断。同样 RI 标志得由用户的软件清"0"。

②TI:串行口发送中断标志位。

在串行口以方式0发送时,每当发送完8位数据,由硬件置位。如果以方式1、方式2或方式3发送时,在发送停止位的开始时 TI 被置1,TI =1 表示串行发送器正向 CPU 发出中断请求,向串行口的数据缓冲器 SBUF 写入一个数据后就立即启动发送器继续发送。但是 CPU 响应中断请求后,转向执行中断服务程序时,并不 TI 清零,TI 必须由用户的中断服务程序清零,即中断服务程序必须有"CLR TI"或"ANL SCON, #0FDH"等指令将 TI 清零。

(3)中断允许寄存器 IE

在 MCS-51 单片机的中断系统中,中断的允许或禁止是在中断允许寄存器 IE 中设置的。IE 也是一个可位寻址的8位特殊功能寄存器,即可以对其每一位单独进行操作,当然也可以进行整体字节操作,其字节地址为 A8H。单片机复位时,IE 全部被清0。其各位定义如表5-3所示。

中断允许寄存器 IE　　　　　　　　　表5-3

位　号	D7	D6	D5	D4	D3	D2	D1	D0
位名称	EA	/	/	ES	ET1	EX1	ET0	EX0
位地址	AFH	AEH	ADH	ACH	ABH	AAH	A9H	A8H

表中:

①EX0:外部中断0的中断允许位(二级控制)。

如果 EX0 置1,则允许外部中断0中断,否则禁止外部中断0中断。

②ET0:定时/计数器 T0 的中断允许位(二级控制)。

如果 ET0 置1,则允许定时/计数器 T0 中断,否则禁止定时/计数器 T0 中断。

③EX1:外部中断1的中断允许位(二级控制)。

如果EX1置1,则允许外部中断1中断,否则禁止外部中断1中断。

④ET1:定时/计数器T1的中断允许位(二级控制)。

如果ET1置1,则允许定时/计数器T1中断,否则禁止定时/计数器T1中断。

⑤ES:串行口中断允许位(二级控制)。

ES=1允许串行口中断,ES=0,屏蔽串行口中断。

⑥EA:即Enable All的缩写,全局中断允许控制位(一级控制)。

当EA=0时,则所有中断均被禁止;当EA=1时,全局中断允许打开,在此条件下,由各个中断源的中断控制位确定相应的中断允许或禁止。换言之,EA就是各种中断源的总开关。

【例5-1】 如果我们要设置允许外部中断0、定时/计数器T1中断允许,其他中断不允许,则IE寄存器各位取值如表5-4所示。

中断允许寄存器 IE 的设置   表5-4

位 号	D7	D6	D5	D4	D3	D2	D1	D0
位 名 称	EA	/	/	ES	ET1	EX1	ET0	EX0
取 值	1	0	0	0	1	0	0	1

即设置IE=0x89。当然,我们也可以用位操作指令来实现:EA=1,EX0=1,ET1=1

(4)中断优先级寄存器IP

在MCS-51单片机的中断系统中,中断源按优先级分为两级中断:1级中断为高级中断,0级中断为低级中断。中断源的优先级需在中断优先级寄存器IP中设置。IP也是一个可位寻址的8位特殊功能寄存器,即可以对其每一位单独进行操作,当然也可以进行整体字节操作,其字节地址为B8H。单片机复位时,IP全部被清0,即所有中断源为同级中断。如果在程序中不对中断优先级寄存器IP进行任何人为操作,则当多个中断源发出中断请求时,CPU会按照其默认的自然优先级顺序优先响应自然优先级较高的中断源。IP的各位定义如表5-5所示。

中断优先寄存器 IP   表5-5

位 号	D7	D6	D5	D4	D3	D2	D1	D0
位 名 称	/	/	/	PS	PT1	PX1	PT0	PX0
位 地 址	BFH	BEH	BDH	BCH	BBH	BAH	B9H	B8H

①PS:串行口中断口优先级控制位。

PS=1,串行口中断声明为高优先级中断,PS=0,串行口定义为低优先级中断。

②PT1:定时器1优先级控制位。

PT1=1,声明定时器1为高优先级中断,PT1=0定义定时器1为低优先级中断。

③PX1:外中断1优先级控制位。

PT1=1,声明外中断1为高优先级中断,PX1=0定义外中断1为低优先级中断。

④PT0:定时器0优先级控制位。

PT1=1,声明定时器0为高优先级中断,PT1=0定义定时器0为低优先级中断。

⑤PX0:外中断0优先级控制位。

PT1=1,声明外中断0为高优先级中断,PX1=0定义外中断0为低优先级中断。

2）中断优先级

当多个中断源同时申请中断时，为了使 CPU 能够按照用户的规定先处理最紧急的事件，然后再处理其他事件，就需要中断系统设置优先级机制。通过设置优先级，排在前面的中断源称为高级中断，排在后面的称为低级中断。设置优先级以后，若有多个中断源同时发出中断请求时，CPU 会优先响应优先级较高的中断源。如果优先级相同，则将按照它们的自然优先级顺序响应默认优先级较高的中断源。

5 个中断源默认的自然优先级是由硬件的查询顺序决定的，由高到低的顺序依次是：外部中断 0、定时/计数器 T0 中断、外部中断 1、定时/计数器 T1 中断、串行口中断。中断源的优先级需由用户在中断优先级寄存器 IP 中设定。

3）中断嵌套

当 CPU 响应某一中断源请求而进入该中断服务程序中处理时，若更高级别的中断源发出中断申请，则 CPU 暂停执行当前的中断服务程序，转去响应优先级更高的中断，等到更高级别的中断处理完毕后，再返回低级中断服务程序，继续原先的处理，这个过程称为中断嵌套。在 51 单片机的中断系统中，高优先级中断能够打断低优先级中断以形成中断嵌套，反之，低级中断则不能打断高级中断，同级中断也不能相互打断。

4. 中断的处理过程

中断的处理过程按照处理中断的先后顺序可分为中断响应、中断处理，以及中断返回三个阶段。

1）中断响应

（1）中断响应的条件

中断源向 CPU 发出中断请求，CPU 响应中断应满足下列条件：

①有中断源发出中断请求；

②中断总允许位 EA =1，即 CPU 开放中断；

③申请中断的中断源的中断允许位为 1，即没有被屏蔽；

④无同级或更高级中断正在被服务；

⑤当前的指令周期已经结束。

（2）中断响应的过程

如果中断响应条件满足，则 CPU 响应中断，在响应中断的三个周期内 CPU 必须做以下三件事：

①关闭中断：CPU 首先使被响应中断的相应"优先级激活"触发器置位，以阻断同级和低级的中断。

②断点保护：把中断点的地址（断点地址），也就是当前程序计数器 PC 中内容压入堆栈，以便中断返回时继续原程序。

③将对应的中断源的矢量地址装入程序计数器 PC：使程序转至如表 5-6 所示的中断服务程序的入口地址。

中断服务程序的入口地址 表5-6

中 断 源	中断请求标志	是否硬件自动消除	中断入口地址
外部中断 0	IE0	是（边沿触发）	0003H
		否（电平触发）	

中 断 源	中断请求标志	是否硬件自动消除	中断入口地址
定时器 0	TF0	是	000BH
外部中断 1	IE1	是(边沿触发)	0013H
		否(电平触发)	
定时器 1	TF1	是	001BH
串行口	R1、T1	否	0023H

（3）中断响应时间

①CPU 不是在任何情况下都对中断请求予以响应,而且不同情况下中断响应的时间也不相同。现以外部中断为例,说明中断响应的最短时间。

②在每个机器周期的 S5P2 期间,NT0 和 INT1 引脚的电平被锁存到 TCON 的 IE0 和 IE1 标志位,CPU 在下一个周期才会查询这些值。这时如果满足中断条件,下一条要执行的指令将是一条硬件长调用指令"LCALL",使程序转移到中断源对应的矢量地址入口。硬件长调用指令本身要花两个机器周期,这样从中断请求有效到开始执行中断服务程序的第一条指令,中间要隔三个机器周期,是最短的响应时间(见图 5-3)。

图 5-3　中断响应时间

③如果遇到中断受阻的情况,则中断时间会更长。例如,一个同级或高优先级的中断正在执行,则附加的等待时间取决于正在进行的中断服务程序。响应时间无法确定。

④如果正在执行的一条指令还没进行到最后一个机器周期,附加的等待时间为 1～3 个周期,因为一条指令的最长执行周期为 4 个机器周期(MUL 和 DIV 指令)。

⑤如果正在执行的指令是 RETI 指令或者是读写 IE 或 IP 指令,则附加的时间在 5 个机器周期之内(为完成正在执行的指令,还需一个机器周期,加上为完成下一条指令还需的最长时间是 4 个机器周期,故最长为 5 个机器周期)。

⑥若系统只有一个中断源,则响应时间在 3～8 机器周期。这个中断响应时在一般情况可不考虑,但在某些精确定时控制场合就需要据此考虑而对某种定时做出调整。

2）中断处理

CPU 响应中断后即转至中断服务程序的入口,执行中断服务程序。

从中断服务程序的第一条指令开始到返回指令为止,这个过程称中断处理或中断服务。

3）中断返回

中断服务程序的最后一条指令必须是中断返回指令 RETI。CPU 执行这条指令时,把响应中断时置位的优先级触发器复位,再从堆栈中弹出断点地址送入程序 PC,以便从断点处重新执行被中断的主程序。

项目一:用中断和查询相结合的方法扩展外部中断

【实训要点】

(1)学习单片机的中断原理及编程方法;

(2)掌握利用中断和查询相结合的方法扩展外部中断方法。

【实训方法】

(1)编写相应程序;

(2)在编译环境中调试程序。

【实训内容】

1.情景设置

如图5-4所示,4个外部故障信号输入端作为4个需要扩展的外部中断口。当中断发生后,通过P1采集这4个外部故障信号输入端的信号,并通过发光二极管显示当前的故障信号。

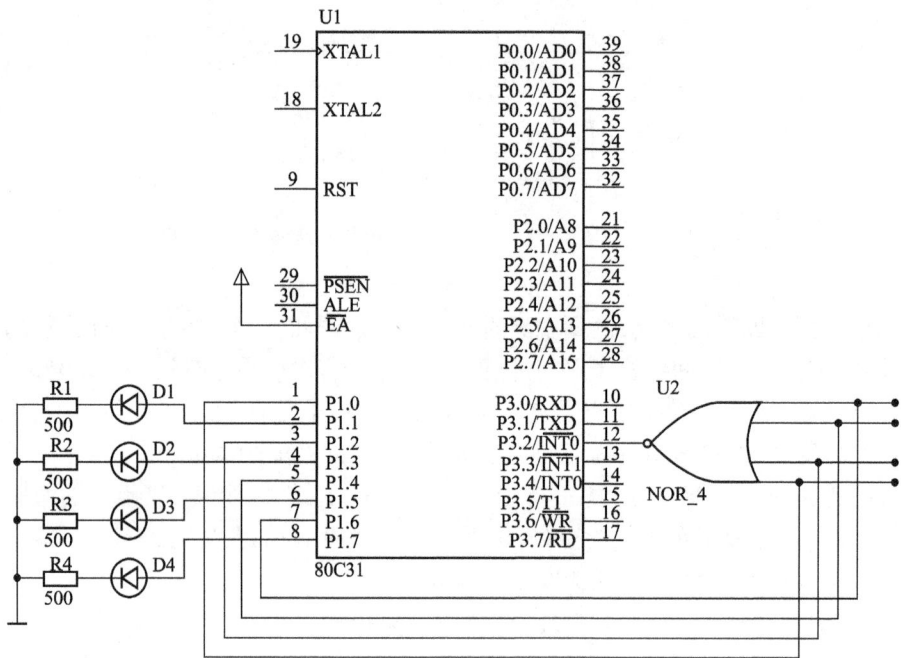

图5-4 外部中断口的扩展示意图

2.技能目标

掌握中断和查询相结合的信号采集方法。

3.相关知识

在图5-4中,4个外部故障信号输入端通过"线或"并"取反"的方法连接至MCS-51单片机的外部中断管脚P3.2(INT0)。这样,无论哪个外部故障发生,都会使P3.2引脚变低,从而向CPU发出中断请求。

在CPU执行中断服务程序时,依次查询P1的中断源的输入状态,然后根据状态设置相应外部故障信号灯。

软件的查询顺序决定上述 4 个扩展的外部中断源的优先顺序。最先查询的优先级最高。

4. 实训准备

PC 机一台、KEIL C51 编译环境、四输入或非门 CD4002、发光二极管和电阻等。

5. 实训步骤

(1) 根据图 5-4 连接电路。

(2) 编写程序。

①汇编参考程序如下：

```
        ORG    0000H
        AJMP   START
        ORG    0003H
        AJMP   _int_X0
        ORG    0030H
START:
        MOV    SP,#60H          ;设置堆栈
        CLR    IT0              ;设置外部中断为低电平触发
        CLR    IE0
        SETB   EX0
        SETB   EA
        SJMP   $
_int_X0:
        PUSH   PSW              ;保护现场
        PUSH   ACC
        CLR    P1.7
        CLR    P1.5
        CLR    P1.3
        CLR    P1.1
_ex_INT1:
        JNB    P1.6,_ex_INT2
        SETB   P1.7
_ex_INT2:
        JNB    P1.4,_ex_INT3
        SETB   P1.5
_ex_INT3:
        JNB    P1.2,_ex_INT4
        SETB   P1.3
_ex_INT4:
        JNB    P1.0,_int_X0_R
        SETB   P1.1
_int_X0_R:
        POP    ACC              ;恢复现场
        POP    PSW
```

```
        RETI
        END
```
②C 语言参考程序如下:

```c
#include <reg51.h>
void main()
{
    IT0 = 0;              //设置外部中断为低电平触发
    IE0 = 0;
    EX0 = 1;
    EA = 1;
    while(1)
    {
    }
}
void exint0(void) interrupt 0 using 1
{
    P1 &= 0x55;    // P1.7, P1.5, P1.3, P1.1 取 0
    if(P1&0x40 ==1) P1 |= 0x80;    // P1.7 取 1
    if(P1&0x10 ==1) P1 |= 0x20;    // P1.5 取 1
    if(P1&0x04 ==1) P1 |= 0x08;    // P1.3 取 1
    if(P1&0x01 ==1) P1 |= 0x02;    // P1.1 取 1
}
```

(3)程序编写完后,进行编译,并生成目标代码。

(4)把程序下载到单片机中,确认外部故障信号由低至高的变化将引起发光二极管相应的变化。

6.注意事项

(1)编写程序要先新建工程项目;

(2)注意中断中查询程序的编写。

7.实训评价

实训评价内容见表5-7。

实训评价表 表5-7

评价内容	评价要求及评分标准	得分
根据原理图连接电路	连接正确(40分)	
程序编写	编写正确(40分)	
程序编译并下载电路连接	能实现按键扫描(20分)	

8.活动建议

可分组实训,程序完成后,小组讨论查询扫描的优先级顺序,各组也可互相评分。

项目二:外部中断的控制响应实验

【实训要点】

(1)学习单片机的中断原理及编程方法;

(2)掌握外部中断处理程序的编程方法和调试方法。

【实训方法】

(1)编写相应程序;

(2)在编译环境中调试程序。

【实训内容】

1. 情景设置

如图 5-5 所示,P1 口作为输出口,连接 8 位发光二极管。按键 1 与按键 2 分别接单片机的两个外部中断管脚 P3.2 和 P3.3。按一次按键 1,发光二极管循环左移显示;按一次按键 2,发光二极管循环右移显示。移位的状态间隔时间约为 0.5s,要求用外部中断处理按键事件。

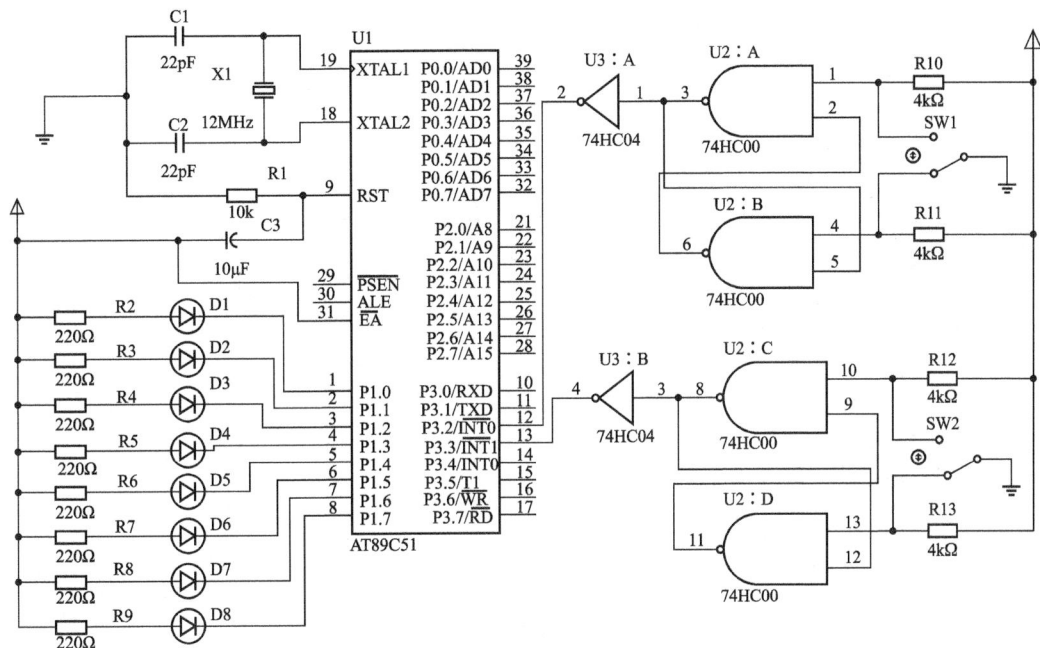

图 5-5 实验连接示意图

2. 技能目标

掌握按键的中断响应方法。

3. 相关知识

在图 5-5 中,U2 为四组 2 输入与非门 74HC00,U3 为六组单输入反门 74HC04。U2 A、B 和 U2 C、D 各自分别构成一个基本的 RS 触发器,将按键 SW1 和 SW2 的信息采集并经过 U3 分别连接 MCS-51 单片机的 2 个外部中断口 P3.2 和 P3.3。

以采集 SW1 信息由 U2 A、B 构成的 RS 触发器为例,其真值表可参考表 5-8。当按键保持在图 5-5 所示位置,U2 Pin 4 为低,U2 Pin 1 为高,则 U2 Pin 3 为低电平,经反门 U3 后信号变为高输入给 P3.2,此时无中断响应。当按键被按下,意味着 U2 Pin 4 为高,U2 Pin 1 为低,则 U2 Pin 3 变为高电平,经反门 U3 取反后信号再变为低输入给 P3.2,此时即可触发相应外部中断响应。

4. 实训准备

PC 机一台、KEIL C51 编译环境,74HC00 和 74HC04 各一个。

图 5-5 中由 U2 A、B 构成的 RS 触发器真值表　　　　　　　表 5-8

U2 Pin 1	U2 Pin 4	U2 Pin 3
0	0	1(实际无此状态)
0	1	1
1	0	0
1	1	保持

5. 实训步骤

(1) 根据图 5-5 连接电路。

(2) 编写程序。

① 汇编参考程序如下：

```
        ORG    0000H
        AJMP   START
        ORG    0003H
        AJMP   EXINT0
        ORG    0013H
        AJMP   EXINT1
        ORG    0030H
START:
        MOV    SP,#60H      ;设置堆栈
        SETB   IT0          ;设置外部中断
        CLR    IE0
        SETB   EX0
        SETB   IT1
        CLR    IE1
        SETB   EX1
        SETB   EA
        MOV    R1,#02H      ;设置操作标志
LOOP:
        MOV    R0,A
        MOV    A,R1
        SUBB   A,#00H       ;判断是否是00H
        JZ     TTRL
        SUBB   A,#01H       ;判断是否是01H
        JZ     TTRR
        MOV    A,#0FCH
        MOV    P1,A
        AJMP   LOOP
TTRL:
        MOV    A,R0         ;左移的操作
        RL     A
        MOV    P1,A
        ACALL  DELAY
        AJMP   LOOP
```

```
TTRR:
        MOV    A,R0              ;右移的操作
        RR     A
        MOV    P1,A
        ACALL  DELAY
        AJMP   LOOP              ;未接到中断的时候循环等待
EXINT0:
        MOV    R1,#00H
        RETI
EXINT1:
        MOV    R1,#01H
        RETI
DELAY:
        MOV    R7,#5
DELAY1:
        MOV    R6,#200
DELAY2:
        MOV    R5,#250
        DJNZ   R5,$
        DJNZ   R6,DELAY2
        DJNZ   R7,DELAY1
        RET
END
```

②C语言参考程序如下：

```
#include <reg51.h>
extern unsigned char Num,flag=0x02;
void delay()
{
    unsigned int i;
    for(i=0;i<0xffff;i++)
    {
        ;
    }
}
void exint0(void) interrupt 0 using 1
{
    flag=0x00;
}
void exint1(void) interrupt 2 using 1
{
    flag=0x01;
}
void main()
{
```

```
Num = 0xfc;                    //设置外部中断
ITO = 1;
IE0 = 0;
EX0 = 1;
IT1 = 1;
IE1 = 0;
EX1 = 1;
EA = 1;
while(1)
{
    if(flag == 0x00)
    {
        Num = (Num >> 7) + (Num << 1);
        P1 = Num;
        delay();
        delay();
    }
    if(flag == 0x01)
    {
        Num = (Num << 7) + (Num >> 1);
        P1 = Num;
        delay();
        delay();
    }
    else
    {
        P1 = Num;
    }
}
}
```

(3)程序编写完后,进行编译,并生成目标代码。

(4)把程序下载到单片机中,看是否实现两个按键的中断响应功能。

6.注意事项

(1)编写程序要先新建工程项目;

(2)注意矩阵按键中断扫描程序的编写。

7.实训评价

实训评价内容见表5-9。

实训评价表   表5-9

评价内容	评价要求及评分标准	得　分
根据原理图连接电路	连接正确(40分)	
程序编写	编写正确(40分)	
程序编译并下载电路连接	能实现按键扫描(20分)	

8.活动建议

可分组实训,按键中断程序完成后,小组讨论按键扫描的几种方法,各组也可互相评分。

思考练习

一、**客观题**(判断、填空等)

1.MCS-51单片机有6个中断源。(　　　)

2.IP是中断优先寄存器。(　　　)

3.IE中,只有EA是一级控制器,ES是三级控制器,其余的都是二级控制器。(　　　)

4.中断处理过程共有3个阶段。(　　　)

5.中断服务程序的最后一条指令必须是中断返回指令_____。

6.MCS-51单片机中断源默认的自然优先级是由硬件的查询顺序决定的,由高到低的顺序依次是:_____。

二、**简答题**

1.什么是中断?其主要功能是什么?

2.在单片机中,中断能实现哪些功能?

3.MCS-51单片机分别有哪些中断源?

4.什么是中断优先级?中断优先处理的原则是什么?

5.MCS-51单片机在什么条件下可响应中断?

第六章 微控制器的定时和计数系统

第一节 微控制器的定时与计数功能

一 微控制器的定时与计数功能

微控制器既然主要用于控制,必然要涉及时间问题,比如汽车发动机传感器信号的定时检测、脉宽控制或延时控制等问题。另外,在信号输入处理中,还会遇到计数问题,例如对输入脉冲信号的计数以判断汽缸活塞位置和控制点火顺序、车速或轮速测量等。

在各种微控制器中都设置了若干定时/计数器。下面以 MCS-51 系列为例,说明一般微控制器的定时与计数功能。

MCS-51 内部一般设有两个(有的兼容机有 3 个)16 位的定时/计数器。这两个定时/计数器简称定时器 0 和定时器 1,分别记作 T0 和 T1。T0 和 T1 又分成高 8 位和低 8 位两部分,分别记作 TH0、TL0 和 TH1、TL1,在特殊功能寄存器 SFR 表中可以找到它们的位置。

事实上,计时与计数功能并无本质区别,都是在计算输入到定时/计数器的脉冲数。不同的是,作为定时器使用时,输入的是单片机内部对应于机器周期的固定脉冲,因而一定的脉冲数总是对应于一定的时间;而用作计数器使用时,输入的是单片机外部的脉冲信号。

另外,定时/计数器是独立于 CPU 的器件,所以它可以和 CPU 同时工作,运行中并不占用 CPU 的时间。

1. 定时功能

T0 或 T1 设定为定时器工作方式时,它对单片机内部机器周期计数,即每个机器周期使 T0 或 T1 的数值加 1,直到计满溢出为止。我们已经知道,一个机器周期等于 12 个振荡周期,所以若单片机晶体振荡频率是 12MHz,那么最小的计时单位(每计一个数的时间,即一个机器周期)就是 $1\mu s$。

2. 计数功能

T0 或 T1 设定为计数器工作方式时,它通过单片机的引脚 T0(P3.4)和 T1(P3.5)对外部脉冲计数。当输入脉冲信号电平出现由高到低的下降沿时,计数器的数值加 1,直到计满溢出。每个机器周期内只对外部脉冲采样一次,若前一个机器周期采样值为"1",下一次机器周期采样值为"0",计数值才加 1。因此,要采集到脉冲信号电平由高到低的下降沿,需要两个机器周期。由此可知,外部脉冲周期至少要等于 2 个机器周期,即 24 个振荡周期。或者说,外部脉冲频率不能高于晶体振荡频率的 1/24。

二 定时器的控制

定时器有两个控制寄存器 TCON 和 TMOD,用于设置定时器 T0 或 T1 的工作方式,以及控制它们的运行。

1. 定时器控制寄存器 TCON

定时器控制寄存器 TCON 既有中断控制又有定时控制功能,有关中断控制的内容已在前一节中说明,这里将 TCON 中与定时/计数器相关的部分做一介绍,参见前面表 5-1。与定时/计数器控制相关的有以下 4 位。

1)TF0 与 TF1——定时/计数器溢出标志

当定时/计数器的各位由全 1 再变为全 0 时,表示定时已到或计数已满,TF0 或 TF1 就由硬件自动置成 1 作为溢出标志。在中断方式工作时,TF0 或 TF1 就成为中断请求信号。当中断被 CPU 响应后,TF0 或 TF1 就被硬件自动清 0。

2)TR0 与 TR1——定时/计数器 T0 和 T1 的启动/停止控制位

TR0(TR1)=0:停止 T0(T1)工作。

TR0(TR1)=1:启动 T0(T1)工作。

2. 工作方式寄存器 TMOD

定时/计数器 T0 和 T1 本身都可以作定时器和计数器用,同时单片机还为 T0 和 T1 设置了 4 种工作方式,分别称为方式 0、方式 1、方式 2 和方式 3。具体采用哪种方式,可在工作方式寄存器 TMOD 中设定。TMOD 在专用寄存器 SFR 中的地址是 89H,它的各位符号如表 6-1 所示。注意它没有位地址,不可以按位访问,只能以整个字节为单位赋初始值。

工作方式寄存器 TMOD   表 6-1

位	D7	D6	D5	D4	D3	D2	D1	D0
符 号	GATE	C/$\overline{T}$	M1	M0	GATE	C/$\overline{T}$	M1	M0

TMOD 的低 4 位(D0 ~ D3)与高 4 位(D4 ~ D7)的相应位作用相同,低 4 位用于控制 T0,高 4 位用于控制 T1。各位的定义如下。

1)GATE——称为门控位

当 GATE =0 时,定时器的启动不受外部控制,只要用软件使 TR0(或 TR1)置 1 就启动了定时器。而若 GATE =1,则不仅需要 TR0(或 TR1)=1,而且外部引脚$\overline{INT0}$(或$\overline{INT1}$)为高电平时,才能启动定时器工作。

2)C/$\overline{T}$——定时器/计数器选择位

当 C/$\overline{T}$ =0:按定时器方式工作。

当 C/$\overline{T}$ =1:按计数器方式工作。

3)M1M0——工作方式选择位

M1M0 =00:方式 0。

M1M0 =01:方式 1。

M1M0 =10:方式 2。

M1M0 =11:方式 3。

图 6-1 以方式 0 或方式 1 为例,给出定时/计数器 T0 启动控制的逻辑示意图。由图 6-1 可以看出,TR0、GATE 以及$\overline{INT0}$对定时/计数器启动的控制作用。定时器 T1 的控制原理与此完全相同。

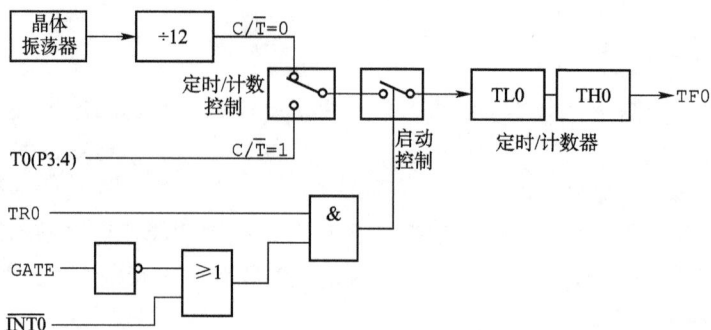

图6-1 定时/计数器 T0 启动控制的逻辑示意图

如图 6-1 所示,当 $C/\overline{T}=0$ 时,定时/计数器作为定时器使用,控制开关接通晶体振荡器经 12 分频后的输出端,此时接通的脉冲周期与机器周期相同。当 $C/\overline{T}=1$ 时,控制开关接通单片机外部引脚 T0(P3.4),作为计数器计外部脉冲数。

定时/计数器的启动控制要受 TR0、GATE 和 $\overline{INT0}$ 诸因素影响。由图 6-1 可以看出,当 GATE $=0$ 时,反相器输出为 1,或门将总是输出 1,与 $\overline{INT0}$ 的状态无关。此时与门的输出仅与 TR0 有关:当 TR0 $=1$ 时与门输出为 1,由此启动定时器 T0;当 TR0 $=0$ 时与门输出为 0,将停止定时器工作。而若 GATE $=1$,反相器输出为 0,此时或门以及与门的输出都与 $\overline{INT0}$ 有关,只有当 $\overline{INT0}=1$、同时 TR0 $=1$ 时,才能启动定时器,当 $\overline{INT0}=0$ 或 TR0 $=0$,都可以停止定时器。

下面举一个例子,说明如何设置工作方式寄存器。

【例6-1】 若要求定时器 T1 作计数器用,以方式 1 工作,且启动不受外部引脚 $\overline{INT1}$ 控制,应如何设置工作方式寄存器 TMOD?

分析:因使用定时器 T1,所以只要设定 TMOD 的高 4 位,低 4 位均可置成 0。由于用作计数器,所以 $C/\overline{T}=1$。要以方式 1 工作,则应使 M1M0 $=01$。因启动不受外部控制,应令门控位 GATE $=0$。由此可得 TMOD 的 8 位应设置成 01010000,即 50H。我们可以用如下指令实现:

MOV TMOD,#50H

注意不能用 SETB 指令对 TMOD 逐位进行设置。

三 定时器的工作方式

定时/计数器的 4 种工作方式:方式 0、方式 1、方式 2 和方式 3 在工作原理方面大同小异,只是在计数容量和计数模式方面有些差别。

1. 方式 0

在单片机中,这是比较"古老"的工作方式(与旧的 48 系列单片机兼容)。按方式 0 工作时,16 位的定时/计数器只用到其中的 13 位。这里以定时器 T0 为例,在按方式 0 工作时,只用 TH0 的 8 位和 TL0 的低 5 位,TL0 的高 3 位不用,如图 6-2 所示。当 TL0 的低 5 位计满(5 位全部是 1)后,就开始向 TH0 进位。当 TH0、TL0 全部计满,即 13 个有效位都是 1 之后,再计数加 1 就变为 13 个 0,也就是出现溢出,溢出标志 TF0 被硬件置成 1。

当用作计数器使用时,最大计数值就是 $2^{13}=8192$,因此计数器的计数范围为 $1\sim8192$。

当用作定时器使用时,由于计一个数需要一个机器周期即 12 个振荡周期,所以最大定时时间就是:

$$2^{13} \times 机器周期 = 2^{13} \times 12 \times 晶振周期 = 2^{13} \times 12/晶振频率$$

例如,若晶体振荡频率 $fosc = 6MHz$,则一个机器周期为 $2\mu s$,最大定时时间就是:

$$2^{13} \times 机器周期 = 2^{13} \times 2\mu s = 16384\mu s \approx 16.4ms$$

实际应用中,不论定时时间还是计数值都是不固定的,例如要求每计数 100 个脉冲就引起中断,或者输出宽度为 10ms 的脉冲,那么应该如何处理呢?我们可以不让定时器从 0 开始、而是从某个数值开始计时或计数,这就涉及计时/计数的初值问题。我们先给定时/计数器一个初值,让它启动时就在这个初值的基础上开始计时或计数,直到计满为止,让所计时间或计数正好达到预定数值。图 6-3 给出计数初值的示意图。这就像运动场上赛跑时,终点是固定的,起跑地点选在不同位置,所跑的路程或时间也就不一样。

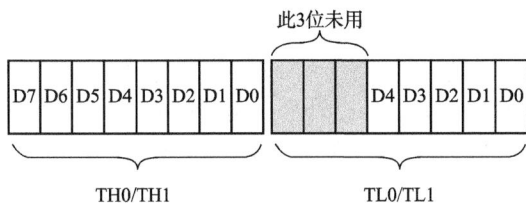

图 6-2　定时/计数器方式 0 示意图　　　图 6-3　计数初值示意图

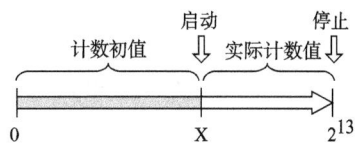

对于方式 0,若设初值为 X,当用于计数器使用时,实际计数值与计数初值的关系是:

$$实际计数值 = 2^{13} - X$$

当用作定时器使用时,实际定时时间与定时器初值以及机器周期(或晶体振荡周期)的关系为:

$$定时时间 = (2^{13} - X) \times 机器周期 = (2^{13} - X) \times 12 \times 晶振周期 = (2^{13} - X) \times 12/晶振频率$$

可以根据这些公式计算出定时/计数器启动时的初值。

2. 方式 1

方式 1 与方式 0 工作原理相同,不同的是使用 16 位定时/计数的方式,定时/计数器的高、低 8 位全部用满。

当用作计数器使用时,最大计数值就是 $2^{16} = 65536$,因此计数器的计数范围为 1 ~ 65536。

当用作定时器使用时,最大定时时间就是:

$$2^{16} \times 机器周期 = 2^{16} \times 12 \times 晶振周期 = 2^{16} \times 12/晶振频率$$

例如,若晶体振荡频率为 6MHz,则一个机器周期为 $2\mu s$,最大定时时间就是:

$$2^{16} \times 机器周期 = 2^{16} \times 2 = 131072\mu s \approx 131ms$$

对于方式 1,若设计数初值为 X,当用于计数器使用时,实际计数值与计数初值的关系是:

$$实际计数值 = 2^{16} - X$$

当用于定时器使用时,实际计时时间与计时初值的关系为:

$$定时时间 = (2^{16} - X) \times 机器周期 = (2^{16} - X) \times 12 \times 振荡周期 = (2^{16} - X) \times 12/晶振频率$$

下面举个例子。

【例 6-2】　如图 6-4 所示,通过定时器 T1 控制 P1.0 引脚上的发光二极管 LED 每秒闪亮一次。设单片机晶振频率为 12Mz,要求使用定时器 T1 以方式 1 工作,并以中断方式编程。

分析:

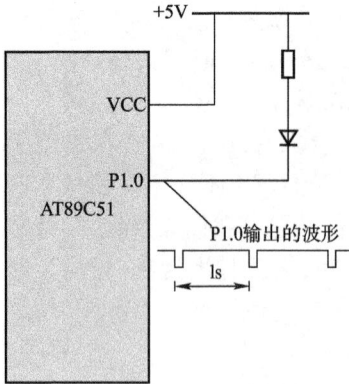

图6-4　定时显示应用举例

(1)本题目实际上是要求 P1.0 引脚产生每秒 1 次的脉冲。对于晶振频率为 12Mz 的单片机,定时器采用方式 1 时,最大计时时间为 $2^{16} \times 1\mu s = 65536\mu s \approx 66ms$,远小于 1s。我们可以令定时器每 50ms 中断一次,这样,连续中断 20 次的时间就是 1s。

(2)定时器 T1 初值计算:

$$(2^{16} - X) \times 1\mu s = 50ms = 50000\mu s$$

可以算出:

$$X = 15536D = 3CB0H$$

因此可令 TH1 = 3CH,TL1 = B0H。

(3)定时器方式寄存器 TMOD 设置:

由于采用 T1,所以 TMOD 的低 4 位不用。由于启动不受外部控制,故 GATE = 0;因作为定时器工作,所以 $C/\overline{T} = 0$;又因采用方式 1,故 M1M0 = 01。由此可得出 TMOD = 00010000B = 10H。

(4)中断设置:

允许定时器 T1 中断,故中断允许寄存器中 EA、ET1 两位都应设置为 1。

(5)中断次数的计算问题:

我们可以使用 R7 计算中断次数。先令 R7 = 20,每中断一次令 R7 减 1,连续中断 20 次就亮一次 LED。

汇编程序如下:

```
                ORG     0000H
                AJMP    MAIN
                ORG     001BH           ;T1 中断入口地址
                AJMP    INTRPT          ;
                ORG     0100H           ;
        MAIN:   MOV     TMOD,#10H       ;设置定时器 T1、计时、方式 1
                MOV     TH1,#3CH        ;设置计数初值
                MOV     TL1,#0B0H       ;
                SETB    EA              ;开中断
                SETB    ET1             ;允许定时器 T1 中断
                SETB    P1.0            ;先熄灭 LED
                MOV     R7,#20          ;计中断次数
                SETB    TR1             ;启动计时
                SJMP    $               ;等待
        INTRPT: MOV     TH1,#3CH        ;重置定时器初值
                MOV     TL1,#0B0H       ;
                DJNZ    R7,NEXT         ;中断不够 20 次则返回
                CLR     P1.0            ;中断够 20 次,点亮 LED
                MOV     R7,#20          ;恢复 R7 初值
                RETI                    ;中断返回
        NEXT:   SETB    P1.0            ;熄灭 LED
                RETI                    ;中断返回
                END
```

C51 语言源程序如下:

```
#include <reg52.h>
#include <intrins.h>
#define UCHAR unsigned char
sbit Led = P1^0;
UCHAR Count1S;
UCHAR flag;
Void main()
{
    Led = 1;        //先熄灭 LED
  TMOD = 0x10;      //定时器 1 工作模式为 16 位
  TH1 = (65536 - 50000) / 256;
  TL1 = (65536 - 50000) % 256;      //装初值
  EA = 1;      //开总中断
  ET1 = 1;      //开定时器 1 中断
  TR1 = 1;      //启动定时器 1
  While(1)
  {
    if (flag == 1)      //定时 1s,LED 灯闪亮一次
    {
      flag = 0;
      Led = 0;      //LED 灯闪亮一次
    }
    else  Led = 1;      //Led 灯保持熄灭状态
  }
}
void timer1() interrupt 3
{
  TH1 = (65536 - 50000) / 256;
  TL1 = (65536 - 50000) % 256;
  Count1S++;
  if(Count1S ==20)      //Count1S ==20 时约为 1s
  {
    flag = 1;
    Count1S = 0;
  }
}
```

3. 方式 2

通过前面的例子可以发现,不论是方式 0 还是方式 1,只要是循环定时或计数,都有一个需要重置计数值的问题。这给编程带来麻烦,也往往会影响计时的精度。方式 2 与此不同,这种方式具有自动重新加载计时/计数初值的功能,因此简化了程序设计。这种工作方式是将定时/计数器的低 8 位 TL0/TL1 用作计时/计数用,而以高 8 位 TH0/TH1 用作存放计时/计数初值的寄存器。当 TL0(或 TL1)计满溢出时,不仅可以令 TF0(或 TF1)置 1,同时

还能够自动将 TH0（或 TH1）的内容重新装入 TL0（或 TL1）中。这种方式只能用到 8 位计时或计数，所以最大计时/计数值不大，具体的分析计算与前面两种方式类似。

最大计数值为：$2^8 = 256$。

最大定时时间为：$2^8 \times$ 机器周期 $= 256$ 个机器周期。

定时/计数初值的算法也与前面类似。作为计数器使用时，若初值为 X，则：

$$实际计数值 = 2^8 - X$$

同理，若作为定时器使用时，若初值为 X，则：

定时时间 $= (2^8 - X) \times$ 机器周期 $= (2^8 - X) \times 12 \times$ 振荡周期 $= (2^8 - X) \times 12/$ 晶振频率

【例 6-3】 设单片机晶振频率为 6MHz，使用定时器 T1 以方式 2 产生周期为 200μs 的连续等宽方波脉冲，并由 P1.1 口输出，如图 6-5 所示。要求用中断方式编程。

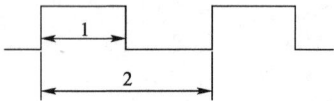

图 6-5 等宽方波脉冲示意图

分析：

（1）要产生周期为 200μs 的等宽方波脉冲，只要在 P1.1 口以 100μs 为定时，交替输出高、低电平即可实现。一旦出现定时溢出中断，就改变一次输出到 P1.1 的电平状态。

（2）计算初值：由于晶振频率为 6MHz，所以一个机器周期是 2μs。设初值为 X，则按照上述公式，有

$$(2^8 - X) \times 2\mu s = 100\mu s$$

由此得出 $X = 256-50 = 206 = \text{CEH}$。因此可令 TH1 = TL1 = 0CEH。

（3）方式寄存器 TMOD 初始化：

因使用定时器 T1，所以低 4 位可全部设为 0，只设置 TMOD 的高 4 位。由于启动不受外部控制，GATE = 0；因按定时器工作，所以 $C/\overline{T} = 0$；又因采用方式 2，故 M1M0 = 10。由此可得出 TMOD = 00100000B = 20H。

（4）中断设置：应允许定时器 T1 中断，故中断允许寄存器中 EA、ET1 两位均为 1，或直接设置 IE = 10001000B = 88H。

汇编程序设计如下：

```
        ORG     0000H
        AJMP    MAIN
        ORG     001BH           ;中断入口地址
        CPL     P1.1            ;P1.1 输出取反
        RETI                    ;中断返回
        ORG     0100H           ;
MAIN:   MOV     TMOD,#20H       ;设置定时器 0 计时方式 2
        MOV     TH1,#0CEH       ;设置计数初值
        MOV     TL1,#0CEH       ;
        MOV     IE,#88H         ;允许定时器 T1 中断
        SETB    TR1             ;启动计时
        SJMP    $               ;等待
        END
```

C51 语言源程序如下：

```
include <reg52.h>
```

```
//#include<STC12C5A60S2.h>
#include<intrins.h>
#define UCHAR unsigned char
sbit Pmw = P1^1;
UCHAR flag;
void main()
{
  Pmw =1;
  LED = 1;
  TMOD = 0x20;        //选用定时器1的方式2
  TH1 = 206;
  TL1 = 206;
  EA =1;
  ET1 =1;
  TR1 =1;
  while(1)
  {
    if(flag)
    {
    flag = 0;
    Pmw = ~ Pmw;
    }
  }
}
/* 定时器的方式2是自动装载初值,在中断函数里面不再需要重新装载初值* /
/* 50uS进入中断函数置位 flag* /
void timer1() interrupt3
{
  flag =1;
}
```

需要注意的是:

(1)使用方式 2 不需要重置计数初值;

(2)由于中断服务程序十分简短,只有两条指令,所以可将它们放在中断入口地址处,不必另写一段中断服务程序。

4. 方式 3

方式 3 是一种比较特殊的使用模式。在方式 0、方式 1 和方式 2 工作时,两个定时/计数器 T0 和 T1 的使用方法完全相同。但是对于方式 3,T0 与 T1 的使用并不相同。

1)T0 的工作方式

在方式 3 下,T0 被拆成两个彼此独立的 8 位定时/计数器 TH0 和 TL0,其中 TL0 的工作可以作定时/计数器使用,不过仅有 8 位,而且占用了整个 T0 的启动控制位 TR0 和溢出标志 TF0。这就使得 TH0 只能用作定时器使用,并且 TH0 又占用了定时器 T1 的启动控制位 TR1 和溢出标志 TF1。

2)T1 的工作方式

由于 T1 的启动控制位 TR1 和溢出标志 TF1 都已经被 TH0 所占用,此时 T1 常常被设置成方式 2,用在既不需要启动控制和溢出中断、又能自动重置计数初值的场合,一般作为串行口波特率发生器使用,以设定串行通讯的速率。

由此可见,当 T0 作方式 3 用时,T1 一般就用作方式 2,两者配合使用。

第二节　定时器/计数器及中断综合应用举例

一　工作任务

用定时/计数器 T0 产生 2s 的定时,每当 2s 定时到来时,更换指示灯闪烁,每个指示闪烁的频率为 0.2s,也就是说,开始 L1 指示灯以 0.2s 的速率闪烁,当 2s 定时到来之后,L2 开始以 0.2s 的速率闪烁,如此循环下去。0.2s 的闪烁速率也由定时/计数器 T0 来完成。其电路原理图如图 6-6 所示。

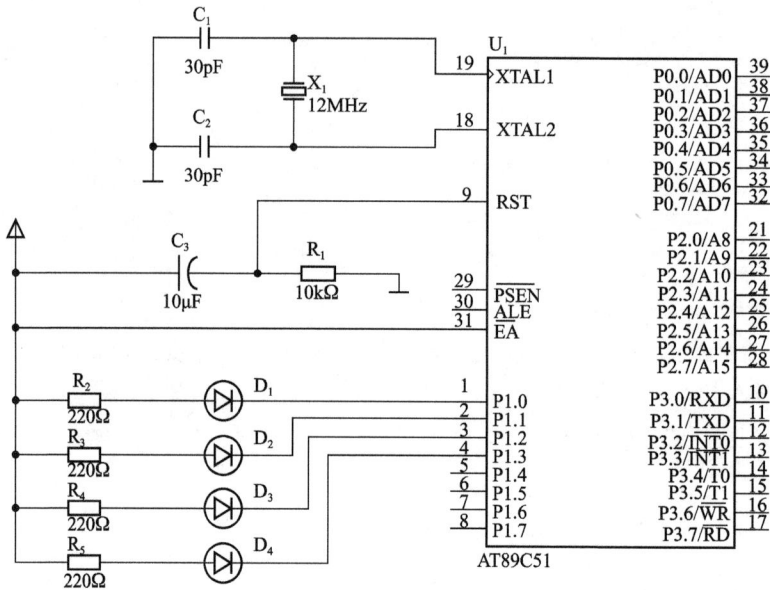

图 6-6　电路原理

二　程序设计

(1)由于采用中断方式来完成,对于定时/计数器 T0 来说,中断入口地址为 000BH,因此在中断入口地址加入长跳转指令来执行中断服务程序。书写汇编源程序格式如下所示:

```
ORG   0000H
LJMP  START
ORG   000BH              ;定时/计数器 T0 中断入口地址
LJMP  INT_T0
START: NOP               ;主程序开始
INT_T0: PUSH ACC         ;定时/计数器 T0 中断服务程序
PUSH PSW
```

```
POP PSW
POP ACC
RETI                    ;中断服务程序返回
END
```

（2）定时 2s，采用 16 位定时 50ms，共定时 40 次才可达到 2s，每 50ms 产生一次中断，定时的 40 次数在中断服务程序中完成，同样 0.2s 的定时，需要 4 次才可达到 0.2s。对于中断程序，在主程序中要对中断开中断。

（3）由于每次 2s 定时到时，$L_1 \sim L_4$ 要交替闪烁。采用 ID 号来识别。当 ID = 0 时，L_1 在闪烁，当 ID = 1 时，L_2 在闪烁；当 ID = 2 时，L_3 在闪烁；当 ID = 3 时，L_4 在闪烁。

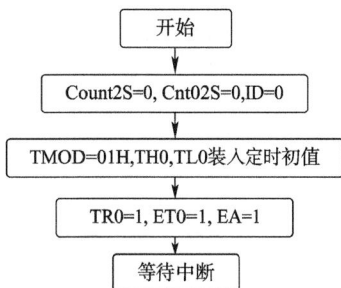

图 6-7　中断服务程序

三　程序框图

T0 中断服务程序框图如图 6-7 所示。

主程序框图如图 6-8 所示。

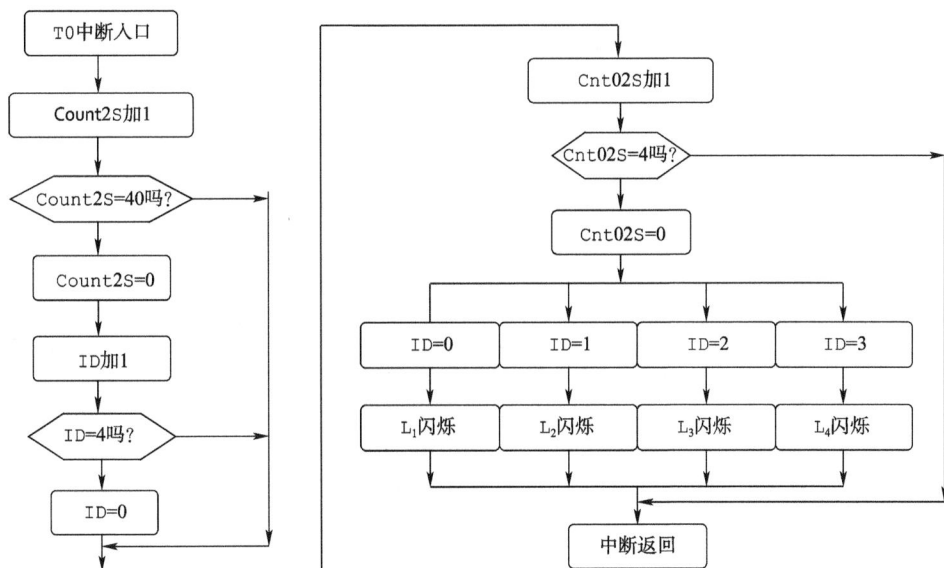

图 6-8　主程序框图

四　汇编源程序

```
TCOUNT2S EQU 30H
TCNT02S EQU 31H
ID EQU 32H

ORG 00H
LJMP START
ORG 0BH
LJMP INT_T0
```

151

```
START:
      MOV TCOUNT2S,#00H
      MOV TCNT02S,#00H
      MOV ID,#00H
      MOV TMOD,#01H
      MOV TH0,#(65536-50000)/256
      MOV TL0,#(65536-50000) MOD 256
      SETB TR0
      SETB ET0
      SETB EA
      SJMP $
INT_T0:
      MOV TH0,#(65536-50000)/256
      MOV TL0,#(65536-50000) MOD 256
      INC TCOUNT2S
      MOV A,TCOUNT2S
      CJNE A,#40,NEXT
      MOV TCOUNT2S,#00H
      INC ID
      MOV A,ID
      CJNE A,#04H,NEXT
      MOV ID,#00H
NEXT:
      INC TCNT02S
      MOV A,TCNT02S
      CJNE A,#4,DONE
      MOV TCNT02S,#00H
      MOV A,ID
      CJNE A,#00H,SID1
      CPL P1.0
      SJMP DONE
SID1:
      CJNE A,#01H,SID2
      CPL P1.1
      SJMP DONE
SID2:
      CJNE A,#02H,SID3
      CPL P1.2
      SJMP DONE
SID3:
      CJNE A,#03H,SID4
      CPL P1.3
SID4:
DONE:
      RETI
      END
```

五 C 语言源程序

定时器 0 中断函数流程如图 6-9 所示,源程序如下。

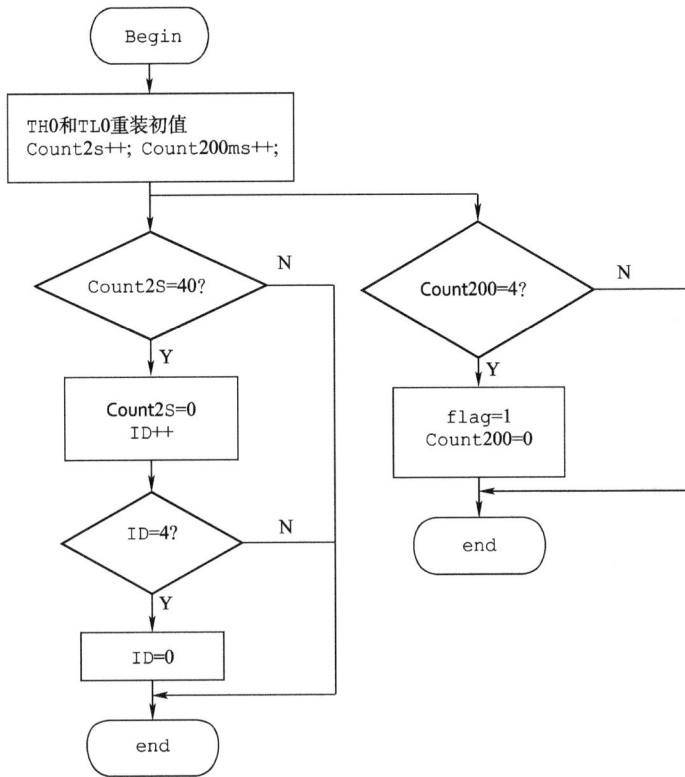

图 6-9　定时器 0 中断函数流程图

```c
#include <reg52.h>
//#include <STC12C5A60S2.h>
#include <intrins.h>
#define UCHAR unsigned char
#define UINT unsigned int
sbit Led1 = P1^0;        //管脚定义
sbit Led2 = P1^1;
sbit Led3 = P1^2;
sbit Led4 = P1^3;
UCHAR Count2S,Count200MS;
UCHAR ID,flag;
void init()
{
    TMOD = 0x01;      //定时器 0 工作模式为 16 位
    TH0 = (65536 - 50000) / 256;
    TL0 = (65536 - 50000) % 256;      //装初值
    EA = 1;      //开总中断
    ET0 = 1;      //开定时器 0 中断
    TR0 = 1;      //启动定时器 0
}
void main()
{
    init();
```

```
while(1)
{
  switch(ID)
   {
    case 0:
      if(flag) //flag==1 执行
        {
          flag = 0;      //flag 标置位清 0
          Led1 = ~Led1;     //Led1 取反
          Led2 = 1;      //Led2,Led3 和 Led4 置 1,灭
          Led3 = 1;
          Led4 = 1;
        }
      break;
    case 1:
      if(flag)
        {
          flag = 0;
          Led1 = 1;
          Led2 = ~Led2;     //Led2 取反
          Led3 = 1;
          Led4 = 1;
        }
      break;
    case 2:
      if(flag)
        {
          flag = 0;
          Led1 = 1;
          Led2 = 1;
          Led3 = ~Led3;     //Led3 取反
          Led4 = 1;
        }
      break;
    case 3:
      if(flag)
        {
          flag = 0;
          Led1 = 1;
          Led2 = 1;
          Led3 = 1;
          Led4 = ~Led4;     //Led4 取反
        }
      break;
```

```
        default:
          break;
        }
      }
    }
void timer0 ( ) interrupt 1
{
    TH0 = (65536 - 50000) / 256;
    TL0 = (65536 - 50000) % 256;
    Count2S ++ ;
    Count200Ms ++ ;
    if(Count2S == 40)      //Count2S ==40 时约为 2s
      {
          Count2S = 0;   //Count2S 清 0
        ID = ID + 1;
         if(ID == 4)
          ID = 0;
      }
    if(Count200MS == 4)      //Count200MS ==4 时,约为 200ms
      {
        Count200MS = 0;
        flag = 1;      //计时到 0.2s,flag 标志位置 1
      }
}
```

技能训练

项目一:每 1s 让 LED 灯闪烁一次的试验

【实训要点】

(1)学会定时器的基本控制方法。

(2)学会用 C51 对定时器进行编程。

【实训方法】

使用 C51 对 STC 单片机的定时器,用 P1.7 引脚控制最小系统板上的 LED 灯,每 1s 闪烁一次。

【实训内容】

1.情景设置

本试验是基于 STC 单片机的定时器,用 P1.7 引脚控制最小系统板上的 LED 灯,每 1s 闪烁一次。

2.技能目标

(1)学会定时中断的使用方法。

(2)学会使用定时器,让 LED 灯每 1s 闪烁一次。

3.相关知识

(1)定时器0工作模式。

(2)中断的使用方法。

4.实训准备

所需仪器及设备条件:STC单片机最小系统板、计算机、串口线。

5.实训步骤

(1)熟悉并连接硬件电路。

(2)按如下的参考程序进行调试。

①汇编参考程序如下:

```
        ORG    0000H
        AJMP   START
        ORG    000BH
        AJMP   _int_T0       ;转T0中断服务程序
        ORG    0030H
START:
        MOV    SP,#60H        ;设置堆栈
        MOV    TMOD,#01H      ;T0为定时状态,工作于方式1
        MOV    TH0,#4CH       ;设置计数初值
        MOV    TL0,#00H       ;定时50ms,XTAL=11.0592MHz
        MOV    R7,#20         ;20×50ms=1s
        SETB   TR0            ;启动T0计数
        SETB   ET0            ;允许T0中断
        SETB   EA             ;开中断
        SETB   P1.7
        MOV    R0,#00H
Loop:
        MOV    A,R0
        JZ     Loop
        MOV    R0,#00H
        CPL    P1.7
        AJMP   Loop
_int_T0:
        MOV    TH0,#4CH       ;设置计数初值
        MOV    TL0,#00H       ;定时50ms,XTAL=11.0592MHz
        DEC    R7
        CJNE   R7,#00,_int_T0_exit
        MOV    R0,#01H
        MOV    R7,#20
_int_T0_exit:
        RETI
```

②C语言参考程序如下:

```
#include <reg52.h>
//#include<STC12C5A60S2.h>
```

156

```c
#include <intrins.h>
#define UCHAR unsigned char
#define UINT unsigned int

#define TIMING0 (65536 - (50000 * 11.0592)/12)

sbit Led = P1^7;
UCHAR flag,Count_500MS;
/************初始化函数******************/
void init()
{
    unsigned char TH0TL0 = TIMING0;

    Led = 1;
    TMOD = 0x01;     //定时器0工作模式为16位
    TH0 = TH0TL0 / 256;
    TL0 = TH0TL0 % 256;     //装初值
    EA = 1;     //开总中断
    ET0 = 1;     //开定时器0中断
    TR0 = 1;     //启动定时器0
}

/****************主程序*****************/
void main()
{
    init();     //初始化定时器
    while(1)
    {
        if (flag == 1)     //定时500ms,LED灯反转一次
        {
            flag = 0;
            Led = ~Led;     //LED灯反转一次
        }

    }
}

/*****定时器0中断函数************************/
/* 50ms执行一次定时器0中断函数* /
void timer0() interrupt 1
{
    unsigned char TH0TL0 = TIMING0;

    TH0 = TH0TL0 / 256;
```

```
        TL0 = TH0TL0 % 256;      //装初值
        Count_500MS ++;
        if(Count_500mS == 10)     //Count_500ms ==10 时约为 500ms
          {
              Count_500mS = 0;
              flag = 1;
          }
}
```

(3) 改写程序,使 LED 每 2s 闪烁一次,并调试。

6. 注意事项

(1) 输入时采用英文输入法,特别是标点符号,否则编译器无法编译。

(2) 不要直接用手在板上摸电子元器件。

(3) 用串口 RS232 下载 51 Mini Board 实验板的单片机程序时,P1.0 和 P1.1 这两个端口都要接 GND,每下载一次程序都要给实验板断电,再重新上电操作。

(4) 注意接线要正确,尤其电源线切不可接错。如使用可调电压的直流稳压电源作单片机电源,一定注意电压不可调得过高。

(5) 直流电源的极性切不可接反,正负极之间切不可断路。

(6) 不要带电插拔元器件。

(7) 实验结束后,注意将仪器、设备、导线都整理好。

7. 实训评价

实训评价内容见表 6-2。

实 训 评 价 表

表 6-2

评 价 内 容	评价要求及评分标准	得　分
连接电路	连接正确(20分)	
LED 闪烁频率 1Hz 程序编写	调试正确(60分)	
LED 闪烁频率 0.5Hz 程序编写	调试正确(20分)	

8. 活动建议

(1) 两个同学为一组进行调试。

(2) 实验报告应包括以下内容:

①实验名称;

②实验目的;

③所需仪器设备;

④实验项目内容和步骤;

⑤简单的电路示意图;

⑥总结、经验和体会。

项目二:LED 数码管的计时显示

【实训要点】

(1) 学会定时器的基本控制方法。

(2)学会用 LED 数码管对计时进行显示。

【实训方法】

(1)编写相应程序。

(2)在编译环境中调试程序。

【实训内容】

1.情景设置

按照图 6-10(同图 3-18)连接线路,编写并调试在 4 个数码管中循环显示从"00.0"秒到"99.9"秒的累加计时程序。

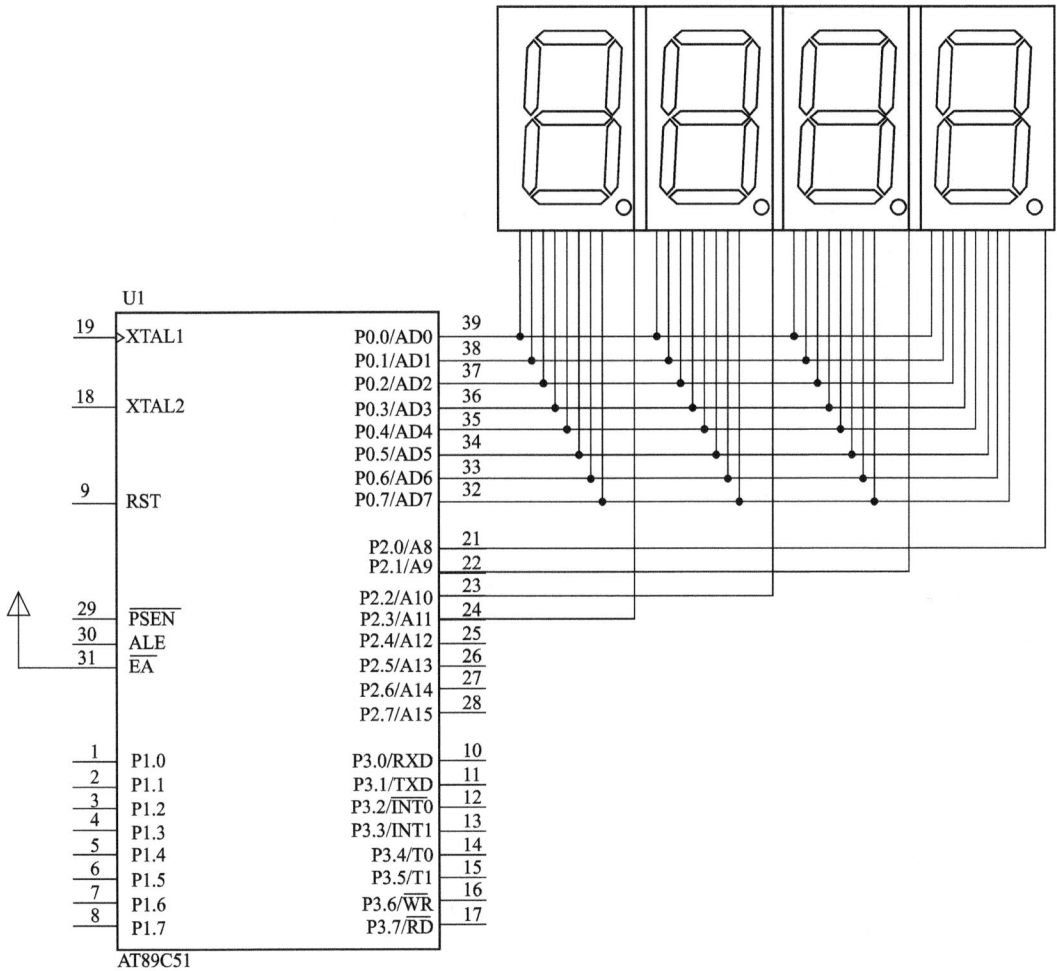

图 6-10　LED 数码管显示接线图

2.技能目标

(1)学会定时中断的使用方法。

(2)学会 LED 数码管的显示方法。

3.相关知识

(1)掌握定时器工作模式。

(2)掌握 LED 数码管显示方法。

(3)系统整体规划:

①先利用 1 个定时器设定一个 100ms 的时间中断,然后在相应的定时中断服务程序中对累计的时间进行调整。

②对图 6-10 中的 4 个 LED 数码管,只能依次显示每个数码管,也就是说,在某一具体时刻,只能显示其中 1 个。但由于存在视觉暂留现象(Visual staying phenomenon,duration of vision),又称"余晖效应",只要轮循显示这 4 个 LED 数码管达到每秒最少 24 次,就会感觉到 4 个 LED 数码管被始终点亮。因此,在程序中可设定 1 个小于 10ms 的时间中断用于依次显示这 4 个 LED 数码管。

4.实训准备

PC 机一台、KEIL C51 编译环境,以及 4 个共阴极 LED 数码管。

5.实训步骤

(1)根据图 6-10 连接电路。

(2)编写程序。

①汇编参考程序如下:

```
        LED    equ   30h      ;累计计时时间存储的起始单元,共4字节


        ORG    0000H
        LJMP   START          ;转主程序
        ORG    000BH
        LJMP   _int_T0         ;转T0中断服务程序
        ORG    001BH
        LJMP   _int_T1         ;转T1中断服务程序


        ORG    0100H
TABLE:  DB     0C0H,0F9H,0A4H,0B0H,99H,92H,82H,0F8H,80H,90H ;共阳极,数字0~9
TABLE:  DB     3FH,06H,5BH,4FH,66H,6DH,7DH,07H,7FH,6FH ;共阴极,数字0~9
TB_dp:  DB     80H            ;小数点dp,共阳极时为7fh


START:
        MOV    SP,#40H

        MOV    R0,#LED         ;时间清0
        CLR    A
        MOV    @R0,A           ;100ms
        INC    R0
        MOV    @R0,#10         ;dp,固定偏移量取值为#10
        INC    R0
        MOV    @R0,A           ;1s
        INC    R0
        MOV    @R0,A           ;10s

        MOV    TMOD,#11H       ;T0T1为定时状态,工作于方式1
        MOV    TH0,#4cH        ;TH0TL0
        MOV    TL0,#00H        ;定时50ms,XTAL=11.0592MHz
```

```
        MOV    R7, #2            ; 2×50ms =100ms
        MOV    R6, #0            ; R6 等于 0,1,2,3 时分别显示相应 LED
        MOV    TH1,#0dcH         ; TH1TL1
        MOV    TL1,#00H          ; 定时 10ms
        SETB   PT1               ; T1 高优先级
        SETB   TR1               ; 启动 T1 计数
        SETB   ET1               ; 允许 T1 中断
        SETB   TR0               ; 启动 T0 计数
        SETB   ET0               ; 允许 T0 中断
        SETB   EA                ; 开中断
        SJMP   $


_int_T0:
        MOV    TH0,#4cH          ; TH0TL0
        MOV    TL0,#00H          ; 定时 50ms, XTAL =11.0592MHz
        DJNZ   R7, _iT0_quit
        MOV    R7, #2            ; 2×50ms =100ms


        MOV    R0, #LED          ; 调整时间,100ms
        CJNE   @ R0, #09, _iT0_1
        MOV    @ R0, #00
        INC    R0                ; 调整时间,dp
        INC    R0                ; 调整时间,1s
        CJNE   @ R0, #09, _iT0_1
        MOV    @ R0, #00
        INC    R0                ; 调整时间,10s
        CJNE   @ R0, #09, _iT0_1
        MOV    @ R0, #00         ; 调整时间
_iT0_quit:
        RETI
_iT0_1:
        INC    @ R0              ; 调整时间
        SJMP   _iT0_quit


_int_T1:
        MOV    TH1,#0dcH         ; TH1TL1
        MOV    TL1,#00H          ; 定时 10ms


        MOV    P0,#00H
        MOV    P2,#0FFH          ; 清 LED
        MOV    A, #LED
        ADD    A, R6
        MOV    R1, A
        MOV    A, @ R1
```

```
        MOV     DPTR, #TABLE
        MOVC    A, @ A + DPTR
        CJNE    R6, #0, _iT1_1
        INC     R6
        CLR     P2.0            ; 显示时间,100ms
        MOV     P0, A
        SJMP    _iT1_quit
_iT1_1:
        CJNE    R6, #1, _iT1_2
        INC     R6
        CLR     P2.1            ; 显示时间,dp
        MOV     P0, A
        SJMP    _iT1_quit
_iT1_2:
        CJNE    R6, #2, _iT1_3
        INC     R6
        CLR     P2.2            ; 显示时间,1s
        MOV     P0, A
        SJMP    _iT1_quit
_iT1_3:
        MOV     R6, #0          ; R6 等于 0,1,2,3 时分别显示相应 LED
        CLR     P2.3            ; 显示时间,10s
        MOV     P0, A
_iT1_quit:
        RETI
        END
```

②C 语言参考程序如下:

```
#include < reg51.h >
  //unsigned char code table[] = {0xc0,0xf9,0xa4,0xb0,
  //0x99,0x92,0x82,0xf8,
  //0x80,0x90,0x7f};      //共阳极,数字 0 ~ 9,dp
  unsigned char code table[] = {0x3F,0x06,0x5B,0x4F,
                     0x66,0x6D,0x7D,0x07,
                     0x7F,0x6F,0x80};      //共阴极,数字 0 ~ 9,dp
  unsigned char data LED[4];      //累计计时时间存储单元,共 4B
  unsigned char data CUNT_100ms, CUNT_LED;


#define TIMING0 (65536 - (50000* 11.0592)/12)
#define TIMING1 (65536 - (10000* 11.0592)/12)


void main ( )
{
  unsigned char i;
  unsigned int TH1TL1 = TIMING1;
```

```
  unsigned int TH0TL0 = TIMING0;

  for (i=0;i<=3;i++)
  {
    LED[i]=0;                //时间存储单元置初值
  }
  LED[1]=10;               //显示小数点 dp,值恒为 10

  TMOD=0x11;      //T0T1 为定时状态,工作于方式 1
  TH0 = TH0TL0 /256;      //TH0TL0
  TL0 = TH0TL0 % 256;     //定时 50ms,XTAL =11.0592MHz
  CUNT_100ms =2;     //2×50ms=100ms
  TH1 = TH1TL1 /256;      //TH1TL1
  TL1 = TH1TL1 % 256;     //定时 10ms,XTAL =11.0592MHz

  CUNT_LED =0;      //CUNT_LED 等于 0,1,2,3 时分别显示相应 LED

  PT1 =1;         //T1 高优先级
  TR1 =1;         //启动 T1 计数
  ET1 =1;         //允许 T1 中断
  TR0 =1;         //启动 T0 计数
  ET0 =1;         //允许 T0 中断
  EA =1;          //开中断
  while(1);
}

void timer0() interrupt 1
{
  unsigned int TH0TL0 = TIMING0;

  TH0 = TH0TL0 /256;      //TH0TL0
  TL0 = TH0TL0 % 256;     //定时 50ms,XTAL =11.0592MHz
  if(--CUNT_100ms == 0)
  {
    CUNT_100ms =2;              //2×50ms=100ms

    if (LED[0]! =9)            //调整时间存储单元的值
    {  LED[0] = LED[0] +1;}
    else
    {
      LED[0] =0;
      if (LED[2]! =9)
      {  LED[2] = LED[2] +1;}
      else
```

163

```c
        {
          LED[2] = 0;
          if (LED[3]! =9)
          {  LED[3] = LED[3] +1;}
          else
          {  LED[3] =0;}
        }
      }
    }
  }
}

void timer1() interrupt 3
{
  unsigned int TH1TL1 = TIMING1;

  TH1 = TH1TL1 /256;      //TH1TL0
  TL1 = TH1TL1 % 256;      //定时10ms, XTAL =11.0592MHz

  P0 =0x00;
  P2 =0xFF;        //清 LED 显示

  P0 =table[LED[CUNT_LED]];      //LED 显示
  switch(CUNT_LED)
  {
    case 0:          //P2.0
      {
        P2& =0xFE;      //P2.0 =0
        CUNT_LED ++;
      }
      break;
    case 1:          //P2.1
      {
        P2& =0xFD;      //P2.1 =0
        CUNT_LED ++;
      }
      break;
    case 2:          //P2.2
      {
        P2& =0xFB;      //P2.2 =0
        CUNT_LED ++;
      }
      break;
    case 3:          //P2.3
      {
```

```
        P2 & = 0xF7;    //P2.3 = 0
        CUNT_LED = 0;
    }
    break;
  }
}
```

（3）程序编写完后,进行编译,并生成目标代码。

（4）把程序下载到单片机中,确认在4个数码管中循环显示从"00.0"秒到"99.9"秒的累加计时。

6.注意事项

（1）编写程序要先新建工程项目。

（2）注意定时中断程序的功能和编写。

7.实训评价

实训评价内容见表6-3。

实 训 评 价 表   表6-3

评 价 内 容	评价要求及评分标准	得　　分
根据原理图连接电路	连接正确(40分)	
程序编写	编写正确(40分)	
程序编译并下载电路连接	能实现正确计时显示(20分)	

8.活动建议

可分组实训,程序完成后,小组讨论,各组也可互相评分。

思考练习

简答题

1.在本章技能训练项目一中,如要使10sLED灯闪烁一次,程序应该如何改?

2.定时中断是如何实现的?

3.晶振频率6MHz,要求用T1、方式1、定时时间2000μs,求计时初值X。

串行通信传送信息时，传输线上传送的是由 0 和 1 组成的编码。

如图 7-1a)所示，在进行通信过程中，通信线上的信号波形都是一些高低电平信号。要想通信成功，预先制定严格而详细的通信协议或标准就是一件极为重要的事情。这些标准或协议，至少应包括：信息传输的速率、传送字符的格式、发送和接收的起始和结束约定以及信号电平的电压等。确定了通信标准或协议后，就可以将信号线上的高低电平识别为确定的数据信息，如图 7-1b)所示。

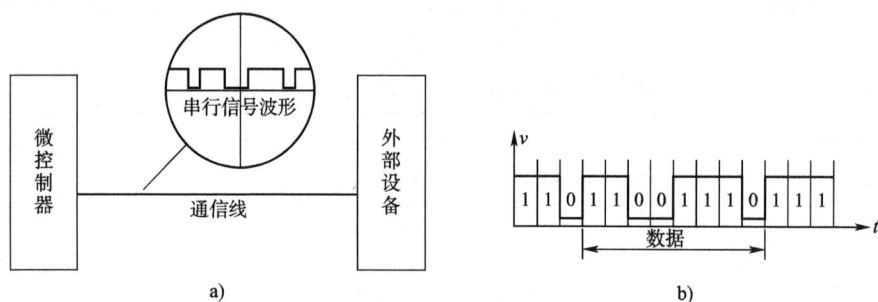

图 7-1　串行通信信号波形与数据
a)通信线上的信号波形；b)确定通信协议后的数据

第一节　串行通信的基本知识

一　串行数据按传送方向的分类

根据数据在通信线路上传送方向的复杂程度，串行通信可分为 3 种方式：单工方式、半双工方式以及全双工方式，如图 7-2 所示。

1. 单工方式

单工(Simplex)方式是最简单的传送方式，在这种方式下，需要通信的两个设备中一方固定为发送方，另一方固定为接收方，只允许数据信息由发送方向接收方传送，因此只需要一条数据传输线，一根共地线，如图 7-2a)所示。

2. 半双工方式

在半双工(Half Duplex)方式下，数据的传输可以是双向的，但任何时刻只能由一方发送数据，另一方接收数据，如图 7-2b)所示。此时通信双方都要有发送和接收信息的能力，双方之间也可以仅用一条数据线，一根共地线，但数据线上的信息流动则是双向的。

3. 全双工方式

全双工(Full Duplex)是最完善的通信方式,通信双方也都要有发送和接收信息的能力,这种方式允许通信双方同时传送数据信息,因此需要两条数据传输线,一根共地线,如图7-2c)所示。

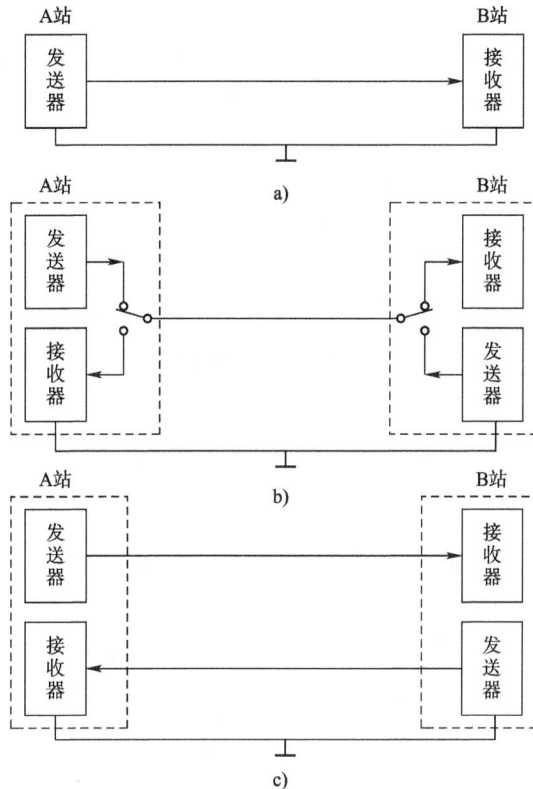

图7-2 串行通信的传输方式
a)单工方式;b)半双工方式;c)全双工方式

二 串行通信的两种字符格式

在串行通信中不仅需要传送有效的字符代码,还需要传送一些诸如起始/停止以及校验等方面的控制信息,因此需要规定通信字符的格式。

串行通信根据双方工作是否同步,可以分为异步通信与同步通信两种方式,这两种方式使用的字符格式有所不同。

1. 异步通信(Asynchronous Communication)的字符格式

异步通信是单片机最常用的一种方式。在异步通信中,要传输的字符或数据除了必须包含字符数据本身的各位(bit)外,还应包括开始和结束等控制信息。这些信息的组合称为"帧"(Frame),每一帧的数据格式如图7-3所示。

一个完整的帧格式由起始位、数据位、奇偶校验位和停止位4部分组成。

(1)起始位:规定为0(低电平),标志着发送字符的开始。

(2)数据位:数据位接在起始位后,规定发送顺序低位在前,高位在后,因字符编码方式的不同,数据位可以是5~8位。

(3)奇偶校验位:类似于程序状态字 PSW 中的奇偶校验标志,用于对传送字符的正确性检查。若发送方发出的奇偶校验位与接收方核查的奇偶校验结果不同,则说明通信有误。奇偶校验位是可以选择的,可规定为奇校验、偶校验或无校验。无校验时,此位可略去。

(4)停止位:规定为1(高电平),表示字符传送结束。停止位可以是1位、1.5位或2位。接收端收到停止位后,知道字符已经发送完毕。

(5)空闲位:在停止位后就可以以"0"为起始位发送下一个字符。若不是紧接着传送下一个字符,则应使线路保持高电平"1"。这些"1"就形成若干个空闲位。

若使用ASCII编码传送字符,其数据位是7位,加上一个起始位、一个停止位和一个奇偶校验位,则一帧共有10位。例如字符"9"的ASCII码是39H,即0111001,加上起始位0、奇偶校验位0和停止位1,整个一帧的信息就是0011100101。

由此可见,在进行异步通信时,发送方以"帧"为单位发送字符或数据,接收方收到一个完整的"帧"信息后,去掉起始、结束等位,就得到有效字符数据。在实际异步通信过程中,所传输的各数据字符之间可以有一定的时间间隔,而且间隔的长短也是不固定的。例如用键盘输入字符就是一个典型的例子。输入时键入字符的速度可快可慢,而计算机都能够及时接收这些字符信息。

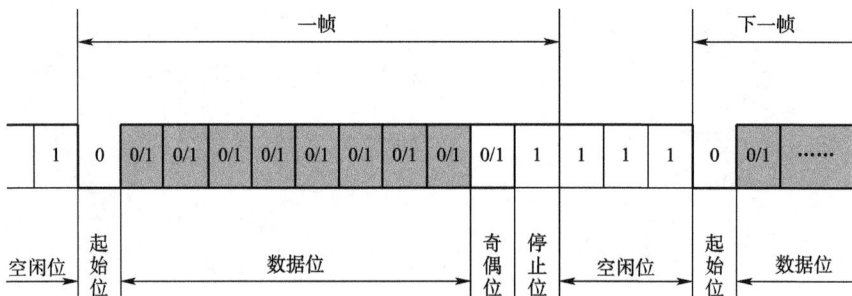

图7-3 异步通信的字符格式

2. 同步通信(Synchronous Communication)的字符格式

在同步通信方式中,要传送的字符与字符之间没有间隙,也不用起始位和停止位,只是在传送数据开始时用1~2个同步字符SYN(对应的ASCII码是16H,见附录B)来指示同步通信开始,接着就连续发送整个数据块的全部字符,数据块发送结束时再发送1~2个检验字符。同步通信的字符格式见图7-4。为保证接收正确无误,发送方除了发送数据外,还要将时钟信号发送给对方。

同步通信速度快、效率高,但硬件电路比较复杂。

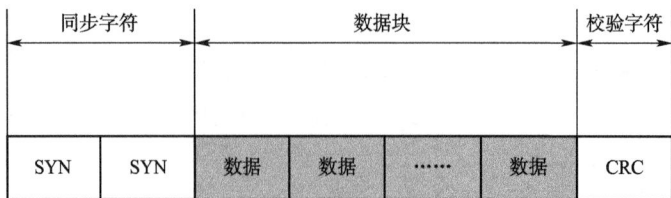

图7-4 同步通信的字符格式

三 波特率(Baud Rate)

波特率即数据传送的速率,它表示每秒钟传送的二进制代码的位数,单位是bit/s(位/秒),一般写成bps。即

$$1 \text{ 比特} = 1\text{bit/s}$$

例如,若使用波特率为 1200bps,异步通信字符格式为 8 个数据位、1 个起始位和 1 个停止位,即 10 位/帧,那么每秒钟能够传送的字符数就是:

$$1200(\text{bit/s}) \div 10(\text{bit/字符}) = 120(\text{字符/s})$$

显然,波特率越高,通信速度也越快,但波特率的提高要受到硬件条件的限制。异步通信的波特率是有标准规定的,一般在 50 ~ 19200bps 之间。

四 RS-232 总线标准

串行异步通信常常采用总线形式的标准接口,或称标准总线。常用的有 RS-232C、RS422、RS423、RS485 等标准总线,都是美国电子工业协会(EIA)公布和推荐的。各种标准总线中的每条线的功能、通信速率以及传输距离等都有具体规定。下面简单介绍一下 RS-232C 总线标准。

1. RS-232C 的引脚定义

RS-232C 总线是目前全世界应用最广泛的串行通信标准。该标准定义了 25 条信号线,通信线两端都使用 25 脚的 D 型插头插座与通信设备连接,称为 DB-25 连接器,如图 7-5a)所示。各信号线的定义见表 7-1。其中许多信号是为通信业务或信息控制而定义的,一般串行通信中常用的信号线只有其中的 9 条,相应地可使用 9 脚 D 型连接器 DB-9,见图 7-5b)。实际上,最简单的全双工通信仅需要其中的 3 条线:发送数据线 TXD、接收数据线 RXD 以及信号地线 SG。

2. RS-232C 的数据信号电平标准

RS-232C 使用的信号电平与一般单片机不同。RS-232C 规定数据信号采用负逻辑,即 +5V ~ +15V 表示逻辑"0", -5V ~ -15V 表示逻辑"1"。因此 RS-232C 的信号

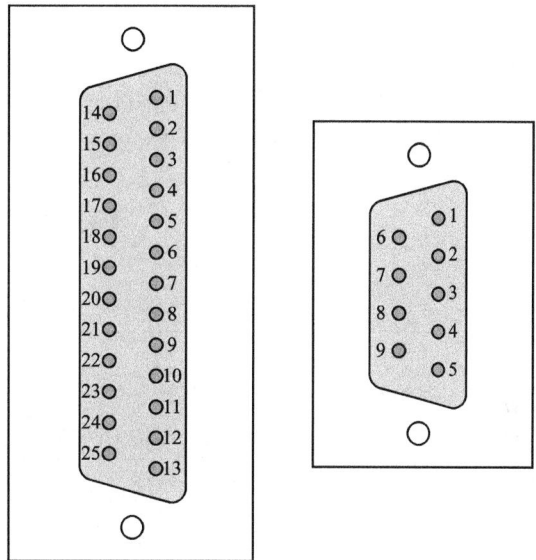

a)DB-25型连接器   b) DB-9型连接器

图 7-5 RS-232C 引脚标准

线不能直接连到单片机上,必须通过电平转换的接口电路,如 MC1488、MC1489 等。前者将单片机用的 TTL 电平(0 ~ 5V)转换为 RS-232C 电平,后者则相反,将 RS-232C 电平转换为 TTL 电平。

9 针 RS-232C 插座引脚信号(DB9)定义表   表 7-1

9 针引脚号	符 号	定 义	9 针引脚号	符 号	定 义
1	CD	载波信号检测	6	DSR	数据准备就绪
2	RXD	接收数据	7	RTS	请求发送
3	TXD	发送数据	8	CTS	清除发送
4	DTR	数据终端准备就绪	9	RI	振铃指示
5	GND	信号地			

3. 最大传输距离与传输速率

RS-232 标准规定最大传输距离为 15m, 最高传输速率约为 20kbps。

对于大多数单片机和计算机来说, 采用 RS-232 标准通信时, 只用其中少数几条线就可以完成基本的通信工作。比较简单的情况如图 7-7 所示, 两台单片机之间只用了数据发送接收和信号地三条线。每台单片机的信号线经过电平转换电路转换成 RS-232C 标准电平, 再经过 RS232C 标准连接器(如 DB-9)与通信线连接。此时, 只要将甲方的发送端 TXD 与乙方的接收端 RXD 相连, 甲方的 RXD 与乙方的 TXD 相连, 再将信号地连在一起即可进行通信。

如果两台单片机距离很近(例如只有 1~2m), 也可以省去 RS-232C 接口, 而将两台单片机的串行口直接相连, 就可以实现全双工通信, 详见下面串行口工作方式 1 的举例。

第二节 MCS-51 串行接口的控制寄存器

MCS-51 有一个标准串行通信接口, 为全双工结构, 可以同时发送和接收。发送和接收寄存器都是通过寄存器 SBUF 进行访问来实现。写 SBUF 发起一次串行数据发送, 读 SBUF 则获取缓冲区已经接收到的数据。MCS-51 中的这个全双工串行通信接口就是一个通用的异步接收/发送器(Universal Asynchronous Receiver/Transmitter, UART)。MCS-51 中与串行通信相关的寄存器如表 7-2 所示。

与串行通信相关的寄存器 表 7-2

符号	功 能	地址	位地址及符号								复位值
			MSB							LSB	
SCON	串行口控制	98H	SM0/FE	SM1	SM2	REN	TB8	RB8	TI	RI	00H
SUBF	串口数据缓冲区	99H									××H
PCON	电源控制	87H	SMOD	SMODO		~~FOF~~	~~GF1~~	~~GF0~~	~~PD~~	~~IDL~~	00×××000B
IE	中断使能	A8H	EA		~~ET2~~	ES	~~ET1~~	~~EX1~~	~~ET0~~	~~EX0~~	00H
IP	中断优先级	B8H			~~PT2~~	PS	~~PT1~~	~~PX1~~	~~PT0~~	~~PX0~~	00H

■ 串行端口控制寄存器 SCON

串行端口控制及状态寄存器 SCON 的定义如表 7-3 所示, 其中包括模式选择位、发送和接收的第 9 位数据(TB8 及 RB8)以及串行端口中断位(TI 及 RI)。

SCON 定 义 表 7-3

SCON:地址 98H,可位寻址,复位值 00H								
位	B7	B6	B5	B4	B3	B2	B1	B0
名 称	SM0/FE	SM1	SM2	REN	TP8	RB8	TI	RI

(1)SCON.7FE:帧错误位。当检测到一个无效停止位时通过 UART 接收器设置该位, 但它必须由软件清零, 要使该位有效, PCON 寄存器中的 SMOD0 位必须置 1。

(2)SCON.7SM0 和 SM1:定义串口操作模式。要使该位有效, PCON 寄存器中的 SMOD0 必须置 0。

(3)SCON.6SM1 和 SM0:定义串行口操作模式见表 7-4。

SM1	SM0	UART 模式	波特率
0	0	方式 0:同步移位寄存器	fosc/12(1 时钟模式) fosc/6(6 时钟模式)
0	1	方式 1:8 位 UART	可变
1	0	方式 2:9 位 UART	fosc/64 或 fosc/32(12 时钟模式) fosc/32 或 fosc/16(6 时钟模式)
1	1	方式 3:9 位 UART	可变

(4)SCON.5 SM2:在模式 2 和 3 中多处理机通信使能位。在模式 2 或 3 中,若 SM2 = 1,且接收到的第 9 位数据(RB8)是 0,则 RI(接收中断标志)不会被激活。在模式 1 中,若 SM2 =1 且没有接收到有效的停止位,则 RI 不会被激活。在模式 0 中,SM2 必须是 0。

(5)SCON.4 REN:允许接收位。由软件置位或清除。REN =1 时,允许接收。REN =0 时,禁止接收。

(6)SCON.3 TB8:模式 2 和模式 3 中发送的第 9 位数据。可以按需要由软件置位或清除。

(7)SCON.2 RB8:模式 2 和模式 3 中接收的第 9 位数据。在模式 1 中或 SM2 =0 时,RB8 是已接收的停止。

(8)SCON.1 TI:发送中断标志。模式 0 中,在发送完第 8 位数据时,由硬件置位。在其他模式中在发送停止位之初,由硬件置位。在任何模式中,都必须由软件来清除 TI。

(9)SCON.0 RI:接收中断标志。模式 0 中接收第 8 位结束时由硬件置位。其他模式中在接收停止位的中间时刻由硬件置位。在任何模式(SM2 所述情况除外)中必须由软件清除 RI。

二 串行数据缓冲寄存器 SBUF

串行口缓冲寄存器的地址是 99H,实际上是两个缓冲器,写 SBUF 操作完成待发送数据的加载,读 SBUF 操作可获得已接收到的数据。两个操作分别对应两个不同的寄存器,一个是只写寄存器,一个是只读寄存器。

三 电源控制寄存器 PCON

电源控制寄存器 PCON 的定义如表 7-5 所示,其中与串行通信相关的为 SMOD 位与 SMOD0 位。

PCON 定 义   表 7-5

PCON:地址 87H,不可位寻址,复位值 00××000B								
位	B7	B6	B5	B4	B3	B2	B1	B0
名称	SMOD	SMOD0		POF	GF1	GF0	PD	IDL

(1)SMOD:波特率选择位。当用软件置位 SMOD,即 SMOD =1,则串行通信方式 1、2、3 的波特率加倍;SMOD =0,则各工作方式的波特率不加倍。复位时,SMOD =0。

(2)SMOD0:帧错误检测有效控制位。当 SMOD0 =1,SCON 寄存器中的 SMO/FE 用于 FE(帧错误检测功能);当 SMOD0 =0,SCON 寄存器中的 SMO/FE 用于 SM0,和 SM1 一起指定串行口的工作方式。复位时 SM0 = 0。

四 中断使能寄存器 IE

中断使能寄存器 IE 的定义如表 7-6 所示,其中串行通信相关为 EA 位与 ES 位。

IE 定义

表 7-6

IE:地址 A8H,可位寻址,复位值 00H							
位	B7	B6	B5	B4	B3	B2	B1	B0
名称	EA		ET2	ES	ET1	EX1	ET0	EX0

(1)EA:CPU 的总中断允许控制位。EA = 1 开放中断,EA = 0,即关闭所有中断申请。EA 的作用是使中断允许形成多级控制。即各中断源首先受 EA 控制,其次还受各中断源自己的中断允许位控制。

(2)ES:串行中断允许位控制。ES = 1,允许串行口中断;ES = 0,禁止串行口中断。

五 中断优先级寄存器 IP

中断优先级寄存器 IP 的定义如表 7-7 所示,其中串行通信相关为 PS 位。

IP 定义

表 7-7

IE:地址 b8H,可位寻址,复位值 00H							
位	B7	B6	B5	B4	B3	B2	B1	B0
名称			PT2	PS	PT1	PX1	PT0	PX0

PS:PS = 1 时,串行口中断为高优先级;PS = 0 时,串行口中断为低优先级。

第三节 MCS-51 串行接口的工作方式

单片机串行口的 4 种工作方式中,方式 0 主要是用作移位寄存器的串行信号传输,方式 1、2 和方式 3 才是真正的串行通信方式。

一 方式 0

方式 0 仅以 8 位数据为一帧,不设起始位和停止位。它是一种同步移位寄存器输入/输出方式,主要用于扩展并行 I/O 口。也就是说,方式 0 可以将单片机串行口扩展为一个并行口。如图 7-6 所示,串行数据通过 RXD 输入或输出,而 TXD 用于输入同步移位时钟脉冲,即外接器件的同步信号。由此可见,在方式 0 下,TXD 和 RXD 的功能是很特殊的,并非一般用法。这样,利用外接的移位寄存器,就可以实现单片机串行输出转变为并行输出,或将并行输入转为串行输入。图 7-6 表示了两种连接方法。其中图 7-6a)扩展为并行输出口,图 7-6b)扩展为并行输入口。图中,芯片 CD4094 是一种"串入并出"的移位寄存器,CD4014 是"并入串出"移位寄存器。也可以用其他的移位寄存器如 74LS164(串入并出)、74LS165(并入串出)等实现同样的功能。在方式 0 下,数据传输的波特率是固定的,等于单片机晶振频率的 1/12,也就是一个机器周期移动一位。若用 f_{osc} 表示晶振频率,则有:

$$方式 0 的波特率 = \frac{f_{osc}}{12}$$

(7-1)

1.发送数据

发送数据时,如图7-6a)所示,必须令串行口控制寄存器 SCON 的 TI=0。此时如果 CPU 执行 MOV SBUF,A 指令,即将数据写入发送缓冲器 SBUF。然后,在 TXD 发出的移位时钟脉冲控制下,数据在 RXD 引脚从高位到低位依次逐位地移入 CD4094。当8位数据全部移入后,单片机的发送中断标志 TI 自动置1,向 CPU 发出中断请求。

CD4094 的 STB 是移位寄存器的控制端,在数据移动过程中须将 STB 置0以关闭4094 的并行输出。当数据传送完毕,应令 STB 置1,以实现数据并行输出。

当 CPU 响应中断后,应用软件将 TI 标志清0。

2.接收数据

利用方式0,可以将一个8位的数据通过串行口输入的单片机,见图7-6b)。当 SCON 中的 RI=0、并且 REN=1(接收允许)时,即启动了数据接收操作。在单片机 TXD 端输出的移位时钟脉冲控制下,CD4014 内的8位数据便从高到低逐位依次通过 RXD 端口传送到串行口内的移位寄存器并进而装入接收缓冲器 SBUF。

在接收过程中,须将4014的控制端 P/S 置0以禁止并行输入。当数据被装入 SBUF 后,RI 被自动置1,向 CPU 发出中断请求。CPU 响应中断后,可用指令 MOV A,SBUF 将数据送入累加器 A。然后用软件将 RI 清0。

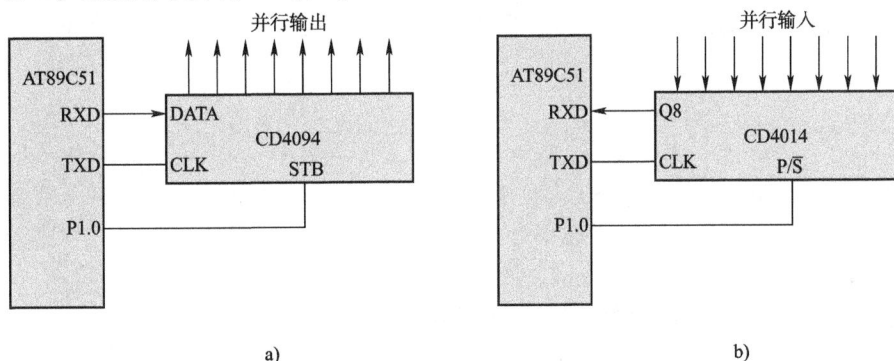

图7-6 串行方式0用于并行口扩展
a)扩展为并行输出口;b)扩展为并行输入口

二 方式1

方式1要求的字符格式是每帧字符为10位,包括1个起始位、8个数据位和1个停止位,且没有奇偶校验位,如图7-3所示。

1.数据发送和接收

在 SCON 中 TI=0 的条件下,执行指令 MOV SBUF,A 指令后,发送控制器就自动加入起始位和停止位,构成完整的帧格式。然后在移位脉冲控制下,由 TXD 端串行输出,然后 TI 自动置1,已如前面所述。

在 SCON 中 RI=0 的条件下,若 REN=1,串行口就开始采样 RXD 端,当采样到低电平时就开始在移位脉冲控制下接收串行数据,然后将数据部分装入 SBUF,将随后到来的停止位送入 SCON 中的 RB8 位,并将中断标志 RI 置1,即发出中断请求。CPU 响应中断后,即用指令 MOV A,SBUF 取走字符。

注意在方式1下,SM2 应预先置成0。

2. 波特率的设定

本书第五章定时器部分已经介绍过当定时器 T0 按方式 3 工作时,定时器 T1 可以作为波特率发生器使用(见第五章中定时器工作方式 3 部分内容)。串行口在方式 1 下工作时,波特率就由波特率发生器决定。

我们已经知道,定时器 T1 作波特率发生器使用时,是按照方式 2 工作的,即 8 位定时器、自动重装模式。只要给出一定的初值,定时器就可以重复地溢出。若定时器初值为 X,那么 T1 的溢出周期就是:

$$T_{ov} = 机器周期 \times (256 - X) = \frac{12}{f_{osc}} \times (256 - X) \qquad (7\text{-}2)$$

其中,T_{ov} 为溢出周期,即 T1 的定时时间,f_{osc} 为晶体振荡频率。

溢出率是溢出周期 T_{ov} 的倒数,而波特率又等于溢出率的 1/32,由此可以得出波特率的计算公式为:

$$方式 1 的波特率 = \frac{1}{32 T_{ov}} = \frac{1}{32} \cdot \frac{f_{osc}}{12(256 - X)} = \frac{f_{osc}}{384(256 - X)} \qquad (7\text{-}3)$$

实际使用时,一般都是先确定波特率,再反过来计算定时器 T1 的计数初值,并从而进行定时器的初始化。根据上述波特率的计算公式,可以得出定时器 T1 用作波特率发生器时的初始值为:

$$X = 256 - \frac{f_{osc}}{384 \times 方式 1 的波特率} \qquad (7\text{-}4)$$

如前所述,若电源控制寄存器 PCON 的 SMOD =1,则波特率将在上述基础上增加 1 倍。

【**例 7-1**】 单片机的晶体振荡频率为 11.0592MHz,选用定时器 T1、定时方式 2 作波特率发生器,要求产生波特率为 2400bps。计算定时器 T1 的初始值。

解:设 PCON 中波特率控制位 SMOD =0,即波特率不倍增。根据公式(7-4),可以算出:

$$X = 256 - \frac{11.0592 \times 10^6}{384 \times 2400} = 256 - 12 = 244 = F4H$$

所以可以设置(TH1) = (TL1) = F4H。

【**例 7-2**】 此例说明如何利用串行口方式 1 进行两台单片机之间"点对点"通信的方法。

如图 7-7 所示,有甲、乙两台单片机之间进行全双工通信,功能如下:

(1)甲机检测到 P1.0 的按钮下降沿后,向乙机发送字符"a"的 ASCII 码;甲机检测到 P1.0 的按钮上升沿后,向乙机发送字符"b"的 ASCII 码。

(2)乙机收到"a"的 ASCII 码后亮 P1.1 控制的 LED 灯,然后往甲机发送"A"的 ASCII 码;乙机收到"b"的 ASCII 码后灭 P1.1 控制的 LED 灯,然后往甲机发送"B"的 ASCII 码。

(3)甲机收到"A"的 ASCII 码后亮 P1.1 控制的 LED 灯;甲机收到"B"的 ASCII 码后灭 P1.1 控制的 LED 灯。

因此,正常情况下,甲机的按键按下,甲乙两机的 LED 灯都会点亮,甲机的按键弹起,甲乙两机的 LED 灯都会熄灭。

两台单片机晶振频率均为 11.0592MHz,要求通信波特率为 2400bps。请编写单片机有关的通信程序。为简化起见,采用串行通信方式 1,不考虑奇偶校验。

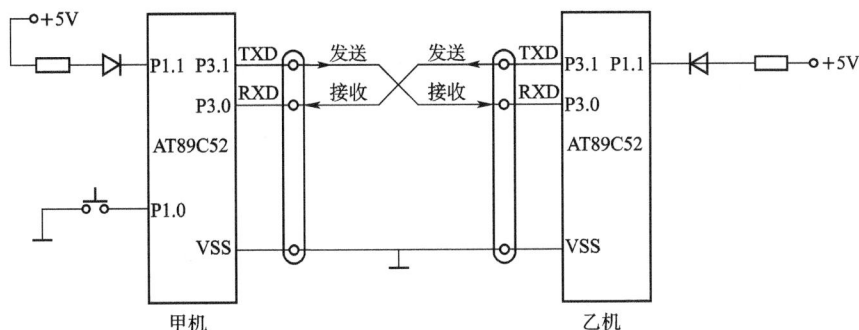

图 7-7 单片机点对点通信的主要接线

分析:

(1)采用串行方式 1,不考虑奇偶校验,则帧格式就是 1 个起始位、8 个数据位和 1 个停止位共 10 位,单片机待发送和接收的数据都是 8 位,可以直接发送和接收,不需进行字符的整理。而起始位和停止位是硬件自动加上的。

(2)定时器的设置:

采用定时器 T1、方式 2 作波特率发生器。根据公式(7-4),可以计算出定时器 T1 的初值为:

$$X = 256 - \frac{11.0592 \times 10^6}{384 \times 2400} = 256 - 12 = 244 = \text{F4H}$$

因此可令(TH1) = (TL1) = F4H。

(3)串行口控制寄存器 SCON 的设置:应设为方式 1,所以 SM0 SM1 = 01;应允许接收,故 REN = 1,不发送、接收第 9 位,所以低 4 位都应是 0,因此 SCON = 01010000B = 50H。

(4)每台单片机既要发送又要接收数据,不过由于每台单片机都有彼此独立的发送和接收缓存区 SBUF,所以不会造成数据混淆或冲突。但需要注意的是,一旦有中断请求,应判断是 TI 引起的发送中断,还是 RI 引起的接收中断,以便分别处理。

①甲机 C51 程序如下:

```
#include "reg51.h"
sbit KEY = P1^0;                 /*  定义按键引脚            */
sbit LED = P1^1;                 /*  定义 LED 灯引脚          */
bit key_1 = 1;                   /*  定义未变量,存储上一时刻按键值    */
/*  0.5s 延时子程序  */
void delay()
{
    unsigned char i,j;
    i = 225;
    while(i --)
    {
        j = 250;
        while(j --);
    }
}
                       /*      主程序      */
```

```c
void main()
{
/*      初始化      */
    TMOD = 0x20;                        /*  设定时器1方式2                */
    TL1 = 0xF4;                         /*  设定时器1方式2                */
    TH1 = 0xF4;                         /*  设置定时器初值                */
    SCON = 0x50;                        /*  设串行口方式1、允许接收        */
    EA = 1;                             /*  允许中断                      */
    ES = 1;                             /*  允许串行中断                  */
    TR1 = 1;                            /*  启动计时                      */
/*      主循环      */
    while(1)
    {
        if(KEY == 0 && key_1 == 1)      /*  下降沿检测                    */
        {
            SBUF = 'a';
            while(TI == 0);             /*  等待数据发送完成              */
            TI = 0;                     /*  清发送标志                    */
        }
        else if(KEY == 1 && key_1 == 0)
        {                               /*  上升沿检测                    */
            SBUF = 'b';
            while(TI == 0);             /*  等待数据发送完成              */
            TI = 0;                     /*  清发送标志                    */
        }
        key_1 = KEY;
        delay();
    }
}
/*      串行通信中断服务程序      */
void uart() interrupt 4
{
    unsigned char uart_data;
    if(RI == 1)
    {
        RI = 0;
        uart_data = SBUF;
        if(uart_data == 'A')
        {
            LED = 0;
        }
        else if(uart_data == 'B')
        {
            LED = 1;
```

```
        }
    }
}
```

②乙机 C51 程序如下：

```
#include "reg51.h"
sbit LED = P1^1;                        /*  定义 LED 灯引脚              */
/*      主程序      */
void main()
{
/*      初始化      */
    TMOD = 0x20;                        /*  设定时器 1 方式 2            */
    TL1 = 0xF4;                         /*  设定时器 1 方式 2            */
    TH1 = 0xF4;                         /*  设置定时器初值              */
    SCON = 0x50;                        /*  设串行口方式 1, 允许接收     */
    EA = 1;                             /*  允许中断                    */
    ES = 1;                             /*  允许串行中断                */
    TR1 = 1;                            /*  启动计时                    */
/*      主循环      */
    while(1)
    {
    }
}
/*      串行通信中断服务程序       */
void uart() interrupt 4
{
    unsigned char uart_data;
    if(RI == 1)
    {
        RI = 0;
        uart_data = SBUF;
        if(uart_data == 'a')
        {
            LED = 0;
            SBUF = 'A';
            while(TI == 0);             /*  等待数据发送完成            */
            TI = 0;
        }
        else if(uart_data == 'b')
        {
            LED = 1;
            SBUF = 'B';
            while(TI == 0);             /*  等待数据发送完成            */
            TI = 0;
        }
```

```
        }
    }
    ③甲机汇编程序如下：
        KEY     EQU     P1.0            ;定义按键引脚
        LED     EQU     P1.1            ;定义 LED 灯引脚
        KEY_1   EQU     00H             ;定义位,存储上周期按键值
;程序开始
        ORG     0000H
        AJMP    MAIN
        ORG     0023H                   ;串行中断入口地址
        AJMP    INT_COMM
;主程序
        ORG     0100H
MAIN:
        MOV     TMOD,#20H               ;设定时器1方式2
        MOV     TL1,#0F4H               ;设置定时器初值
        MOV     TH1,#0F4H               ;
        MOV     SCON,#50H               ;设串行口方式1,允许接收
        SETB    EA                      ;允许中断
        SETB    ES                      ;允许串行中断
        SETB    TR1                     ;启动计时     ;
;主循环
LOOP:
        JB      KEY,NEXT1               ;上升沿检测
        JNB     KEY_1,NEXT1
        MOV     A,#1100001B             ;发送'a'
        MOV     SBUF,A
        JNB     TI,$
        CLR     TI
        SJMP    NEXT2
NEXT1:
        JNB     KEY,NEXT2               ;下降沿检测
        JB      KEY_1,NEXT2
        MOV     A,#1100010B             ;发送'b'
        MOV     SBUF,A
        JNB     TI,$
        CLR     TI
NEXT2:
        MOV     C,KEY
        MOV     KEY_1,C                 ;存储按键值
        ACALL   DELAY                   ;延时
        SJMP    LOOP
;中断服务程序
INT_COMM:
```

```
        JNB     TI,S1                       ;判断,非发送中断则跳转
        CLR     TI
S1: JNB     RI,S_RET
        CLR     RI                          ;接收终端
        MOV     A,SBUF
        CJNE    A,#1000001B,S2              ;字符'A'判断
        CLR     LED                         ;亮灯
        SJMP    S_RET
S2: CJNE    A,#1000010B,S_RET          ;字符'B'判断
        SETB    LED                         ;灭灯
S_RET:
        RETI                                ;中断返回
;延时子程序
DELAY:
        MOV     R1,#225
DELAY_1:
        MOV     R0,#250
        DJNZ    R0,$
        DJNZ    R1,DELAY_1
        RET
END
```

④乙机汇编程序如下:

```
        LED     EQU     P1.1               ;定义 LED 灯引脚
;程序开始
        ORG     0000H
        AJMP    MAIN
        ORG     0023H                      ;串行中断入口地址
        AJMP    INT_COMM
;主程序
        ORG     0100H
MAIN:
        MOV     TMOD,#20H                  ;设定时器 1 方式 2
        MOV     TL1,#0F4H                  ;设置定时器初值
        MOV     TH1,#0F4H                  ;
        MOV     SCON,#50H                  ;设串行口方式 1,允许接收
        SETB    EA                         ;允许中断
        SETB    ES                         ;允许串行中断
        SETB    TR1                        ;启动计时      ;
;主循环
LOOP:
        SJMP    LOOP
;中断服务程序
INT_COMM:
        JNB     TI,S1                      ;判断,非发送中断则跳转
```

```
         CLR    TI
S1:      JNB    RI,S_RET
         CLR    RI                      ;接收终端
         MOV    A,SBUF
         CJNE   A,#1100001B,S2          ;字符'a'判断
         CLR    LED                     ;亮灯
         MOV    A,#1000001B             ;字符'A'判断
         MOV    SBUF,A
         JNB    TI,$
         CLR    TI
         SJMP   S_RET
S2:      CJNE   A,#1100010B,S_RET       ;字符'b'判断
         SETB   LED                     ;灭灯
         MOV    A,#1000010B             ;字符'B'判断
         MOV    SBUF,A
         JNB    TI,$
         CLR    TI
S_RET:
         RETI                           ;中断返回

END
```

三 方式 2

方式 2 和方式 3 常用于多机通信,其基本原理与方式 1 类似,不过由于通信功能不同,所规定的字符格式和波特率等也都不相同。

方式 2 规定每帧字符为 11 位,包括 1 个起始位、8 个数据位(低位在前)、1 个可编程的第 9 数据位和 1 个停止位。

方式 2 的波特率是固定的。若 PCON 中的 SMOD = 0,则波特率为:

$$方式\,2\,的波特率 = \frac{f_{osc}}{64} \tag{7-5}$$

同样,若 SMOD = 1,则波特率加倍。

四 方式 3

方式 3 与方式 2 基本相同,也是每帧 11 位的格式,即 1 个起始位、8 个数据位(低位在前)、1 个可编程的第 9 数据位和 1 个停止位。主要也是用于多机通信。

与方式 2 不同的是波特率的设置。方式 3 的波特率的可变的,其设定方法与方式 1 相同,参见式(7-3),即

$$方式\,3\,的波特率 = \frac{1}{32T_{ov}} = \frac{1}{32} \cdot \frac{f_{osc}}{12(256 - X)} = \frac{f_{osc}}{384(256 - X)} \tag{7-6}$$

与前述其他方式类似,若电源控制寄存器 PCON 的 SMOD = 1,则波特率将在上述基础上增加 1 倍。

51 系列单片机可以进行全双工的多机通信。一般采用主从方式,即一台主机、多台从机,如图7-8所示。为了保证主机与从机可靠通信,每个从机必须具有自己特定的地址,主机与某个从机通信时,先发送该从机地址以便识别,然后再发送数据信息。为此可以将串行口设置为方式2或方式3,并要用到 TB8、RB8 和 SM2 等位的功能。

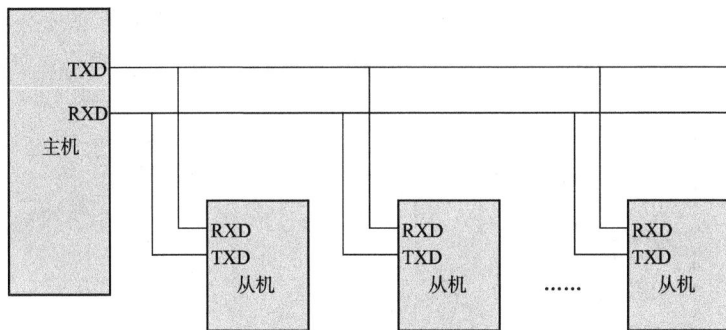

图7-8　多机通信示意图

对于多机通信可以做如下约定:

(1)主机可以向所有从机发送信息,每个从机发送的信息只能主机接收,从机之间发送信息必须先经过主机。为此令主机置 SCON 中的 SM2 =0,表示只要有信息就要接收,与双机通信相同;先令所有从机的 SM2 置1,表示多机通信方式,以便可以"监听"和准备接收主机发来的地址信息。主机先发送地址,再发送数据,地址和数据本身内容都是8位。

(2)主机发送数据信息之前,先发送从机地址,以便从机选择接收与自己相关的信息。为了区别地址和数据,就利用作为"第9位"的 TB8 或 RB8。主机发送地址时,先将第9位 TB8 置于1,用 MOV 指令将待发送的地址写入发送缓冲器 SBUF,启动串行通信。此时,第9位连同8位地址信息以及起始、停止位一起发送,其过程与方式1类似。

(3)从机将接收信息的前8位送入接收 SBUF,第9位则存入 RB8 并置 RI =1,引起接收中断。从机接收时若 SM2 =1 且 RB8 =1,就知道主机发来的是地址。从机收到地址后,若与自己的地址相同,就将 SM2 清0,可将本机地址再发送回主机作为应答信号,并准备继续接收下面发来的数据。否则就不接收任何数据,从中断返回,继续处于监听状态。

(4)主机收到从机应答信号后,即将第9位 TB8 清0,然后向从机发送不带第9位的数据信息。

(5)对于正在通信的从机,由于该从机已令 SM2 =0 并且 RB8 =0,一旦有数据需要接收即直接置 RI =1,可引起接收中断。在全部数据接收完毕后再将 SM2 置1。

有关多机通信的具体程序比较复杂,这里就不再详细介绍了。

技能训练

项目一:移位寄存器 CD4094 的应用

【实训要点】

(1)使用串行通信方式0驱动 CD4094 移位寄存器;

(2)查找并仔细阅读 CD4094 芯片的数据手册。

【实训方法】

(1)了解串行通信方式 0 的工作原理以及 CD4094 的使用方法;

(2)连接好电路并使用参考程序测试,然后按照要求练习。

【实训内容】

1.情景设置

如图 7-9 所示,通过 CD4094 将单片机 AT89C51 的串行口扩展为 8 位并行口,并行口输出端接 8 个发光二极管 LED。要求 8 个 LED 被依次轮流点亮,期间有一定延时,不断循环。

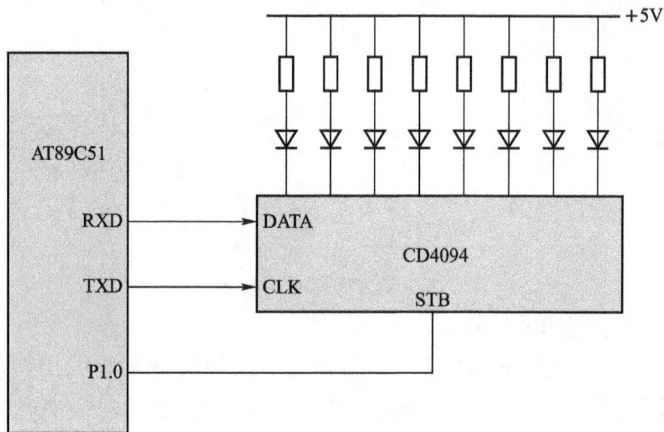

图 7-9　移位寄存器与单片机间的主要连接

2.技能目标

(1)通过实例学习 UART 接口方式 0 的硬件设计方法以及软件编程方法;

(2)学习串行数据转换为并行数据的芯片 CD4094 的原理及应用设计。

3.相关知识

(1)CD4094 的 CLK 引脚为同步通信的时钟信号,该信号的频率决定通信的速度。该引脚与 51 单片机的 TXD 相连,在方式 0 时,51 的 TXD 引脚输出时钟,频率用公式(7-1)计算。

(2)CD4049 的 DATA 引脚为同步通信的数据信号,该信号在 CLK 的上升沿被 CD4094 读取并且存储在 Q1 位以备输出。该引脚与 51 单片机的 RXD 相连,SBUF 里的数据在该引脚从低位到高位依次移出。

(3)CLK 每出现一个上升沿便会发生如下移位:

DATA→Q1→Q2→Q3→Q4→Q5→Q6→Q7→Q8

(4)STB 为高电平时并行引脚输出 Q1→Q8 锁存器的数据,STB 为低电平时并行引脚电平锁定不变。因此,在移位正在进行的时候,应该通过 P1.0 口让 STB 处于低电平状态,以防止 LED 灯出现移位过程中的状态;以 SBUF 的数据完全移除后,也即 TI==1 时,通过 P1.0 口让 STB 处于高电平状态,输出移位完成后的数据。

4.实训准备

计算机(装有 KEIL 软件)、DP-51S 仿真实验板、CD4094 接口配件、连接线、万用表。

5.实训步骤

(1)参照电路图连接 DP-51 实验板与 CD4094 的接口,检查其电源引脚是否有电压,检查各元件间的连接。

（2）软件控制方法设计。

控制 LED 点亮的数据由 AT89C51 的串行口 RXD 发出,输入 4094 芯片后并行输出。因采用串行方式工作,需要将寄存器 SCON 设为方式 0。

采用串行中断方式工作,所以还应进行中断设置,允许串行中断。全部程序分为主程序和中断服务程序两部分。

主程序内容主要是初始设置和发送数据,每次中断响应后,需要先适当延时以维持 LED 点亮时间,然后将原来发送的数据移位,准备下次发送。

（3）编程测试。

①汇编参考程序如下:

```
           ORG    0000H
           AJMP   MAIN
           ORG    0023H        ;串行中断入口地址
           AJMP   LEDSHFT
           ORG    0100H
MAIN:      MOV    SCON, #00H   ;串行口设定方式 0
           MOV    IE, #90H     ;允许串行中断
           CLR    P1.0         ;关闭 4094 并行输出
           MOV    A, #0FEH     ;点亮第一个 LED
           MOV    SBUF, A      ;开始串行发送
           SJMP   $            ;等待
           ORG    0200H        ;中断服务程序起始地址
LEDSHFT:   SETB   P1.0         ;启动并行输出
           CLR    TI           ;中断标志清 0
           ACALL  DEL          ;延时
           RL     A            ;数据移位
           CLR    P1.0         ;关闭并行输出
           MOV    SBUF, A      ;再次串行发送
           RETI
DEL:       MOV    R6, #0FFH    ;延时子程序
L0:        MOV    R7, #0FFH
           DJNZ   R7, $
           DJNZ   R6, L0
           RET
           END
```

②C 语言参考程序如下:

```c
#include"reg51.h"
sbit STB = P1^0;                /* 定义锁定引脚      */
unsigned data_send = 0xfe;      /* 用于移位发送的数据  */
void delay()                    /* 延时              */
{
    unsigned char i = 255, j;
    while(i --)
    {
```

```
            j = 255;
            while(j--);
        }
    }
    void main()
    {
        SCON = 0x00;                /*  串行口设定方式 0        */
        IE = 0x90;                  /*  允许串行中断            */
        STB = 0;                    /*  关闭 4094 并行输出      */
        SBUF = data_send;           /*  点亮第一个 LED          */
        while(1);;                  /*  等待                   */
    }
    void uart() interrupt 4
    {
        STB = 1;                    /*  启动并行输出            */
        TI = 0;                     /*  中断标志清 0            */
        delay();                    /*  延时                   */
        if(data_send&0x80 == 0x80)  /*  无符号字符循环左移       */
        {
            data_send = (data_send<<1)+1;
        }
        else
        {
            data_send = data_send<<1;
        }
        STB = 0;                    /*  关闭并行输出            */
        SBUF = data_send;           /*  再次串行发送            */
    }
```

(4)进行程序编译、连接和调试,观察 LED 灯显示情况。

6. 注意事项

(1)单片机与 CD4049 必须共地。

(2)CD4049 工作使 CLK 引脚易受干扰,请注意不要用手触摸 CLK 引脚,否则数据会处于不确定状态。

7. 实训评价

实训评价内容见表7-8。

实 训 评 价 表   表7-8

评 价 内 容	评价要求及评分标准	得　分
操作仪器设备规范	规范合理(20分)	
线路连接情况	连接正确(20分)	
程序编写与测试情况	功能完成(30分)	
"活动建议"完成情况	完成(30分)	

8. 活动建议

（1）认真分析程序工作原理，然后重新设计程序，点亮的那盏 LED 灯按照相反的方向走。

（2）认真分析程序工作原理，然后重新设计程序，让 8 个 LED 灯同时点亮、同时熄灭，不断闪烁，周期为 1s。

项目二：移位寄存器 74LS164 的应用

【实训要点】
（1）使用串行通信方式 0 驱动 74LS164 移位寄存器；
（2）查找并仔细阅读 74LS164 移位寄存器芯片的数据手册。

【实训方法】
（1）了解串行通信方式 0 的工作原理以及 74LS164 的使用方法；
（2）连接好电路并使用参考程序测试，然后按照要求练习。

【实训内容】
1. 情景设置

单片机 AT89C51 的串行口通过 74LS164 被扩展为 8 位并行口，而 4 片 74LS164 串级连接，分别控制一个共阳极的 LED 数码管，如图 7-10 所示。要求 4 个 LED 数码管根据需要进行相应显示。

2. 技能目标
（1）通过实例学习 UART 接口方式 0 的硬件设计方法以及软件编程方法；
（2）学习串行数据转换为并行数据的芯片 74LS164 的原理及应用设计。

3. 相关知识
（1）74LS164 的 CLK 引脚为同步通信的时钟信号，该信号的频率决定通信的速度；该引脚与 51 单片机的 TXD 相连，在方式 0 时，51 单片机的 TXD 引脚输出时钟，频率用公式（7-1）计算。

（2）74LS164 的 A、B 引脚为串行数据输入端，其输出逻辑在 CLK 的上升沿被 74LS164 读取并且从 Q0→Q7 移位和输出。图 7-10 中 A、B 引脚经并联后与 51 单片机的 RXD 相连，当单片机工作在方式 0，SBUF 里的 8 位数据即可从高位到低位依次移出至 74LS164。

（3）CLK 每出现一个上升沿便会发生如下移位：
A/B→Q0→Q1→Q2→Q3→Q4→Q5→Q6→Q7

（4）图 7-10 中 4 片 74LS164 采用级联形式分别驱动一片 LED 数码管。

当单片机的串行口 SBUF 送出第一个 8 位（1 个字节）数码，TI 置 1 后，74LS164（U2）内部首先保存有完整的该 8 位数码，而连接 74LS164（U2）的左边第一个 LED 数码管即可首先显示该数码。

当单片机成功送出第二个 8 位数码后，74LS164（U2）内部则保存单片机送出的第二个 8 位数码，而 74LS164（U3）通过与 74LS164（U2）的级联此时能够保存之前单片机送出的第一个 8 位数码。相应的，与 74LS164（U2）和 74LS164（U3）相连的左边两个 LED 数码管可分别显示单片机送出的第二个和第一个 8 位数码。

当单片机成功送出第三个 8 位数码后，74LS164（U2）、74LS164（U3）和 74LS164（U4）分别存储单片机送出的第三个、第二个和第一个 8 位数码，相应的左边三个 LED 数码管会分别显示单片机送出的第三个、第二个和第一个 8 位数码。

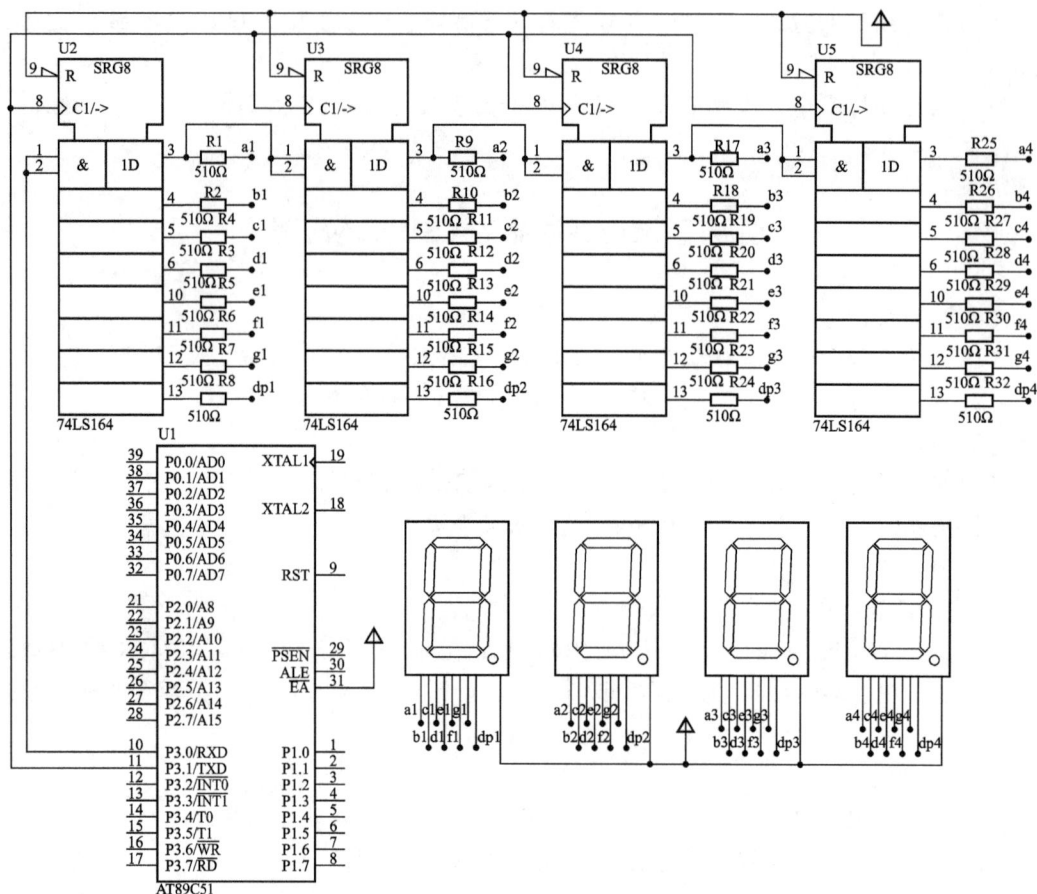

图7-10 移位寄存器74LS164输出驱动4个LED数码管的连接图

当单片机成功送出第四个8位数码后,74LS164(U2)、74LS164(U3)、74LS164(U4)和74LS164(U5)分别存储单片机送出的第四个、第三个、第二个、和第一个8位数码,相应的全部四个LED数码管会分别显示单片机送出的第四个、第三个、第二个和第一个8位数码。

由以上分析可见,每当单片机输出一组4字节数码,4个74LS164就按照单片机送出字节数码的先后顺序从右至左分别保存其中1个字节,而4个LED也按照从右至左的顺序相应地显示这4个字节。

4. 实训准备

计算机(装有KEIL软件)、DP-51S仿真实验板、74LS164接口配件、共阳极LED数码管、连接线、万用表。

5. 实训步骤

1)线路连接

参照电路图连接DP-51实验板与74LS164的接口,检查其电源引脚是否有电压,检查各元件间的连接。

2)软件控制方法设计

控制LED点亮的数据由AT89C51的串行口RXD发出,输入各个74LS164芯片后并行输出。因采用串行方式工作,需要将寄存器SCON设为方式0。

主程序内容主要是初始设置和发送数据,每次发送数据,需要在确认TI为高后,再适当延时以维持 LED 点亮时间,然后再准备下次发送。

如果采用串行中断方式工作,还应设置中断,允许串行中断。全部程序则相应分为主程序和中断服务程序两部分。

3)编程测试

(1)在 4 个 LED 上从左至右同时显示"1 2 3 4"。

①汇编参考程序如下:

```
            ORG    0000H
            AJMP   MAIN
            ORG    0100H
MAIN:       MOV    SCON,#00H      ;串行口设定方式 0
            MOV    A,#99H         ;亮右边第一个 LED,显示"4"
            MOV    SBUF,A         ;开始串行发送
            JNB    TI,$
            CLR    TI             ;中断标志清零
            ACALL  DEL            ;延时
            MOV    A,#0b0H        ;点亮右边第二个 LED,显示"3"
            MOV    SBUF,A
            JNB    TI,$
            CLR    TI
            ACALL  DEL            ;延时
            MOV    A,#0a4H        ;点亮右边第二个 LED,显示"2"
            MOV    SBUF,A
            JNB    TI,$
            CLR    TI
            ACALL  DEL            ;延时
            MOV    A,#0f9H        ;点亮右边第二个 LED,显示"1"
            MOV    SBUF,A
            JNB    TI,$
            CLR    TI
            ACALL  DEL            ;延时
            SJMP   $
DEL:        MOV    R6,#0FFH       ;延时子程序
L0:         MOV    R7,#0FFH
            DJNZ   R7,$
            DJNZ   R6,L0
            RET
            END
```

②C 语言参考程序如下:

```
#include"reg51.h"
void delay()                     /*  延时             */
{
    unsigned char i=255,j;
    while(i--)
```

```c
    {
        j = 255;
        while(j--);
    }
}
void main( )
{
    SCON = 0x00;                  /* 串行口设定方式 0          * /
    SBUF = 0x99;                  /* 点亮右边第一个 LED, 显示"4"     * /
    while(TI == 0);               /* 等待                    * /
    TI = 0;                       /* 中断标志清零             * /
    delay();                      /* 延时                    * /
    SBUF = 0xb0;                  /* 点亮右边第二个 LED, 显示"3"     * /
    while(TI == 0);               /* 等待                    * /
    TI = 0;                       /* 中断标志清零             * /
    delay();                      /* 延时                    * /
    SBUF = 0xa4;                  /* 点亮右边第三个 LED, 显示"2"     * /
    while(TI == 0);               /* 等待                    * /
    TI = 0;                       /* 中断标志清零             * /
    delay();                      /* 延时                    * /
    SBUF = 0xf9;                  /* 点亮右边第四个 LED, 显示"1"     * /
    while(TI == 0);               /* 等待                    * /
    TI = 0;                       /* 中断标志清零             * /
    delay();                      /* 延时                    * /
}
```

(2)在 4 个 LED 上从左至右循环移位显示数字 0～9。

①汇编参考程序如下：

```asm
        ORG    0000H
        AJMP   MAIN
        ORG    0100H
TABLE:  DB     0C0H,0F9H,0A4H,0B0H,99H,92H,82H,0F8H,80H,90H   ;共阳极, 数字 0～9
MAIN:   MOV    SP, #40H
        MOV    R7,#0
        MOV    SCON,#00H      ;串行口设定方式 0
LOOP:   MOV    DPTR, #TABLE
        MOV    A,R7
        MOVC   A,@ A + DPTR
        MOV    SBUF,A         ;开始串行发送
        JNB    TI, $
        CLR    TI
        ACALL  DEL
        INC    R7
        CJNE   R7,#10,LOOP    ;显示数字 0～9
        SJMP   MAIN
```

```
DEL:      MOV    R0,#0FFH          ;延时子程序
L0:       MOV    R1,#0FFH
L1:       MOV    R2,#50H
          DJNZ   R2,$
          DJNZ   R1,L1
          DJNZ   R0,L0
          RET
          END
```

②C 语言参考程序如下:

```c
include"reg51.h"
void delay()                        /*  延时              */
{
    unsigned char i=255,j,k;
    while(i--)
    {
        j=255;
        while(j--)
        {
            k=80;
            while(k--);
        }
    }
}
void main()
{
    unsigned char code table[] = {0xc0,0xf9,0xa4,0xb0,
                     0x99,0x92,0x82,0xf8,
                     0x80,0x90};      //共阳极,数字0~9
    unsigned char i;
    SCON=0x00;                      /*  串行口设定方式0        */
    while (1)
    {
        for (i=0;i++;i<=9)
        {
            SBUF=table[i];
            while(TI==0);           /*  等待              */
            TI=0;                   /*  中断标志清零        */
            delay();                /*  延时              */
        }
    }
}
```

(3)进行程序编译、连接和调试,观察 LED 灯显示情况。

6.注意事项

(1)单片机与 74LS164,LED 数码管必须共地。

(2)74LS164 的工作受 CLK 引脚易受干扰,请注意不要用手触摸 CLK 引脚,否则数据会处于不确定状态。

7. 实训评价

实训评价内容见表7-9。

实 训 评 价 表

表7-9

评 价 内 容	评价要求及评分标准	得 分
操作仪器设备规范	规范合理(20分)	
线路连接情况	连接正确(20分)	
程序编写与测试情况	功能完成(30分)	
"活动建议"完成情况	完成(30分)	

8. 活动建议

(1)认真分析程序工作原理,然后重新设计程序,使数字0~9从左至右循环移位的时间固定为1s。

(2)认真分析程序工作原理,然后重新设计程序,使数字0~9从右至左循环移位显示。

项目三:通过 PC 机(个人计算机)串口下发指令控制单片机

【实训要点】

(1)学习单片机与 PC 机的通讯方法;

(2)单片机接收 PC 机的指令,根据指令改变 LED 灯的显示状态。

【实训方法】

(1)按照电路连接图连接好实训设备;

(2)编写单片机通过串口接收 PC 机信息的程序;

(3)编写单片机辨识指令并控制 LED 灯的程序;

(4)在 PC 机上打开"串口助手"测试程序的功能。

【实训内容】

1. 情景设置

PC 机通过其 DB9 串口的 TXD 引脚,以波特率 9600bps 的通信速率向单片机发送 LED 灯状态控制指令。学习板 232 电平与 TTL 电平转换电路把 PC 机发送的信号由 232 电平转换为 TTL 电平,并传送至单片机的 RXD 引脚,单片机同样以波特率 9600bps 的通信速率接收指令。如果指令为"0×00"则使 P1.0 引脚控制的 LED 灯灭,如果指令为"0×01"则使 P1.0 引脚控制的 LED 灯亮,其他指令不作改变。

2. 技能目标

(1)训练使用 PC 机与单片机进行通信;

(2)深入了解 232 电平与 TTL 电平的转换电路;

(3)训练使用串口助手进行串口通信实验。

3. 相关知识

MAX232 电平转换芯片原理、串口助手的使用方法。

4. 实训准备

51 实训设备一台、万用表、连接导线、串口助手(软件)。

5.实训步骤

(1)按照图 7-11 连接好 PC 机以及实验板。

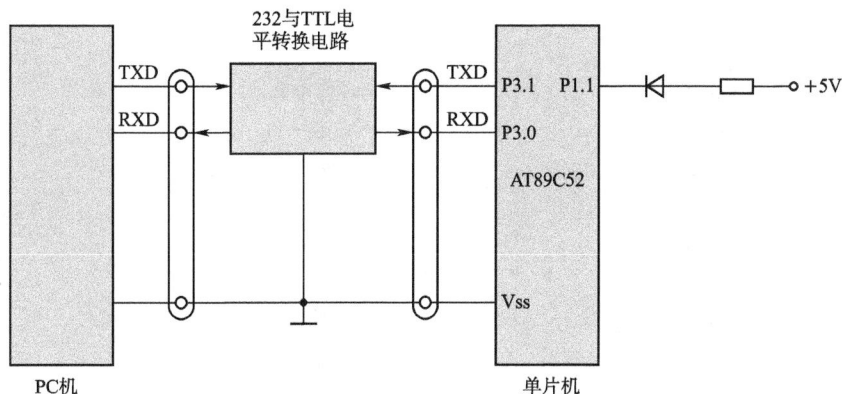

图 7-11　PC 机与单片机之间的连接

(2)将下面程序输入 KEIL,编译、连接。

①汇编参考程序如下:

```
            ORG    0000H
            AJMP   MAIN
            ORG    0100H
MAIN:       MOV    TMOD,#20H      ;定时器1工作于方式2
            MOV    TH1,#0FDH
            MOV    TL1,#0FDH      ;波特率为9600bps
            SETB   TR1            ;启动定时器1
            MOV    SCON,#50H      ;设定串口工作在方式1
LOOP:       JNB    RI,LOOP        ;等待PC机发来数据
            CLR    RI             ;清接收标记
            MOV    A,SBUF         ;接收数据
            CJNE   A,#00H,NEXT    ;判断是否为关灯指令
            MOV    P1,#0FFH       ;关灯
            SJMP   LOOP           ;完成处理,返回等待下一次指令
NEXT:       CJNE   A,#01H,LOOP    ;判断是否为开灯指令
            MOV    P1,#0FEH       ;开灯
            SJMP   LOOP           ;完成处理,返回等待下一次指令
            END
```

②C 语言参考程序如下:

```c
#include <reg52.h>
unsigned char shuju;
void main()
{
    TMOD = 0x20;                 /* 定时器1工作于方式2    */
    TH1 = 0xfd;
    TL1 = 0xfd;                  /* 波特率为9600bps       */
    TR1 = 1;                     /* 启动定时器1           */
    SCON = 0x50;                 /* 设定串口工作在方式1    */
```

```
while(1)
{
    if(RI ==1)                        /*  等待 PC 机发来数据      * /
    {
        RI =0;                        /*  清接收标记            * /
        shuju = SBUF;                 /*  接收数据              * /
        if(shuju ==0x00)             /*  判断是否为关灯指令      * /
        {
            P1 =0xff;                 /*  关灯                  * /
        }
        else if(shuju ==0x01)         /*  判断是否为开灯指令      * /
        {
            P1 =0xfe;                 /*  开灯                  * /
        }
    }
}
```

(3)使用串口助手软件进行测试。

①打开串口助手软件图标为 ✖ ComPort.exe 。操作界面如图 7-12 所示;

②点击"串口配置"(串口配置)按照图 7-13 所示内容配置串口;

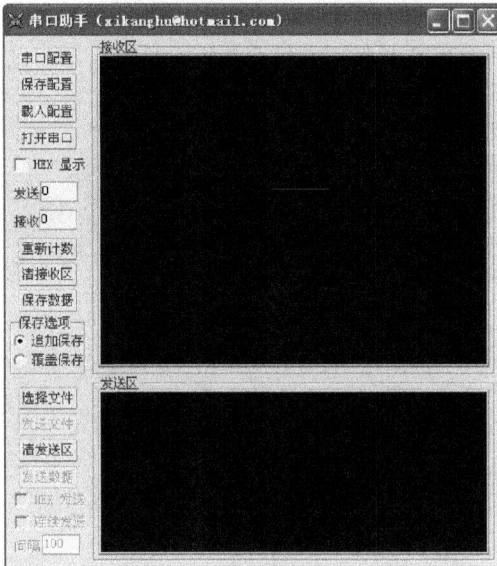

图 7-12　串口助手操作界面

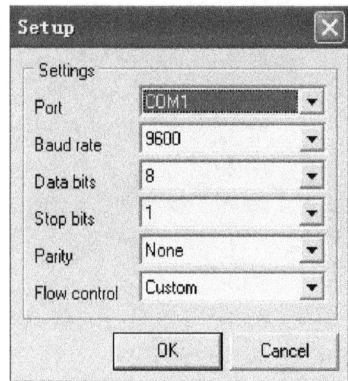

图 7-13　串口配置

③点击"打开串口"(打开串口);

④在"HEX 发送"前面选取"√"(☑ HEX 发送);

⑤在"发送区"输入"00",然后点击"发送数据"(发送数据),观察 LED 灯的状态;

⑥在"发送区"输入"01",然后点击"发送数据"(发送数据),观察 LED 灯的状态;

⑦在"发送区"输入"02",然后点击"发送数据"(发送数据),观察 LED 灯的状态。

6.注意事项

(1)电脑的 DB9 插头为公头,连接电缆线的母头,学习班的 DB9 插头为母头连接电缆线的公头;

(2)如果 PC 机有几个串口,需要辨别串口编号,即"COM1"、"COM2"、"COM3",通过 Windows 的"设备管理器"可以识别。

7.实训评价

实训评价内容见表 7-10。

实 训 评 价 表
表 7-10

评 价 内 容	评价要求及评分标准	得 分
操作仪器设备规范	规范合理(20 分)	
线路连接情况	连接正确(20 分)	
程序编写与测试情况	功能完成(30 分)	
"活动建议"完成情况	完成(30 分)	

8.活动建议

修改程序,使得电脑发送指令为"0x00"时使 P1.0 引脚控制的 LED 灯灭,为"0x01"时使 P1.0 引脚控制的 LED 灯亮,为"0x02"时使 P1.0 引脚控制的 LED 灯闪烁,其他指令不作改变。

项目四:GPS 位置信息采集实验(基于 NMEA0183 协议)

【实训要点】

(1)充分理解 NMEA0183 协议;

(2)程序设计是需要使用循环、指针知识来完成特定信息的搜索。

【实训方法】

(1)学习 NMEA0183 协议并使用串口助手观察 GPS 模块输出信息;

(2)连接好电路并使用参考程序测试,然后按照要求练习。

【实训内容】

1.情景设置

DP-51 实验板扩展的 I/O 器件线路如图 7-14 所示。将 GPS 模块输出的维度信息显示在数码管上,显示格式为:ddmm.mm(度度分分.分分)。

2.技能目标

(1)通过实例学习使用串行口与其他设备交换信息;

(2)学习 GPS 模块使用方法;

(3)学习 GPS-NMEA 协议。

3.相关知识

(1)请认真学习"附录 F"介绍的 GPS-NMEA 协议知识。

(2)数码管驱动原理:

P0 口作为数据的输入/输出总线,通过往 P0 口"读"和"写"的方法进行输入/输出控制。

由 P0 和 P2 口共同作为片外地址总线。所有片外设备地址都受地址译码器 138 控制,译码器输入端 A、B、C 分别接 P2.5、P2.6、P2.7,当 P2.5、P2.6、P2.7 分别为 1、0、0 时输出

Y1 =0,控制锁存器 573 锁存操作。可见片外设备不论"读"还是"写",地址都可以用 0010 0000 0000 0000 =2000H。

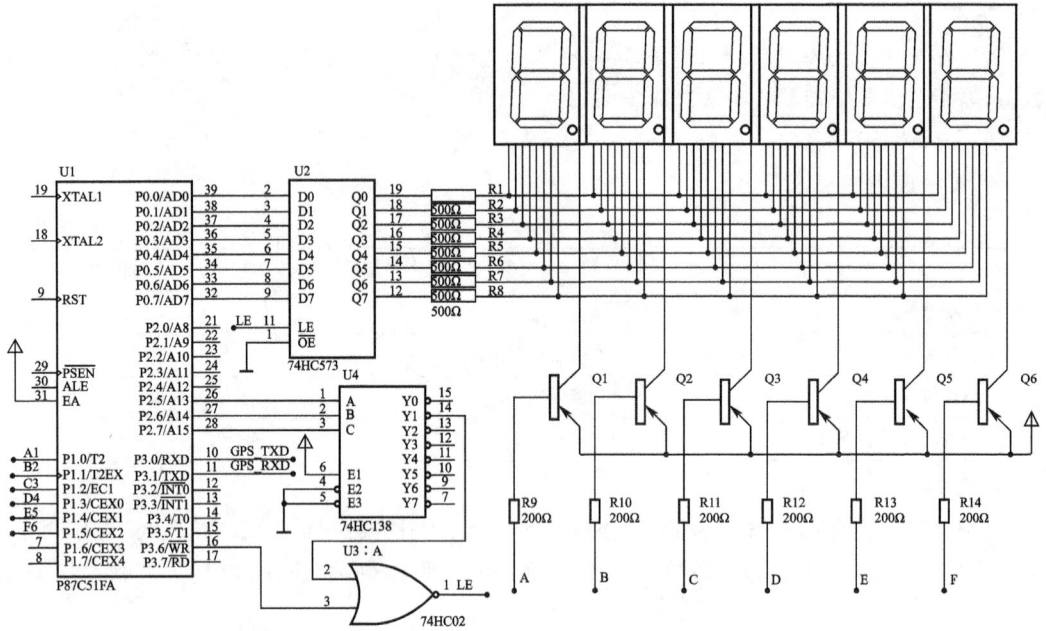

图 7-14   DP-51 与 GPS 模块间的连接

由图可见,此时 P1 口都接了二极管的基极,用作外部设备供电控制。例如:

P1.0 ~ P1.5:分别控制 8 个数码管的公共阳极。

4. 实训准备

计算机(装有 KEIL 软件)、DP-51S 仿真实验板、GPS 模块、万用表。

5. 实训步骤

(1)线路连接与分析:

①GPS 模块与 51 单片机之间为双机通信,两者交叉连接,然后共地;

②实验使用 DP-51 的数码管显示设备显示所获取的 GPS 信息,按照 DP51 的跳线规定跳线设置好数码显示功能。

(2)输入以下程序测试本项目的功能。

```
#include "reg51.h"
/*      通信相关     * /
unsigned char idata s_buf[80];              /*  串口接收缓冲区              * /
unsigned char pointer =0;                   /*  串口信息接收指针            * /
/*      显示相关     * /
unsigned char xdata led_add _at_ 0x2000;
                                            /*  573 片选地址                * /
unsigned char code led_code[10] ={0xc0,0xf9,0xa4,0xb0,0x99,
                  0x92,0x82,0xf8,0x80,0x90};
                                            /*  数码管 0 ~9 字符编码         * /
unsigned char code led_pin[6] ={0xfe,0xfd,0xfb,0xf7,0xef,0xdf};
                                            /*  数码管电源 P1 口控制码        * /
unsigned char led_data[6] ={0,1,2,3,4,5};
```

194

```
                                   /*  数码管显示内容              * /
unsigned char led_cnt =0;
/*    0.5s 延时子程序    * /
void delay()
{
    unsigned char i,j;
    i =5;
    while(i--)
    {
        j =250;
        while(j--);
    }
}
/*    修改指针        * /
unsigned char p_offset(unsigned char pointer,unsigned char offset)
{
    pointer =pointer +offset;
    if(pointer > =80)
    {
        pointer =pointer -80;
    }
    return pointer;
}
/*    主程序    * /
void main()
{
    /*    初始化    * /
    P1 =0xff;

    TMOD =0x20;                     /*  设定时器1方式2           * /
    TL1 =0xfd;                      /*  设定时器1方式2           * /
    TH1 =0xfd;                      /*  设置定时器初值           * /
    SCON =0x50;                     /*  设串行口方式1、允许接收    * /
    EA =1;                          /*  允许中断                * /
    ES =1;                          /*  允许串行中断            * /
    TR1 =1;                         /*  启动计时                * /
    /*    主循环    * /
    while(1)
    {
        P1 =0xff;                   /*  关闭所有数码管           * /
        led_add =led_code[ led_data[led_cnt] ];
                                    /*  读取当前显示内容         * /
        if(led_cnt ==3)             /*  第四个数码管加小数点      * /
        {
```

```c
                led_add = led_code[ led_data[led_cnt] ]&0x7f;
        }
        P1 = led_pin[led_cnt];               /*  打开当前显示数码管         */
        led_cnt ++ ;
        if(led_cnt ==6)                      /*  设定下一次要显示的数码管   */
        {
            led_cnt =0;
        }
        delay();                             /*  延时                      */
    }
}
/*      串行通信中断服务程序      */
void uart()interrupt 4
{
    unsigned char rev_data,i;
    if(TI ==1)                               /*  发送中断直接清标志、退出    */
    {
        TI =0;
    }
    if(RI ==1)                               /*  收到信息                  */
    {
        RI =0;                               /*  清接收标记                */
        rev_data =SBUF;
        s_buf[pointer] =rev_data;            /*  存入缓冲区                */
        pointer ++ ;                         /*  修改指针                  */
        if(pointer ==80)
        {
            pointer =0;
        }

        if(rev_data =='$')                   /*  收到新信息起始标记         */
        {
            for(i =0;i <80;i ++)             /*  搜索字符串 RMC            */
            {
                if(s_buf[i] =='R'&&s_buf[p_offset(i,1)] =='M'&&s_buf[p_offset
(i,2)] =='C')
                {                            /*  检索到 RMC, 读取维度信息   */
                    led_data[0] =s_buf[p_offset(i,17)] -'0';
                    led_data[1] =s_buf[p_offset(i,18)] -'0';
                    led_data[2] =s_buf[p_offset(i,19)] -'0';
                    led_data[3] =s_buf[p_offset(i,20)] -'0';
                    led_data[4] =s_buf[p_offset(i,22)] -'0';
                    led_data[5] =s_buf[p_offset(i,23)] -'0';
                    break;
```

```
                }
              }
            }
          }
        }
```

6.注意事项

(1)GPS模块定位需要卫星信号,要报账模块能够接收到信号;

(2)GPS模块开机后完成定位需要时间,在信号接收正常的情况下,开机3min后能够输出稳定的位置信息。

7.实训评价

实训评价内容见表7-11。

实 训 评 价 表

表7-11

评价内容	评价要求及评分标准	得　　分
操作仪器设备规范	规范合理(20分)	
线路连接情况	连接正确(20分)	
程序编写与测试情况	功能完成(30分)	
"活动建议"完成情况	完成(30分)	

8.活动建议

(1)设计程序,通过GPS模块获取当前维度信息;

(2)设计程序,通过GPS模块获取当前时间信息。

项目五:使用手机模块传递交通信息的方案设计与实现

【实训要点】

(1)学习AT指令的使用方法;

(2)练习使用AT指令控制GSM模块进行信息传递。

【实训方法】

(1)按照电路连接图连接好实训设备;

(2)编写程序逐步测试通信程序。

【实训内容】

1.情景设置

按照图7-15所示的连接方法连接好硬件,并使用AT指令通过单片机控制GSM模块以1s为周期不断向号码为"137××××××××"手机传递字符串"GSM working"。

2.技能目标

(1)训练以串行异步通信的方式,使用GSM模块传递信息;

(2)训练AT指令的使用。

3.相关知识

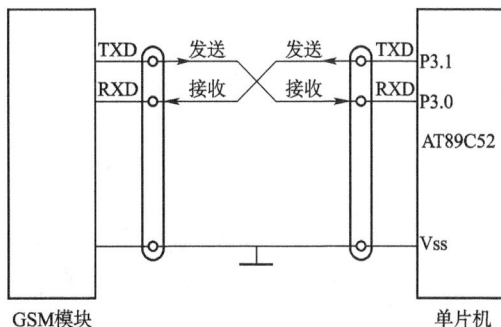

图7-15　GSM模块与单片机之间的连接示意图

GSM 模块 AT 指令集。

4. 实训准备

51 实训设备一台、万用表、连接导线、GSM 通信模块、电源、天线。

5. 实训步骤

(1)按照图 7-15 所示的连接方法连接好 GSM 模块以及实验板。

(2)将下面程序输入 KEIL,测试本项目功能是否正常。

C 语言参考程序如下:

```c
#include "reg51.h"
/*   1s 延时      */
void delay()
{
    unsigned char i,j;
    i =10;
    while(i --)
    {
        j =250;
        while(j --);
    }
}
/* 发送 AT 指令    */
void AT_send(unsigned char* p)
{
    while(* p! =0)
    {
        SBUF =* p;
        while(TI ==0);
        TI =0;
        p ++;
    }
}
/* 初始化 GSM 模块* /
void GSM_inisial()
{
    AT_send("AT +CMGF =1 \r \n");          /*  配置短消息为文本模式     */
    delay();
    AT_send("AT +CSCS = \"GSM \" \r \n");   /*  选择 GSM 默认字符集       */
}
/* 发送信息* /
void MSG_send()
{
    AT_send("AT +CMGS = \"137 * * * * * * * * \" \r \nGSM working \x1a");
}
0/*    主程序    */
```

```c
void main()
{
    /*     初始化     */
    TMOD = 0x20;                    /* 设定时器 1 方式 2          */
    TL1 = 0xfd;                     /* 设定时器 1 方式 2          */
    TH1 = 0xfd;                     /* 设置定时器初值             */
    SCON = 0x50;                    /* 设串行口方式 1、允许接收    */
    EA = 1;                         /* 允许中断                  */
    ES = 1;                         /* 允许串行中断              */
    TR1 = 1;                        /* 启动计时                  */

    GSM_inisial();                  /* 初始化 GSM 模块           */
    delay();
    /*     主循环     */
    while(1)
    {
        MSG_send();                 /* 发送信息                  */
        delay();                    /* 延时                      */
    }
}
/*     串行通信中断服务程序     */
void uart() interrupt 4
{
    if(TI == 1)                     /* 发送中断直接清标志、退出    */
    {
        TI = 0;
    }
    if(RI == 1)                     /* 收到信息                  */
    {
        RI = 0;                     /* 清接收标记                */
    }
}
```

6. 注意事项

(1)GSM 模块使用应严格按照 AT 指令规定的格式来操控。

(2)实验开始前应该坚持手机卡能否正常收发短信。

(3)写程序时需要把语句：AT_send("AT + CMGS = \\\"137×××××××\\" \r\nGSM working\x1a");中的 × 号替换为实际的手机号码。

7. 实训评价

实训评价内容见表 7-12。

实 训 评 价 表　　　　　　　　　　　　　　　　　　表 7-12

评 价 内 容	评价要求及评分标准	得　　分
操作仪器设备规范	规范合理(20 分)	
线路连接情况	连接正确(20 分)	

评 价 内 容	评价要求及评分标准	得 分
程序编写与测试情况	功能完成(30分)	
"活动建议"完成情况	完成(30分)	

8.活动建议

修改程序,增加短信发送频率,并且一次向多个手机发送信息。

思考练习

一、客观题

1.51单片机串行接口的工作方式有_____种,其中方式_____为10位异步收发方式。

2.单片机晶振频率为11.0592MHz,串口工作在方式1下,SMOD=0,要求波特率为4800bps,则TH1=_____。

3.串行口工作在方式0时TX引脚为_____引脚,RX引脚为_____引脚。

4.串行异步通信以_____作为数据发送的起始位,以_____作为数据发送的停止位。

5.串行口收发数据使用的寄存器为_____。

二、简答题

1.请说明单片机的单工工作方式。

2.串行口在方式1下是如何发送和接收数据的?

三、分析题

分析下面程序,说明程序的功能。

```c
#include <reg52.h>
#include <intrins.h>
Delay_1S()
{
    unsigned char i;
    TMOD=0x01;
    i=1;
    while(i<=50)
    {
        TH0=0x4c;
        TL0=0x00;
        TR0=1;
        while(TF0==0);
        TF0=0;
    }
}
main()
{
    TMOD=0x20;
    TL1=0xfd;
```

```
        TH1 =0xfd;
        SCON =0x50;
        TR1 =1;
        while(1)
        {
            SBUF =0xaa;
            while(TI ==0);
            TI =0;
            Delay_1S();
        }
}
```

第八章 交通电子产品开发基础

随着车联网、物联网、智能交通，以及智慧交通在交通领域的大力发展，市场上出现了满足不同交通需求的各种交通类电子产品。

产品选择和功能的多样性使得交通电子产品的开发商和供货商在关注产品功能的同时，越来越注重产品的质量、产品的开发周期、产品的上市时间。交通电子产品的开发逐渐引入了项目管理的概念，也就是将开发产品相关的人员临时组成一个开发团队，在限定的时间及预算之内，开发完成预先设定的特定功能的电子产品。

基于项目管理的电子产品开发是市场竞争的产物。国内外高效的研发企业现在都无一例外地在开发过程中运用项目管理的理念。构建一个高效的企业研发体系，需要从产品战略、产品开发流程、研发组织结构、研发团队等几个方面进行系统的、科学的、合理的规划，建立系统性的解决方案。其中，建设产品开发流程是核心，如何在产品开发过程中贯彻产品战略、如何界定企业各部门、各岗位在产品开发中的职责，如何组织产品开发团队，如何才能提高研发团队的能力等，诸如此类的问题，都可以通过一个好的产品开发流程来解决。

在高效的研发体系中对电子产品的开发流程有严格和详细的定义。一般来说，产品的定义、产品的开发，以及产品的交付是产品开发流程中必不可少的三个步骤。如果深入了解国内外高效的研发企业就不难发现，这三个基本步骤一般分别由研发企业中市场、研发，以及销售三个不同的部门负责。

因此，电子产品的开发就是企业将企业内部市场、研发，以及销售等不同部门的人员按照新产品开发流程的要求临时组织起来分阶段地进行新产品设计、实现，以及交付的全过程。这是产品开发的广义概念，后续我们还会谈到产品开发的狭义概念。

第一节 产品的定义

一 产品定义的概念

产品定义是指确定产品的需求和设定产品的功能，通俗地说就是确定产品要在哪个市场上销售，要做哪些事情。

二 产品定义的内容

产品的定义通常采用产品需求文档（Product Requirements Document，PRD）来进行描述。

PRD 包含但不限于如下信息:

1．产品的愿景

产品的愿景是企业关于产品定位和市场目标的理念和愿景,它是对产品的性质、演化和竞争地位的指导性描述。

2．产品的目标市场

产品的目标市场就是在通过市场细分之后,企业准备开发的产品所能满足其客户相应需要的一个或几个子市场。

3．产品的竞争分析

产品的竞争分析就是在产品的目标市场内将包括自己企业产品在内的所有产品的优势和劣势进行评价的过程。这个分析有利于产品功能的设定,为企业制定产品战略和蓝图提供依据。

4．产品的系统需求

产品的系统需求是对产品的内部硬件配置,主要软件功能,以及外观设计等方面做出的描述,是对产品轮廓的定义。

5．产品的功能设定

针对产品的目标市场和竞争分析,在产品的系统需求框架下,设定产品所需的各项功能以及对相关功能的详细描述。一般需要设定必须具备、可以具备,以及绝对不能具备的功能清单。

6．产品的功能优先级

在大项目、长周期、多功能的产品开发过程中,对产品各种功能的优先级进行确定有利于产品开发团队设定明确的开发计划。

7．产品的性能需求

产品的性能需求可以针对产品的各个层面提出性能要求,是对产品性能的详细描述。比如,可以针对产品的外观设计提出诸如尺寸大小的要求,也可以针对产品的某项具体功能提出此功能需要达到的具体指标参数。

8．产品的交付需求

产品的交付需求不仅要定义产品开发的阶段性进度安排,还要定义在开发各个阶段可以获得的开发成果。例如,对于电子产品的开发,在开发结束后一般都会在所开发的参考产品外还要求提供产品的设计原理图、设计资料文档(如 PCB 板、BOM 清单),以及提供相应培训等。有的产品交付需求还规定了产品在市场和客户端实际使用的最晚时间。

三 产品定义的执行部门

值得注意的是在一个高效的研发企业中产品定义的执行部门并不是其工程研发部,而往往由操控企业战略的市场部来完成。

在高科技企业的市场部中,更加设置"技术市场"的职位专职于从事企业产品的定义。供职于"技术市场"的人员通过拜访客户,追踪销售,了解竞争,从而掌握本企业产品在目标市场的生存状态,目的就是要能够定义既满足客户和市场需求又契合企业发展战略的下一代产品。

第二节 产品的开发

一 产品开发的概念

这里所说的产品开发是指企业内部人员按照新产品的定义,在规定的时间完成产品定义中所要求的各种事项的工作。很明显,与前述的广义概念不同,此处是产品开发的狭义概念。

二 产品开发的内容

产品的开发内容涵盖完成产品定义的所有方面,例如:

1. 产品开发的时间计划

根据产品的交付需求和产品功能的优先级安排资源,设计产品开发的时间表,必须要包含一些重要的阶段性时间节点。

2. 产品的系统实现

根据开发时间表,完成满足产品的系统需求的新产品的开发。

3. 产品的功能实现

根据开发时间表,完成满足产品的功能需求的新产品的开发。

4. 产品的性能实现

根据开发时间表,完成满足产品的性能需求的新产品的开发。

5. 产品的开发包和开发文档

根据开发时间表,按照产品的交付需求提交新产品的相应开发包和开发文档。

6. 新产品的使用培训

根据开发时间表,按照产品的交付需求安排新产品的展示和培训。

三 产品开发的执行部门

产品的开发由企业的工程研发部负责完成。职责就是按照产品定义的要求,开发出能够实现产品定义中所要求的新产品。

第三节 产品的交付

一 产品交付的概念

产品的交付是指从新产品在企业内部完成开发开始一直到目标市场和目标客户开始实际使用新产品的这一段时间所需完成的所有工作。

二 产品交付的内容

产品的交付内容涵盖完成产品后的所有方面,例如:

1. 产品的用户使用说明书的编写

针对目标市场和目标客户,根据产品的系统需求、功能设定、性能需求,编写适合用户的产品使用说明书。

2.产品的推广

针对目标市场和目标客户开展的产品展示、培训等推广活动,目的是使新产品尽快被市场所接受。

3.产品的安装调试

这里特指新产品第一次在客户处所做的安装和调试工作。

4.产品的交付使用

这里特指新产品第一次在客户处正式开始量产投入使用,意味着这个新产品开发流程的终结。

三 产品交付的执行部门

产品的交付一般由企业的销售部门负责完成。职责就是按照产品定义的要求,在新产品开发完成后向目标市场和目标客户推广新产品,以便新产品尽快投入市场以取得经济效益。在向客户推广新产品的过程中,往往销售人员需要得到企业内部负责产品定义的技术市场部门和负责产品开发的工程研发部门的支持。

综上所述,电子产品的开发流程由产品定义、产品开发,以及产品交付三个阶段有机构成,缺一不可。产品定义来源于目标市场的需求,为后续的产品开发和产品交付划定范围;产品开发严格遵从产品定义的各项要求,所开发的新产品将直接服务于目标市场的目标客户;产品交付是推广新产品直到其被目标市场接受从而开始为企业带来直接的经济效益。

技能训练

项目一:交通电子产品开发流程的认知训练

【实训要点】

了解并熟悉交通电子产品的开发流程。

【实训方法】

通过编制交通电子产品开发过程中的文件文档,了解并熟悉交通电子产品的开发流程。编制的文件文档包括:

(1)编制交通电子产品的产品需求文档(PRD);

(2)根据PRD,设计制定交通电子产品的开发计划时间表;

(3)完成产品开发后,提交产品的开发包和开发说明文档;

(4)编制产品的用户使用说明书。

【实训内容】

1.情景设置

利用第七章项目二中图7-10的设计,再相应增加一些红、黄、绿的发光二极管,设计一个十字路口东西、南北双向倒计时灯控系统。

2.技能目标

(1)了解交通电子产品开发过程的主要流程;

(2)练习并编制交通电子产品开发过程中的文件文档。

3. 相关知识

(1) 交通电子产品开发首先必须做出对所需开发产品的定义,一般通过编制产品需求说明书(PRD)来完成;

(2) 在交通电子产品开发的实施过程中,必须严格按照开发计划时间表进行;

(3) 在交通电子产品开发完成后,必须编制相应产品的开发文档以说明开发工作的具体产出;

(4) 在所开发的交通电子产品交付客户使用前,必须编制用户说明书对产品进行说明。

4. 实训准备

所需仪器及设备为计算机、办公软件。

5. 实训步骤

1) 编制 PRD 文件

根据情景设置编制交通电子产品的 PRD 文件,内容可包括:

(1) 产品的愿景;

(2) 产品的目标市场;

(3) 产品的竞争分析;

(4) 产品的系统需求;

(5) 产品的功能设定;

(6) 产品的功能优先级;

(7) 产品的性能需求;

(8) 产品的交付需求。

2) 设计制定交通电子产品的开发计划时间表

根据产品的交付需求和产品功能的优先级安排资源,设计产品开发的时间表,必须要包含一些重要的阶段性时间节点。

3) 编制交通电子产品的开发说明文档

根据开发时间表,按照产品的交付需求编制开发文档并说明开发活动的具体产出。

4) 编制交通电子产品的用户使用说明书

针对目标市场和目标客户,根据产品的系统需求,功能设定,性能需求,编写适合用户的产品使用说明书。

6. 注意事项

注意各个文件编写的合理性、可行性和可操作性。

7. 实训评价

实训评价内容见表8-1。

实训评价表   表8-1

评价内容	评价要求及评分标准	得　分
针对产品编写的各文件的合理性	合理(40分)	
针对产品编写的各文件的可行性	可行(30分)	
针对产品编写的各文件的可操作性	可操作(30分)	

8. 活动建议

(1) 编写前可让同学们充分讨论,可采纳脑力风暴的形式。

(2) 每位同学都需要独立编写各个文档。

(3)选取部分范文进行讲解和总结。

项目二:交通路口智能交通灯控制系统的设计(包括灯控和显示)

【实训要点】

根据产品开发 PRD 需求文档,设计完成一个交通路口的红黄绿灯灯控和倒计时显示的实验室演示系统。

【实训方法】

(1)分析理解已有的交通电子产品的产品需求文档(PRD);

(2)根据 PRD,设计满足 PRD 要求的交通电子新产品;

(3)完成产品开发后,提交产品的开发包和编写开发说明文档。

【实训内容】

1.情景设置

1)PRD 文档内容

所需设计的交通电子产品的 PRD 文档主要内容如下:

(1)产品的愿景

继续巩固市场份额。

(2)产品的目标市场

具有红黄绿灯显示和倒计时功能的十字路口灯控演示系统。

(3)产品的竞争分析

MCS-51 单片机作为 CPU 使用,成本低,非常具有价格优势。

(4)产品的系统需求

系统主要元器件为:1 个 MCS-51 单片机,4 个 LED 七段数码管,4 片 74LS164 移位寄存器,2 个红色发光二极管,2 个黄色发光二极管,2 个绿色发光二极管。

(5)产品的功能设定

功能描述如下:

①相位 0:启动;

②相位 1:时长(t_G_EW)秒。东西向绿灯亮,且(t_G_EW)秒倒计时开始,其中最后(t_Gs_EW)秒时绿灯按 2Hz 频率闪烁。此阶段南北向红灯一直亮并倒计时;

③相位 2:时长(t_Y_EW)秒。东西向黄灯按 2Hz 频率闪烁,持续(t_Y_EW)秒,且倒计时。此阶段南北向红灯一直亮并继续相位 1 的倒计时;

④相位 3:时长(t_G_SN)秒。南北向绿灯亮,且(t_G_SN)秒倒计时开始,其中最后(t_Gs_SN)秒时绿灯按 2Hz 频率闪烁。此阶段东西向红灯一直亮并倒计时;

⑤相位 4:时长(t_Y_SN)秒。南北向黄灯按 2Hz 频率闪烁,持续(t_Y_SN)秒,且倒计时。此阶段东西向红灯一直亮并继续相位 3 的倒计时。

相位 4 结束后进入相位 1 继续执行。

注意:任何时候在一个方向只能有一种颜色的信号灯点亮,不允许出现任意两种颜色或三种颜色信号灯同时点亮的情况。

(6)产品的功能优先级

首先完成相应时序的红黄绿灯控制,在此基础上再完成倒计时显示。

（7）产品的性能需求

①各个时序灵活可调；

②……

　　┆

（8）产品的交付需求

①交付时间：自此 PRD 文档发出开始 4 课时后截止；

②交付清单：设计原理图、源程序、参考演示平台。

2）满足 PRD 要求的产品设计思路

（1）初始时序设定

t_G_EW	equ	30	；东西向绿灯时长
t_Gs_EW	equ	6	；东西向绿灯最后闪烁时长
t_Y_EW	equ	5	；东西向黄灯时长
t_G_SN	equ	20	；南北向绿灯时长
t_Gs_SN	equ	5	；南北向绿灯最后闪烁时长
t_Y_SN	equ	4	；南北向黄灯时长
t_R_SN	equ	t_G_EW + t_Y_EW	；南北向红灯时长
t_R_EW	equ	t_G_SN + t_Y_SN	；东西向红灯时长

（2）红黄绿灯驱动设定

由 MCS-51 单片机 P1 口的 8 个输出端口中的 6 个分别对应东西、南北双向红黄绿各 2 个灯共计 6 个灯的驱动。

（3）倒计时显示用 LED 数码管驱动设定

采用图 8-1 所示的设计（同第七章项目二中图 7-10），4 个共阳极 LED 数码管从右至左分别显示东西向倒计时的个位、十位，以及南北向倒计时的个位、十位。

2. 技能目标

（1）能够根据 PRD 设计完成产品功能开发；

（2）能够在完成相应开发后按照 PRD 需求进行总结和整理。

3. 相关知识

（1）PRD 要求的倒计时和 2Hz 闪烁状态可通过设定时间中断来精确设置；

（2）共阳极 LED 数码管的显示方法可参考第七章项目二。

4. 实训准备

计算机（装有 KEIL 软件）、DP-51S 仿真实验板、74LS164 接口配件、共阳极 LED 数码管、红、黄、绿三种颜色的发光二极管，连接线、万用表。

5. 实训步骤

（1）分别将两组共 6 个红黄绿发光二极管接入 P1 端口。当采用拉电流方式时通过限流电阻接地，此时 P1 相应端口输出 1 则灯亮，输出 0 则灯灭；当采用灌电流方式时通过限流电阻接 +5V，此时 P1 相应端口输出 1 则灯灭，输出 0 则灯亮；

（2）参照图 8-1 连接 DP-51 实验板与 74LS164 的接口，检查其电源引脚是否有电压，检查各元件间的连接；

（3）软件控制方法设计：

①定时器 T0 控制 1s 的倒计时；

②定时器 T1 控制 0.5s（2Hz）的闪烁；

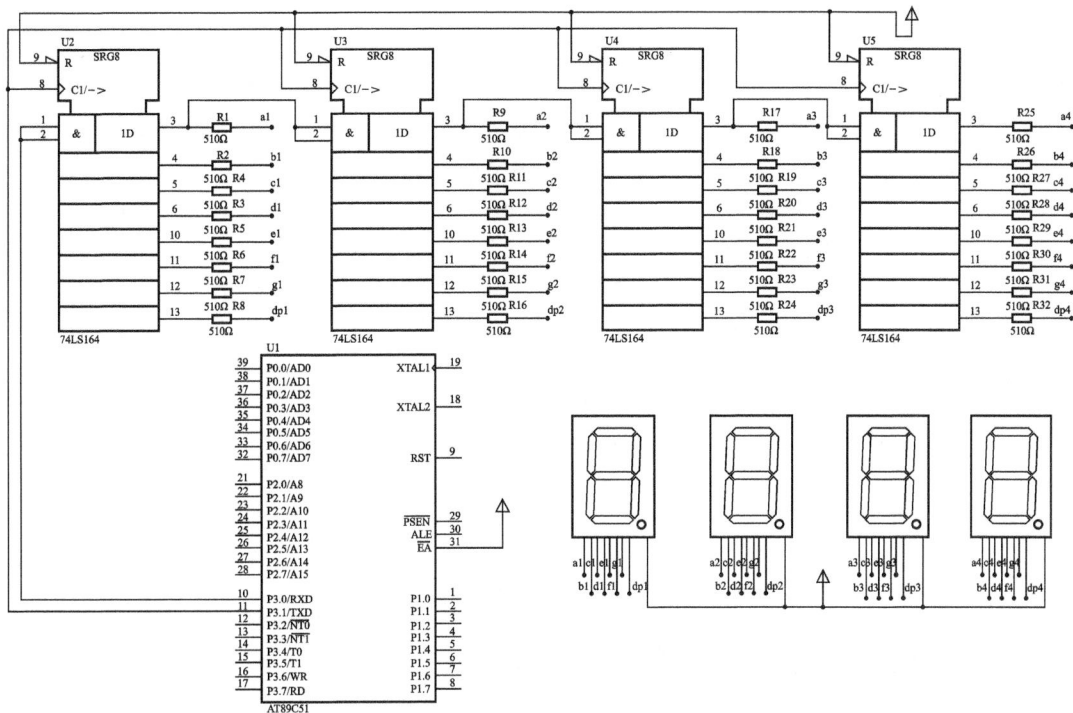

图 8-1　利用移位寄存器 74LS164 输出驱动 4 个 LED 数码管

③设计一个针对相位调整的子程序,当程序在每次进行相位变换调整时,进行如下操作:

a.设定各个红黄绿灯的状态;

b.设定东西、南北两个方向倒计时的初始值;

c.启动定时器 0 开始倒计时;

d.在进入相位 2 和相位 4 时还需启动定时器 1 控制相应黄灯闪烁。

④定时器 T0 中断服务程序进行如下操作:

a.调整东西、南北双向的倒计时显示;

b.当双向中有任意倒计时至 0 则意味着相位需要改变;

c.在相位 1 和相位 3 中当绿灯亮的倒计时进入最后阶段,需启动定时器 1 让绿灯闪烁。

⑤定时器 T1 中断服务程序进行如下操作:

对相应相位中闪烁的灯口进行取反处理,效果就是使其按照定义频率闪烁。

(4)编程测试:

①汇编参考程序如下:

```
t_G_EW   equ  30              ;东西向绿灯时长,30s
t_Gs_EW  equ  6               ;东西向绿灯最后闪烁时长,6s
t_Y_EW   equ  5               ;东西向黄灯时长,5s
t_G_SN   equ  20              ;南北向绿灯时长,20s
t_Gs_SN  equ  5               ;南北向绿灯最后闪烁时长,5s
t_Y_SN   equ  4               ;南北向黄灯时长,4s

t_R_SN   equ  t_G_EW + t_Y_EW ;南北向红灯时长
```

```
        t_R_EW  equ  t_G_SN + t_Y_SN      ;东西向红灯时长

        LIGHT   equ  P1          ;P1 口驱动红黄绿灯

        LtFlag  equ  20h         ;灯控信号存储单元
        b_sSN   equ  00h         ;flag of 南北向灯,备用
        b_rSN   equ  01h         ;flag of 南北向红灯
        b_ySN   equ  02h         ;flag of 南北向黄灯
        b_gSN   equ  03h         ;flag of 南北向绿灯
        b_sEW   equ  04h         ;flag of 东西向灯,备用
        b_rEW   equ  05h         ;flag of 东西向红灯
        b_yEW   equ  06h         ;flag of 东西向黄灯
        b_gEW   equ  07h         ;flag of 东西向绿灯

        LED_EW  equ  30h         ;东西向倒计时计数存储单元
        LED_SN  equ  31h         ;南北向倒计时计数存储单元

        Phase   equ  32h         ;相位存储单元
        Phase0  equ  0
        Phase1  equ  1
        Phase2  equ  2
        Phase3  equ  3
        Phase4  equ  4
        PS_1st  equ  1           ;初始运行相位

        ORG     0000H
        LJMP    START            ;转主程序
        ORG     000BH
        LJMP    _int_T0          ;转 T0 中断服务程序
        ORG     001BH
        LJMP    _int_T1          ;转 T1 中断服务程序

        ORG     0100H
TABLE: DB  0C0H,0F9H,0A4H,0B0H,99H,92H,82H,0F8H,80H,90H  ;共阳极,数字 0~9
TB_OFF:DB  0FFH                  ;所有 LED 熄灭

START:
        MOV     SP, #40H

        MOV     LED_EW, #00H  ;LED 熄灭
        MOV     LED_SN, #00H  ;LED 熄灭
        MOV     DPTR, #TB_OFF
        lcall   Display_LED_
```

```
        MOV      LtFlag, #00H      ; 所有红黄绿灯熄灭
        lcall    Display_Light     ; 设定各个红黄绿灯的状态

        MOV      TMOD, #11H        ; T0T1 为定时状态,工作于方式1
        MOV      TH0,#4cH          ; TH0TL0
        MOV      TL0,#00H          ; 定时50ms, XTAL =11.0592MHz
        MOV      R7, #20           ; 20 × 50ms =1s
        MOV      TH1,#4cH          ; TH1TL1
        MOV      TL1,#00H          ; 定时50ms
        MOV      R6, #10           ; 10 × 50ms =0.5s

        MOV      Phase, #PS_1st
        lcall    Adjust_Phase      ; 改变工作相位
        SJMP     $

_int_T0:
        MOV      TH0,#4cH
        MOV      TL0,#00H          ; 定时50ms
        djnz     R7, _iT0_quit
        MOV      R7, #20           ; 20 × 50ms =1s
        dec      LED_EW            ; 调整东西向的倒计时显示
        dec      LED_SN            ; 调整南北向的倒计时显示
        mov      A, LED_EW
        jz       _iT0_1
        mov      A, LED_SN
        jnz      _iT0_2
_iT0_1:
        mov      A, Phase          ; 倒计时至0则意味着相位需要改变
        cjne     A, #Phase4, _iT0_3
        mov      A, #Phase1
        sjmp     _iT0_4
_iT0_3:
        inc      A
_iT0_4:
        mov      Phase, A
        lcall    Adjust_Phase      ; 改变工作相位
        sjmp     _iT0_quit
_iT0_2:
        lcall    Display_LED
        mov      A, Phase
        cjne     A, #Phase1, _iT0_5
        mov      A, LED_EW
        cjne     A, #t_Gs_EW, _iT0_quit
        sjmp     _iT0_6            ; 倒计时进入最后的绿灯闪烁阶段,需启动定时器1
```

```
_iT0_5:
        cjne    A, #Phase3, _iT0_quit
        mov     A, LED_SN
        cjne    A, #t_Gs_SN, _iT0_quit
_iT0_6:
        SETB    TR1                     ; 倒计时进入最后的绿灯闪烁阶段,需启动定时器 1
        SETB    ET1             ; 允许 T1 中断
        SETB    EA              ; 开中断
_iT0_quit:
        reti


_int_T1:
        MOV     TH1,#4cH
        MOV     TL1,#00H        ; 定时 50ms
        djnz    R6, _iT1_quit
        MOV     R6, #10         ; 10×50ms=0.5s
        mov     A, Phase
        cjne    A, #Phase1, _iT1_PS2
        cpl     b_gEW           ; 按位取反,使东西向绿灯闪烁
        sjmp    _iT1_PS5
_iT1_PS2:
        cjne    A, #Phase2, _iT1_PS3
        cpl     b_yEW           ; 按位取反,使东西向黄灯闪烁
        sjmp    _iT1_PS5
_iT1_PS3:
        cjne    A, #Phase3, _iT1_PS4
        cpl     b_gSN           ; 按位取反,使南北向绿灯闪烁
        sjmp    _iT1_PS5
_iT1_PS4:
        cjne    A, #Phase4, _iT1_quit
        cpl     b_ySN           ; 按位取反,使南北向黄灯闪烁
_iT1_PS5:
        lcall   Display_Light   ; 设定各个红黄绿灯的状态
_iT1_quit:
        reti


Adjust_Phase:                   ; 相位变化调整的子程序
        CLR     TR0
        CLR     ET0
        CLR     TR1
        CLR     ET1
        CLR     EA
        Mov     A, Phase
        cjne    A, #Phase1, AP_check_P2
```

```
        MOV      A, #t_G_EW        ; 进入相位 1
        MOV      LED_EW, A         ; 设定东西向绿灯的倒计时显示初始值
        MOV      A, #t_R_SN
        MOV      LED_SN, A         ; 设定南北向红灯的倒计时显示初始值
        lcall    Display_LED
        clr      b_sEW             ; 东西向灯
        clr      b_rEW             ; 东西向红灯灭
        clr      b_yEW             ; 东西向黄灯灭
        setb     b_gEW             ; 东西向绿灯亮
        clr      b_sSN             ; 南北向灯
        setb     b_rSN             ; 南北向红灯亮
        clr      b_ySN             ; 南北向黄灯灭
        clr      b_gSN             ; 南北向绿灯灭
        lcall    Display_Light     ; 设定各个红黄绿灯的状态
        sjmp     AP_en_T0
AP_check_P2:
        cjne     A, #Phase2, AP_check_P3
        MOV      A, #t_Y_EW        ; 进入相位 2
        MOV      LED_EW, A         ; 设定东西向黄灯的倒计时显示初始值
        lcall    Display_LED
        clr      b_sEW             ; 东西向灯
        clr      b_rEW             ; 东西向红灯灭
        setb     b_yEW             ; 东西向黄灯亮闪
        clr      b_gEW             ; 东西向绿灯灭
        clr      b_sSN             ; 南北向灯
        setb     b_rSN             ; 南北向红灯亮
        clr      b_ySN             ; 南北向黄灯灭
        clr      b_gSN             ; 南北向绿灯灭
        lcall    Display_Light     ; 设定各个红黄绿灯的状态
        sjmp     AP_en_T1
AP_check_P3:
        cjne     A, #Phase3, AP_check_P4
        MOV      A, #t_R_EW        ; 进入相位 3
        MOV      LED_EW, A         ; 设定东西向红灯的倒计时显示初始值
        MOV      A, #t_G_SN
        MOV      LED_SN, A         ; 设定南北向绿灯的倒计时显示初始值
        lcall    Display_LED
        clr      b_sEW             ; 东西向灯
        setb     b_rEW             ; 东西向红灯亮
        clr      b_yEW             ; 东西向黄灯灭
        clr      b_gEW             ; 东西向绿灯灭
        clr      b_sSN             ; 南北向灯
        clr      b_rSN             ; 南北向红灯灭
        clr      b_ySN             ; 南北向黄灯灭
```

```
            setb     b_gSN            ; 南北向绿灯亮
            lcall    Display_Light    ; 设定各个红黄绿灯的状态
            sjmp     AP_en_T0
AP_check_P4:
            cjne     A, #Phase4, AP_quit
            MOV      A, #t_Y_SN        ; 进入相位 4
            MOV      LED_SN, A         ; 设定南北向黄灯的倒计时显示初始值
            lcall    Display_LED
            clr      b_sEW            ; 东西向灯
            setb     b_rEW            ; 东西向红灯亮
            clr      b_yEW            ; 东西向黄灯灭
            clr      b_gEW            ; 东西向绿灯灭
            clr      b_sSN            ; 南北向灯
            clr      b_rSN            ; 南北向红灯灭
            setb     b_ySN            ; 南北向黄灯亮闪
            clr      b_gSN            ; 南北向绿灯灭
            lcall    Display_Light    ; 设定各个红黄绿灯的状态
AP_en_T1:
            SETB     TR1              ; 启动 T1 计数
            SETB     ET1              ; 允许 T1 中断
AP_en_T0:
            SETB     TR0              ; 启动 T0 计数
            SETB     ET0              ; 允许 T0 中断
            SETB     EA               ; 开中断
AP_quit:
            ret


Display_Light:                        ; 红黄绿灯驱动
            mov      A, LtFlag
            xrl      A, #0FFH          ; 灌电流,1 熄灭,0 点亮;若为拉电流则此行可省
            mov      LIGHT, A
            ret


Display_LED:                          ; 倒计时显示
            MOV      DPTR, #TABLE
Display_LED_:
            MOV      SCON, #00H
            mov      r0, #LED_EW       ; 东西向倒计时显示值
            MOV      A, @ r0
            MOV      B, #10            ; 计算个位和十位
            DIV      AB
            XCH      A, B
            MOVC     A, @ A + DPTR
            MOV      SBUF, A           ; 发送个位
```

```
        JNB     TI, $
        CLR     TI
        XCH     A, B
        MOVC    A, @ A + DPTR
        MOV     SBUF, A         ; 发送十位
        JNB     TI, $
        CLR     TI
        mov     r0, #LED_SN     ; 南北向倒计时显示值
        MOV     A, @ r0
        MOV     B, #10
        DIV     AB
        XCH     A, B
        MOVC    A, @ A + DPTR
        MOV     SBUF, A         ; 发送个位
        JNB     TI, $
        CLR     TI
        XCH     A, B
        MOVC    A, @ A + DPTR
        MOV     SBUF, A         ; 发送十位
        JNB     TI, $
        CLR     TI
        ret
        END
```

②C 语言参考程序如下：

```c
#include "reg51.h"
#define DEBUG 0

#define TIMING0 (65536 - (50000* 11.0592)/12)
#define TIMING1 (65536 - (50000* 11.0592)/12)

#define t_G_EW 30           //; 东西向绿灯时长,30s
#define t_Gs_EW 6           //; 东西向绿灯最后闪烁时长,6s
#define t_Y_EW 5            //; 东西向黄灯时长,5s
#define t_G_SN 20           //; 南北向绿灯时长,20s
#define t_Gs_SN 5           //; 南北向绿灯最后闪烁时长,5s
#define t_Y_SN 4            //; 南北向黄灯时长,4s

#define t_R_SN (t_G_EW +t_Y_EW)     //; 南北向红灯时长
#define t_R_EW (t_G_SN +t_Y_SN)     //; 东西向红灯时长

    unsigned char data LED_EW;      //; 东西向倒计时计数存储单元
    unsigned char data LED_SN;      //; 南北向倒计时计数存储单元
    bit bClear;
```

```c
#define SINK_CURRENT 1          //; 灌电流1,拉电流(Source Current)0
#define LIGHT P1                //; P1 口驱动红黄绿灯
#define b_sSN 0x01              //; flag of 南北向灯,备用
#define b_rSN 0x02              //; flag of 南北向红灯
#define b_ySN 0x04              //; flag of 南北向黄灯
#define b_gSN 0x08              //; flag of 南北向绿灯
#define b_sEW 0x10              //; flag of 东西向灯,备用
#define b_rEW 0x20              //; flag of 东西向红灯
#define b_yEW 0x40              //; flag of 东西向黄灯
#define b_gEW 0x80              //; flag of 东西向绿灯

    unsigned char bdata LtFlag;          //; 灯控信号存储单元


#define NUM_Display 11          //; LED 数码管可显示的数码个数

    unsigned char code table[NUM_Display] = {0xc0,0xf9,0xa4,0xb0,
                        0x99,0x92,0x82,0xf8,
0x80,0x90,0xff};      //共阳极,数字0~9


#define Phase0 0
#define Phase1 1
#define Phase2 2
#define Phase3 3
#define Phase4 4
#define PS_1st Phase1                 //; 初始运行相位

    unsigned char data Phase;                    //; 相位存储单元

    unsigned char data CUNT_1s, CUNT_500ms;

void Display_Light()          //; 红黄绿灯驱动
{
    #ifdef SINK_CURRENT
        LIGHT = ~LtFlag;          //; 灌电流,1 熄灭,0 点亮
    #else
        LIGHT = LtFlag;           //; 拉电流,1 点亮,0 熄灭
    #endif
}

void DISPLAY(unsigned char * LED_DIGIT)          /*              */
{
    SCON = 0x00;                  /* 串行口设定方式 0         */
    SBUF = table[LED_DIGIT[0]];
    while(TI == 0);          /* 等待                */
```

```
        TI = 0;                   /*  中断标志清零        */
        SBUF = table[LED_DIGIT[1]];
        while(TI == 0);       /*  等待               */
        TI = 0;                   /*  中断标志清零        */
        SBUF = table[LED_DIGIT[2]];
        while(TI == 0);       /*  等待               */
        TI = 0;                   /*  中断标志清零        */
        SBUF = table[LED_DIGIT[3]];
        while(TI == 0);       /*  等待               */
        TI = 0;                   /*  中断标志清零        */
}


void Display_LED ()
{
    unsigned char LED_DIGIT[4];
    if (bClear)
    {
        LED_DIGIT[0] = NUM_Display - 1;      //; LED 数码管全熄灭
        LED_DIGIT[1] = NUM_Display - 1;
        LED_DIGIT[2] = NUM_Display - 1;
        LED_DIGIT[3] = NUM_Display - 1;
    }
    else
    {
        LED_DIGIT[0] = LED_EW% 10;          //; 东西向取个位
        LED_DIGIT[1] = LED_EW/10;           //; 东西向取十位
        LED_DIGIT[2] = LED_SN% 10;          //; 南北向取个位
        LED_DIGIT[3] = LED_SN/10;           //; 南北向取十位
    }
    DISPLAY(LED_DIGIT);
}


void Adjust_Phase ()                //; 相位变化调整的子程序
{
    TR0 = 0;
    ET0 = 0;
    TR1 = 0;
    ET1 = 0;
    EA = 0;
    switch (Phase)
    {
        case Phase1:                //; 进入相位 1
            {
                LED_EW = t_G_EW;     //; 设定东西向绿灯的倒计时显示初始值
```

```
            LED_SN = t_R_SN;        //；设定南北向红灯的倒计时显示初始值
            bClear = 0;
            Display_LED();
            LtFlag &= (~b_sEW);          //；东西向灯
            LtFlag &= (~b_rEW);          //；东西向红灯灭
            LtFlag &= (~b_yEW);          //；东西向黄灯灭
            LtFlag |= (b_gEW);           //；东西向绿灯亮
            LtFlag &= (~b_sSN);          //；南北向灯
            LtFlag |= (b_rSN);           //；南北向红灯亮
            LtFlag &= (~b_ySN);          //；南北向黄灯灭
            LtFlag &= (~b_gSN);          //；南北向绿灯灭
            Display_Light();        //；设定各个红黄绿灯的状态
            TR0 = 1;                //；启动 T0 计数
            ET0 = 1;                //；允许 T0 中断
            EA = 1;                 //；开中断
        }
    break;
case Phase2:                        //；进入相位 2
    {
            LED_EW = t_Y_EW;        //；设定东西向黄灯的倒计时显示初始值
            bClear = 0;
            Display_LED();
            LtFlag &= (~b_sEW);     //；东西向灯
            LtFlag &= (~b_rEW);     //；东西向红灯灭
            LtFlag |= (b_yEW);      //；东西向黄灯亮
            LtFlag &= (~b_gEW);     //；东西向绿灯灭
            LtFlag &= (~b_sSN);     //；南北向灯
            LtFlag |= (b_rSN);      //；南北向红灯亮
            LtFlag &= (~b_ySN);     //；南北向黄灯灭
            LtFlag &= (~b_gSN);     //；南北向绿灯灭
            Display_Light();        //；设定各个红黄绿灯的状态
            TR0 = 1;                //；启动 T0 计数
            ET0 = 1;                //；允许 T0 中断
            TR1 = 1;                //；启动 T1 计数
            ET1 = 1;                //；允许 T1 中断
            EA = 1;                 //；开中断
        }
    break;
case Phase3:                        //；进入相位 3
    {
            LED_EW = t_R_EW;    //；设定东西向红灯的倒计时显示初始值
            LED_SN = t_G_SN;    //；设定南北向绿灯的倒计时显示初始值
            bClear = 0;
            Display_LED();
```

```
            LtFlag & = (~b_sEW);          //；东西向灯
            LtFlag |= (b_rEW);            //；东西向红灯亮
            LtFlag & = (~b_yEW);          //；东西向黄灯灭
            LtFlag & = (~b_gEW);          //；东西向绿灯灭
            LtFlag & = (~b_sSN);          //；南北向灯
            LtFlag & = (~b_rSN);          //；南北向红灯灭
            LtFlag & = (~b_ySN);          //；南北向黄灯灭
            LtFlag |= (b_gSN);            //；南北向绿灯亮
            Display_Light();              //；设定各个红黄绿灯的状态
            TR0 = 1;                      //；启动 T0 计数
            ET0 = 1;                      //；允许 T0 中断
            EA = 1;                       //；开中断
        }
    break;
    case Phase4:                          //；进入相位 4
        {
            LED_SN = t_Y_SN;              //；设定南北向黄灯的倒计时显示初始值
            bClear = 0;
            Display_LED();
            LtFlag & = (~b_sEW);          //；东西向灯
            LtFlag |= (b_rEW);            //；东西向红灯亮
            LtFlag & = (~b_yEW);          //；东西向黄灯灭
            LtFlag & = (~b_gEW);          //；东西向绿灯灭
            LtFlag & = (~b_sSN);          //；南北向灯
            LtFlag & = (~b_rSN);          //；南北向红灯灭
            LtFlag |= (b_ySN);            //；南北向黄灯亮
            LtFlag & = (~b_gSN);          //；南北向绿灯灭
            Display_Light();              //；设定各个红黄绿灯的状态
            TR0 = 1;                      //；启动 T0 计数
            ET0 = 1;                      //；允许 T0 中断
            TR1 = 1;                      //；启动 T1 计数
            ET1 = 1;                      //；允许 T1 中断
            EA = 1;                       //；开中断
        }
    break;
    }
}


void main()
{
    unsigned int TH1TL1 = TIMING1;
    unsigned int TH0TL0 = TIMING0;

    LtFlag = 0;
}
```

```
        Display_Light();      //; LtFlag=0,所有红黄绿灯灭

        bClear=1;
        LED_EW=0;                  //; 东西向倒计时计数存储单元
        LED_SN=0;                  //; 南北向倒计时计数存储单元
        Display_LED();         //;     bClear=1,所有LED灭
        bClear=0;

        TMOD=0x11;           //; T0T1为定时状态,工作于方式1
        TH0 = TH0TL0 /256;       //; TH0TL0
        TL0 = TH0TL0 % 256;       //; 定时50ms, XTAL=11.0592MHz
        CUNT_1s=20;                              //; 20×50ms=1s
        TH1 = TH1TL1 /256;        //; TH1TL1
        TL1 = TH1TL1 % 256;        //; 定时50ms, XTAL=11.0592MHz
        CUNT_500ms=10;            //; 10×50ms=0.5s

        Phase=PS_1st;
        Adjust_Phase();             //; 改变工作相位
        while(1);
    }

void timer0() interrupt 1
{
    unsigned int TH0TL0 = TIMING0;

    TH0 = TH0TL0 /256;         //; TH0TL0
    TL0 = TH0TL0 % 256;        //; 定时50ms, XTAL=11.0592MHz
    if(--CUNT_1s == 0)
    {
        CUNT_1s=20;                              //; 20×50ms=1s
        if (--LED_EW==0 || --LED_SN==0)
        {
            if (Phase++ == Phase4)
                Phase = Phase1;
            Adjust_Phase();                 //; 改变工作相位
        }
        else
        {
            bClear=0;
            Display_LED();
            if ((Phase == Phase1 && LED_EW == t_Gs_EW) || (Phase == Phase3 && LED
_SN == t_Gs_SN))
            {
                TR1=1;             //; 启动T1计数,倒计时进入最后的绿灯闪烁阶段
```

```c
        ET1 = 1;                    //; 允许 T1 中断
        EA = 1;                     //; 开中断
      }
    }
  }
}


void timer1() interrupt 3
{
    unsigned int TH1TL1 = TIMING1;

    TH1 = TH1TL1 /256;           //; TH1TL1
    TL1 = TH1TL1 % 256;          //; 定时 50ms, XTAL = 11.0592MHz
    if ( --CUNT_500ms == 0)
    {
        CUNT_500ms = 10;                    //; 10×50ms = 0.5s
        switch (Phase)
        {
            case Phase1:              //; 进入相位 1
                LtFlag ^= (b_gEW);    //; 按位取反,使东西向绿灯闪烁
                break;
            case Phase2:              //; 进入相位 2
                LtFlag ^= (b_yEW);    //; 按位取反,使东西向黄灯闪烁
                break;
            case Phase3:              //; 进入相位 3
                LtFlag ^= (b_gSN);    //; 按位取反,使南北向绿灯闪烁
                break;
            case Phase4:              //; 进入相位 4
                LtFlag ^= (b_ySN);    //; 按位取反,使南北向黄灯闪烁
                break;
            default:
                ;         //; 设定各个红黄绿灯的状态
        }
        Display_Light();              //; 设定各个红黄绿灯的状态
    }
}
```

③进行程序编译、连接和调试,观察 LED 数码管和红黄绿灯显示情况。

④完成设计所有功能后,提交产品的开发包和编写开发说明文档。

6. 注意事项

(1)单片机与 74LS164,LED 数码管必须共地。

(2)74LS164 的工作受 CLK 引脚易受干扰,请注意不要用手触摸 CLK 引脚,否则数据会处于不确定状态。

(3)P1 端口驱动各个发光二极管时需要连接限流电阻。

7. 实训评价

实训评价内容见表8-2。

实 训 评 价 表　　　　　　　　　　　　　　　表8-2

评价内容	评价要求及评分标准	得分
硬件电路连接	连接正确(20分)	
程序编写调试,系统功能实现	程序正确,功能实现(50分)	
"活动建议"部分完成情况	任选一完成(30分)	

8. 活动建议

认真分析程序工作原理,思考如何调整程序以满足以下问题:

(1)东西向红、黄、绿灯和南北向红、黄、绿灯分别接P1.0、P1.1、P1.2和P1.3、P1.4、P1.5;

(2)6个红黄绿灯共阴极连接,即输出1点亮,0熄灭;

(3)在相位2和相位4中黄灯持续亮,不闪烁;

(4)设置:东西向绿灯15s,南北向红灯18s,且东西向红灯24s,南北向绿灯20s;

(5)初始从相位4开始执行,所有黄绿灯闪烁频率调整为1Hz。

项目三:道路行驶车辆的检测和显示

【实训要点】

根据产品开发PRD需求文档,设计完成一个针对在交通道路上行驶的车辆进行计数和显示的系统。

【实训方法】

(1)分析理解已有交通电子产品的产品需求文档(PRD);

(2)根据PRD,设计满足PRD要求的交通电子新产品;

(3)完成产品开发后,提交产品的开发包和编写开发说明文档。

【实训内容】

1. 情景设置

1)PRD文档内容

所需设计的交通电子产品的PRD文档主要内容如下:

(1)产品的愿景

继续巩固市场份额。

(2)产品的目标市场

利用车检器和环形地感线圈对道路上行驶车辆进行检测。

(3)产品的竞争分析

车检器和环形地感线圈工作稳定,MCS-51单片机作为CPU使用,成本低,非常具有价格优势。

(4)产品的系统需求

系统主要元器件为:1个MCS-51单片机,4个LED七段数码管,4片74LS164移位寄存器,1个四路车检器(如:LTD104X车辆检测器),4个环形地感线圈。

(5)产品的功能设定

功能描述如下:

①检测 4 路线圈感应信号的输入；

②对 4 路检测输入信号进行累加计数；

③在 LED 数码管上分别显示 4 路的计数值。

（6）产品的功能优先级

以"功能描述"的顺序完成产品设计。

（7）产品的性能需求

①……

②……

┆

（8）产品的交付需求

①交付时间：自此 PRD 文档发出开始 4 课时后截止；

②交付清单：设计原理图、源程序、参考演示平台。

2）满足 PRD 要求的产品设计思路

（1）系统工作原理设计

将环形地感线圈信号接入车检器，一旦有车辆经过，系统可基于 MCS-51 单片机采集检测车检器的光耦信号下降沿。单片机采用查询扫描法，利用定时器中断每隔 5ms 查询检测车检器光耦输出口的脉冲信号的下降沿，通过检测下降沿的次数从而检测出车辆数。系统结构如图 8-2 所示。

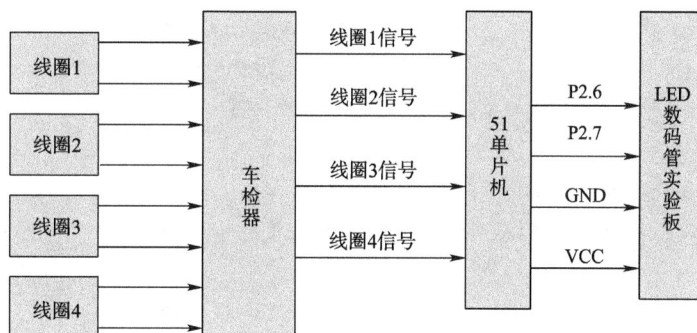

图 8-2　车检系统结构图

（2）系统搭建和接口定义

车检器以 4 路线圈信号输入车辆检测器 LTD104X 为例，将线圈信号接入车检器。再按照图 8-3 所示的车检系统接线示意图连接安装整个系统。

以 LTD104X 为例的车检器引脚接线可参考表 8-3。

LTD104X 车辆检测器引脚接线　　　　　表 8-3

51 Mini Board 实验板	LTD104X 车辆检测器 开关量输出	数码显示板	51 Mini Board 实验板	LTD104X 车辆检测器 开关量输出	数码显示板
P2.0	02		P2.3	05	
P2.1	03		GND	OC	GND
P2.2	04		+5V		+5V

MCS-51 单片机的 P2.6 和 P2.7 通过 74LS164 被扩展为 8 位并行口，而 4 片 74LS164 串级连接，分别控制一个共阳极的 LED 数码管，如图 8-3 所示（注：此图由 P2.6 和 P2.7 驱动 74LS164，与图 8-1 不同）。4 个 LED 数码管分别显示 1 路车检信号采集的车辆数。

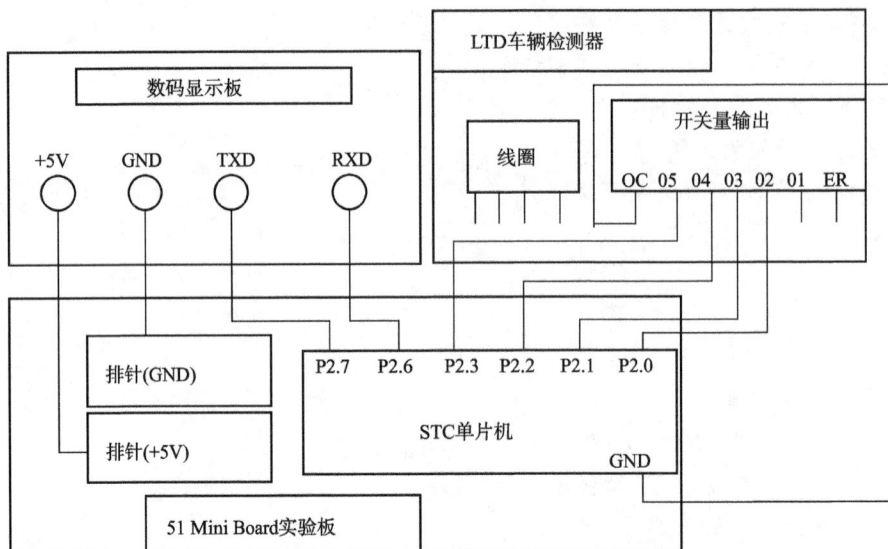

图 8-3　车检系统接线示意图

综上所述,MCS-51单片机各接口具体定义为:

```
sbit CLK = P2^7;            // 74LS164 芯片时钟
sbit SERIAL_DAT = P2^6;     // 74LS164 芯片串行数据
sbit Fir_road = P2^0;       // 第一车道车检器光耦脉冲信号输入
sbit Sec_road = P2^1;       // 第二车道车检器光耦脉冲信号输入
sbit Thr_road = P2^2;       // 第三车道车检器光耦脉冲信号输入
sbit Fou_road = P2^3;       // 第四车道车检器光耦脉冲信号输入
```

2．技能目标

(1)能够根据 PRD 设计完成产品功能开发;

(2)能够在完成相应开发后按照 PRD 需求进行总结和整理。

3．相关知识

(1)PRD 要求每5ms 一次的查询可通过设定时间中断来精确设置;

(2)共阳极 LED 数码管的显示方法可参考第七章项目二。

4．实训准备

计算机(装有 KEIL 软件)、DP-51S 仿真实验板、74LS164 接口配件、共阳极 LED 数码管,四路车检器(如:LTD104X 车辆检测器),环形地感线圈,连接线、万用表。

5．实训步骤

1)线路连接

参照图 8-2、图 8-3 和图 8-4 连接整个系统,检查其电源引脚是否有电压,检查各元件间的连接。

2)车检器配置(以 LTD104X 为例)

(1)打开 LTD104X 车检器配置程序,串口号可以在设备管理器当中的端口(COM 和 LPT)处查看,波特率选57600。点击右上角的进入配置模式选项,在配置命令里面选择配置灵敏度参数,线圈1、线圈2、线圈3 和线圈4 的进车灵敏度设置成30,出车灵敏度设置成28,触发方式都选择为不触发,其他参数保持默认,单击下载返回到"请选择配置命令"对话框,如图 8-5 所示。

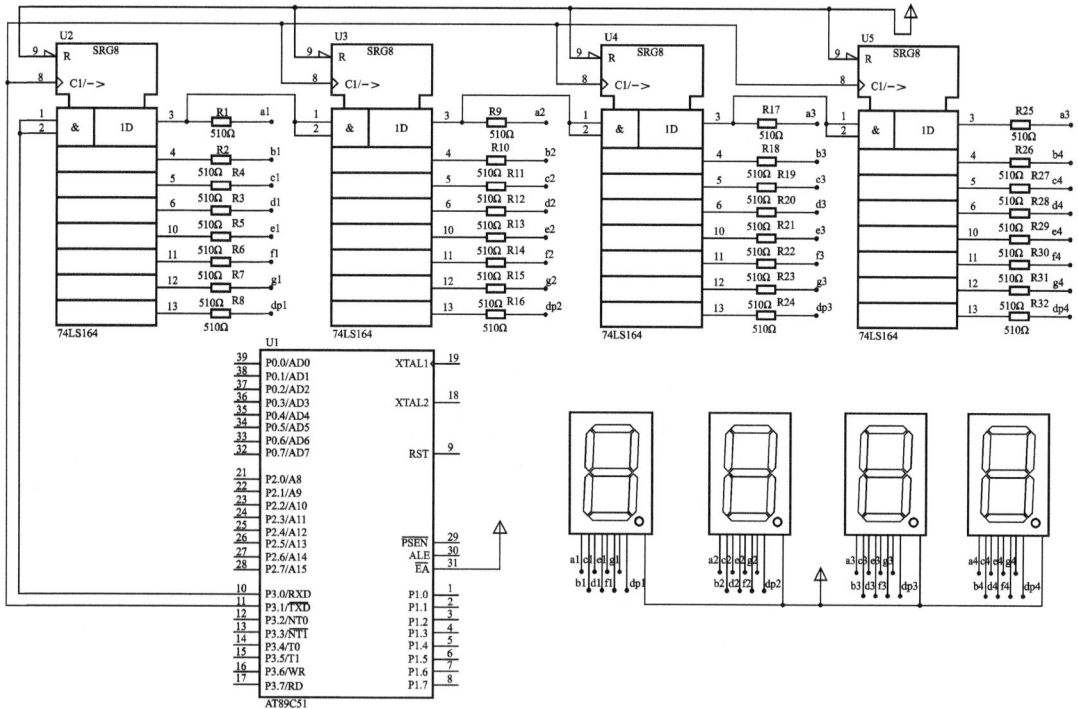

图 8-4　车检信号计数显示连接图

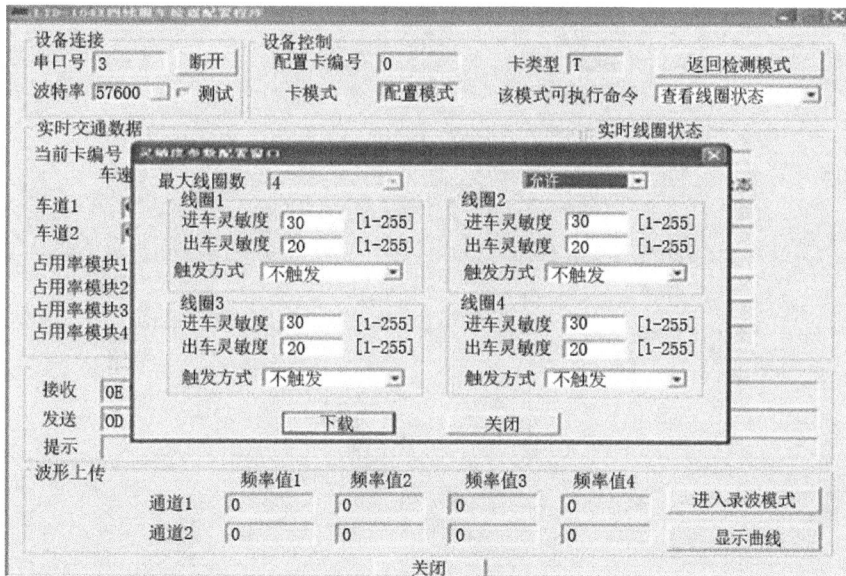

图 8-5　车检器灵敏度配置

（2）在"请选择配置命令"对话框里面选择配置输入输出参数，配置输入输出参数。把通道 1、通道 2、通道 3 和通道 4 的输出电平极性的下拉选项框选择低电平有效，输出方式选择为存在型，输出存在时间设置成 65535，其他参数保持默认，单击下载返回到"请选择配置命令"对话框，如图 8-6 所示。

（3）单击返回检测模式，LTD 车辆检测器处于检测模式，系统将正常工作。

3）软件控制方法设计

（1）利用定时器 0 每 5ms 检测一次第一车道和第二车道；

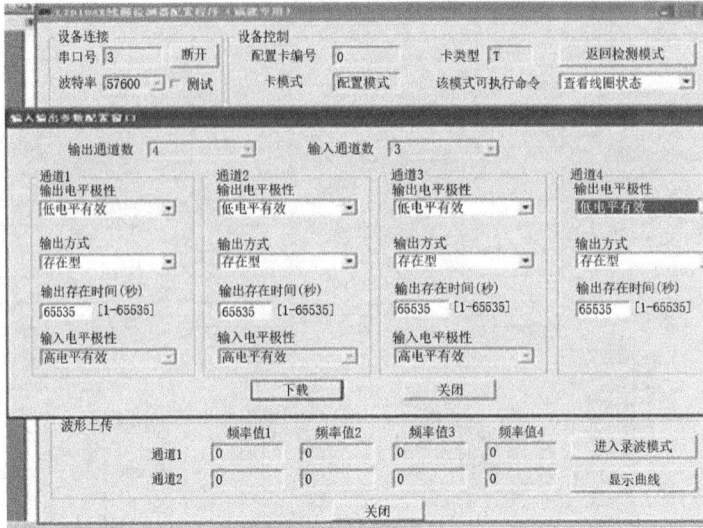

图 8-6　车检器采集电平配置

(2)利用定时器1每5ms检测一次第三车道和第四车道；

(3)程序流程图如图8-7和图8-8所示。

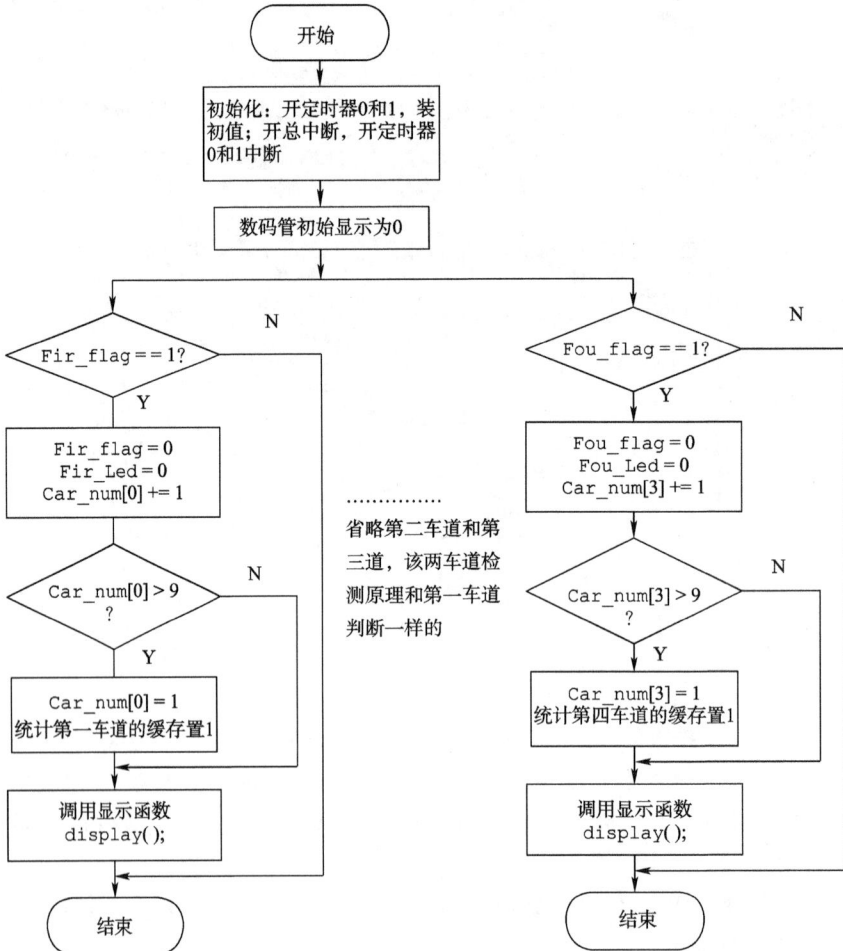

图 8-7　主函数流程图

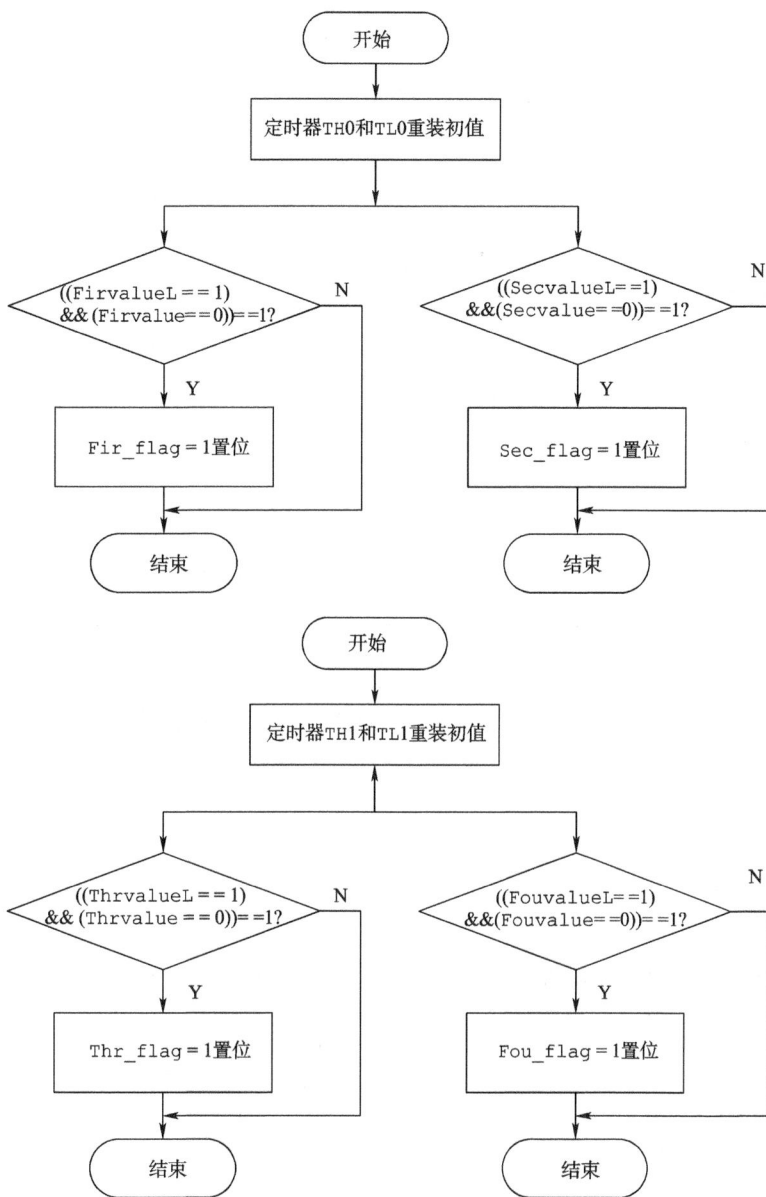

图 8-8 定时器 0 和 1 中断函数

4) 编程测试

(1) C 语言参考程序如下：

```c
include < reg52.h >      //#include < STC12C5A60S2.h >
#include < intrins.h >
#define UCHAR unsigned char
#define UINT unsigned int

#define TIMING0 (65536 - (5000* 11.0592)/12)
#define TIMING1 (65536 - (5000* 11.0592)/12)

sbit CLK = P2^7;      // HD74LS164P 芯片时钟
```

```
sbit SERIAL_DAT = P2^6;        // HD74LS164P 芯片串行数据

sbit Fir_road = P2^0;      //第一车道信号输入
sbit Sec_road = P2^1;
sbit Thr_road = P2^2;
sbit Fou_road = P2^3;

UCHAR table[] = {0xc0,0xf9,0xa4,0xb0,
0x99,0x92,0x82,0xf8,
0x80,0x90,0x88,0x83,
0xc6,0xa1,0x86,0x8e};      //共阳极,显示 0～F

UCHAR OneMin_flag;
UINT OneMin_count;

UCHAR i,j;
UCHAR Car_num[4],DATA[4];      //车辆数缓存

UCHAR Fir_flag,Sec_flag,Thr_flag,Fou_flag;      //4 个车道标志位
//设定静态缓存变量
static UCHAR Firvalue,FirvalueL;
static UCHAR Secvalue,SecvalueL;
static UCHAR Thrvalue,ThrvalueL;
static UCHAR Fouvalue,FouvalueL;

/* * * * * * * * * * * * 延时函数 * * * * * * * * * * * * * * * * * * * * * * * /
void delay(UCHAR Delay_Time)     //延时 Delay_Time* 1000us
{
for(i =0;i < Delay_Time;i --)
      {
       for (j = 0;j < 200;j ++)
          {
          _nop_();
          _nop_();
          _nop_();
        _nop_();
          _nop_();
          }
      }
}

/* * * * * * * * 初始化函数 * * * * * * * * * * * * * * * * * /
void init()
{
```

```c
    unsigned int TH1TL1 = TIMING1;
    unsigned int TH0TL0 = TIMING0;

    TMOD = 0x11;      //定时器0和定时器1都为16位定时器
    TH0 = TH0TL0 / 256;
    TL0 = TH0TL0 % 256;
    TH1 = TH1TL1 / 256;
    TL1 = TH1TL1 % 256;      //定时器1装载初值
    EA = 1;        //开总中断
    ET0 = 1;       //开定时器0中断
    TR0 = 1;       //启动定时器0
    ET1 = 1;
    TR1 = 1;
}


/* * * * * * * * * * * * 给HD74LS164P芯片发送串行数据 * * * * * * * * * * */
void display()
{
    for(i = 0;i < 4;i ++)
    {
        DATA[i] = Car_num[i];
    }

    for (j = 0;j < 4;j ++)
    {
     for(i = 0;i < 8;i ++)
     {
        CLK = 0;
        SERIAL_DAT = table[DATA[j]] & 0x01;      //时钟上升沿输出数据
        _nop_();
        _nop_();
        CLK = 1;
        _nop_();
        _nop_();
        CLK = 0;
        table[DATA[j]] = _cror_(table[DATA[j]],1);     //数据右移
     }
    }
}
/* * * * * * * * * * * * * *车辆数量统计函数 * * * * * * * * * * * * * */
void vehicle_detect()
{
    if(Fir_flag == 1)     //第一车道车辆数统计
        {
```

```
            Fir_flag = 0;
            Car_num[0] += 1;
            if(Car_num[0] > 9)
            Car_num[0] = 1;
            display();      //调用显示函数
            delay(250);
        }

        if(Sec_flag == 1)       //第二车道车辆数统计
        {
            Sec_flag = 0;
            Car_num[1] += 1;
            if(Car_num[1] > 9)
            Car_num[1] = 1;
            display();       //调用显示函数
            delay(250);
        }

        if(Thr_flag == 1)       //第三车道车辆数统计
        {
            Thr_flag = 0;
            Car_num[2] += 1;
            if(Car_num[2] > 9)
            Car_num[2] = 1;
            display();       //调用显示函数
            delay(250);
        }

        if(Fou_flag == 1)       //第四车道车辆数统计
        {
            Fou_flag = 0;
            Car_num[3] += 1;
            if(Car_num[3] > 9)
            Car_num[3] = 1;
            display();       //调用显示函数
            delay(250);
        }
}

/***************** 主程序 ************************/
void main()
{
    init();       //定时器0和定时器初始化
    display();       //程序运行时数码管显示0
```

```
    while(1)
    {
     vehicle_detect();       //对每个车道的车辆数量进行统计累加
    }
}
```

/* * * * * * * 定时器 0 中断函数 * * * * * * * * * * * * * * * * /
/* 定时器 0, 每 5ms 中断一次, 即 5ms 检测一次第一车道和第二车道的 * /
/* 信号输入脚 * /

```
void timer0() interrupt 1
{
    unsigned int TH0TL0 = TIMING0;

    TH0 = TH0TL0 / 256;
    TL0 = TH0TL0 % 256;

    FirvalueL = Firvalue;
    Firvalue = Fir_road;       //两个静态变量是锁住 5ms 时间的信号输入脚的前后的电平状态

    SecvalueL = Secvalue;
    Secvalue = Sec_road;

        if((FirvalueL == 1) && (Firvalue == 0))     //每 5ms 检测一次信号脚的下降沿
    {
        Fir_flag = 1;           //第一车道标志位置 1
    }

    if((SecvalueL == 1) && (Secvalue == 0))
    {
        Sec_flag = 1;
    }
}
```

/* * * * * * 定时器 1 中断函数 * * * * * * * * * * * /
/* 定时器 1, 每 5ms 中断一次, 即 5ms 检测一次第三车道和第四车道 * /
/* 的信号输入脚的脉冲信号 * /
/* 检测光耦信号脉冲的下降沿还可以设置到每 1ms 检测一次 * /

```
void timer1() interrupt 3
{
    unsigned int TH1TL1 = TIMING1;

    TH1 = TH1TL1 / 256;        //定时器 1 重新装载初值
    TL1 = TH1TL1 % 256;

    ThrvalueL = Thrvalue;      //保存上次的信号输入的电平值
    Thrvalue = Thr_road;       //保存当前的信号输入的电平值
```

```
        FouvalueL = Fouvalue;
        Fouvalue = Fou_road;

        if((ThrvalueL == 1) && (Thrvalue == 0))        //每5ms检测一次信号脚的下降沿
        {
            Thr_flag = 1;
        }

        if((FouvalueL == 1) && (Fouvalue == 0))
        {
            Fou_flag = 1;
        }
}
```

(2)进行程序编译、连接和调试,观察检测到的 LED 数码管计数情况。

(3)完成设计所有功能后,提交产品的开发包和编写开发说明文档。

5)修改参考程序

修改上述参考程序,使程序能够分别检测出 1 分钟和 2 分钟内通过的车辆数。

6.注意事项

(1)输入时采用英文输入法,特别是标点符号,否则编译器无法编译。

(2)不要直接用手在板上摸电子元器件。

(3)注意接线要正确,尤其电源线切不可接错。如使用可调电压的直流稳压电源作单片机电源,一定注意电压不可调得过高。

(4)直流电源的极性切不可接反,正负极之间切不可断路。

(5)不要带电插拔元器件。

(6)实验结束后,注意将仪器设备导线都整理好。

7.实训评价

实训评价内容见表8-4。

实 训 评 价 表   表8-4

评 价 内 容	评价要求及评分标准	得　分
硬件电路连接	连接正确(20分)	
程序编写调试,系统功能实现	程序正确,功能实现(40分)	
检测出 1 分钟和 2 分钟内通过的车辆数	任一完成(20分)	

8.活动建议

(1)两个同学为一组进行调试。

(2)实验报告应包括以下内容:

①实验名称。

②实验目的。

③所需仪器设备。

④实验项目内容和步骤。

⑤简单的电路示意图。

⑥总结、经验和体会。

思考练习

一、简答题

1.电子产品开发的广义和狭义概念分别指什么?

2.为什么在当今大多数的研发企业中,产品定义的责任是由市场部而不是由工程研发部门负责?

二、讨论题

1.有人感慨:"杀死程序员根本不需要用枪,只需要改三次需求就可以了",你对此如何理解?

讨论重点:产品需求定义的重要性。

2.出身程序员的研发部经理今天问作为程序员的你BUG改完了没有,你慢悠悠地说:"世界上最遥远的距离不是生与死,而是我亲手制造的BUG就在我眼前,我却怎么都找不到她",结果经理丢下一句话就走了:"那你提交代码还不写注释?"请问,在完善注释和赶工期找BUG之间你准备先完成哪一样?

讨论重点:

(1)编写代码的同时编写注释,有助于其他人员对于程序的理解吗?

(2)编写代码的同时编写注释,是程序员成长的必要条件吗?

(3)如何在修缮(完善注释)和补漏(赶工找BUG)之间取得平衡?

附录 A 计算机的数制和编码

一、数制的概念

1. 进位计数制

数制也称计数制,是指用一组固定的符号和统一的规则来表示数值的方法。按进位的原则进行计数的方法,称为进位计数制。例如,在十进位计数制中,是按照"逢十进一"的原则进行计数的。

常用进位计数制有:

(1)十位制(Decimal notation);

(2)二进制(Binary notation);

(3)八进制(Octal notation);

(4)十六进制数(Hexadecimal notation)。

2. 进位计数制的基数与位权

"基数"和"位权"是进位计数制的两个要素。

1)基数

所谓基数,就是进位计数制的每位数上可能有的数码的个数。例如,十进制数每位上的数码,有"0"、"1"、"3",…,"9"十个数码,所以基数为 10。

2)位权

所谓位权,是指一个数值的每一位上的数字的权值的大小。例如十进制数 1234 从低位到高位的位权分别为 10^0、10^1、10^2、10^3。因为:$1234 = 1 \times 10^3 + 2 \times 10^2 + 3 \times 10^1 + 4 \times 10^0$。

3)数的位权表示

任何一种数制的数都可以表示成按位权展开的多项式之和。如:十进制数的 123.12 可表示为:$123.12 = 1 \times 10^2 + 2 \times 10^1 + 3 \times 10^0 + 1 \times 10^{-1} + 2 \times 10^{-2}$。位权表示法的特点是:每一项 = 某位上的数字 X 基数的若干幂次;而幂次的大小由该数字所在的位置决定。

二、各种不同的数制

1. 二进制数

计算机中采用二进制运算简单、电路简单可靠、逻辑性强。

1)定义

按"逢二进一"的原则进行计数,称为二进制数,即每位上计满 2 时向高位进一。

2)特点

每个数的数位上只能是 0 和 1 两个数字;二进制数中最大数字是 1,最小数字是 0;基数为 2。例如:10011010 与 00101011 是两个二进制数。

3)二进制数的位权表示

$(1101.101)_2 = 1 \times 2^3 + 1 \times 2^2 + 0 \times 2^1 + 1 \times 2^0 + 1 \times 2^{-1} + 0 \times 2^{-2} + 1 \times 2^{-3}$

4)二进制数的运算规则

加法运算：

① $0 + 0 = 0$

② $0 + 1 = 1 + 0 = 1$

③ $1 + 1 = 10$

乘法运算：

① $0 \times 0 = 0$

② $1 \times 1 = 1$

③ $0 \times 1 = 1 \times 0 = 0$

2. 八进位制数

1）定义

按"逢八进一"的原则进行计数，称为八进制数，即每位上计满 8 时向高位进一。

2）特点

每个数的数位上只能是 0、1、2、3、4、5、6、7 八个数字；八进制数中最大数字是 7，最小数字是 0，基数为 8，例如：$(1347)_8$ 与 $(62435)_8$ 是两个八进制数。

3）八进制数的位权表示

$(107.13)_8 = 1 \times 8^2 + 0 \times 8^1 + 7 \times 8^0 + 1 \times 8^{-1} + 3 \times 8^{-2}$

3. 十六进制数

1）定义

按"逢十六进一"的原则进行计数，称为十六进制数，即每位上计满 16 时向高位进一。

2）特点

每个数的数位上只能是 0、1、2、3、4、5、6、7、8、9、A、B、C、D、E、F 16 个数码；十六进制数中最大数字是 F，即 15，最小数字是 0；基数为 16；

例如：$(109)_{16}$ 与 $(2FDE)_{16}$ 是两个十六进制数。

3）十六进制数的位权表示

$(109.13)_{16} = 1 \times 16^2 + 0 \times 16^1 + 9 \times 16^0 + 1 \times 16^{-1} + 3 \times 16^{-2}$

$(2FDE)_{16} = 2 \times 16^3 + 15 \times 16^2 + 13 \times 16^1 + 14 \times 16^0$

三、常用计数制间的对应关系

对应 关系见表 A-1。

常用计数制间的对应关系　　　　　　表 A-1

十进制	二进制	八进制	十六进制
0	0	0	0
1	1	1	1
2	10	2	2
4	100	4	4
8	1000	10	8
10	1010	12	A
15	1111	17	F
16	10000	20	10

四、数制间的转换

1. 十进制数转换成非十进制数

日常生活中经常使用的是十进制数,而在计算机中采用的是二进制数。所以在使用计算机时就必须把输入的十进制数换算成计算机所能够接受的二进制数。计算机在运行结束后,再把二进制数换算成人们所习惯的十进制数输出。十进制整数化为非十进制整数采用"余数法",即除基数取余数。把十进制整数逐次用任意十制数的基数去除,一直到商是0为止,然后将所得到的余数由下而上排列即可。

十进制小数转换成非十进制小数采用"进位法",即乘基数取整数。把十进制小数不断地用其他进制的基数去乘,直到小数的当前值等于0或满足所要求的精度为止,最后所得到的积的整数部分由上而下排列即为所求。

2. 非十进制数转换成十进制数转换方法

非十进制数转换成十制数采用"位权法",即是把各非十进制数按位权展开,然后求和。

3. 二进制数与八进制数之间的转换方法

把二进制数转换为八进制数时,应按"三位并一位"的方法进行。以小数点为界,将整数部分从右向左每三位一组,最高位不足三位时,添0补足三位;小数部分从左向右,每三位一组,最低有效位不足三位时,添0补足三位。然后,将各组的三位二进制数按权展开后相加,得到一位八进制数;将八进制数转换成二进制数时,采用"一位拆三位"的方法进行。即把八进制数每位上的数用相应的三位二进制数表示。

4. 二进制数与十六进制数之间的转换方法

把二进制数转换为十六进制数时,按"四位并一位"的方法进行。以小数点为界,将整数部分从右向左每四位一组,最高位不足四位时,添0补足四位;小数部分从左向右,每四位一组最低有效位不足四位时,添0补足四位。然后,将各组的四位二进制数按权展开后相加,得到一位十六进制数;将十六进制数转换成二进制数时,采用"一位拆四位"的方法进行。即把十六进制数每位上的数用相应的四位二进制数表示。

五、计算机中数的表示

计算机既可以处理数字信息和文字信息,也可以处理图形、声音、图像等信息。然而,由于计算机中采用二进制,所以这些信息在计算机内部必须以二进制编码的形式表示。这些数值、文字、字符或图形是如何用二进制编码进行组合呢?

1. 机器数与真值

1)机器数

数学中正数与负数是用该数的绝对值,加上正、负符号来表示。由于计算机中无论是数值还是数的符号,都只能用0和1来表示。所以计算机中,为了表示正、负数,把一个数的最高位作为符号位:0表示正数,1表示负数。例如,如果用8个二进制位表示一个十进制数,则正的36和负的36可表示为:

+36 － － － － > 00100100

－36 － － － － > 10100100

这种连同符号位一起数字化了的数称为机器数。

2)真值

由机器数所表示的实际值称为真值。例如:机器数00101011的真值为:十进制的+43或二进制的+0101011;机器数1010011的真值为:十进制的-43或二进制的-0101011。

2.机器数的表示方法

1)原码

正数的符号位用0表示,负数的符号位用1表示,数值部分用二进制形式表示,称为该数的原码。比如:$X = +81$,$(X)_原 = 0\ 1010001$;$Y = -81$ $(Y)_原 = 1\ 1010001$。

2)反码

正数的反码和原码相同,负数的反码是对该数的原码除符号位外各位取反,即"0"变"1","1"变"0"。例如:$X = +81$,$Y = -81$。则

$(X)_原 = 0\ 1010001$　　$(X)_反 = 0\ 1010001$

$(Y)_原 = 1\ 1010001$　　$(Y)_反 = 1\ 0101110$

3)补码

正数的补码与原码相同,负数的补码是对该数的原码除符号外各位取反,然后加1,即反码加1。比如:$X = +81$,$Y = -81$,则

$(X)_原 = (X)_反 = (X)_补 = 01010001$

$(Y)_原 = 11010001$

$(Y)_反 = 10101110$

$(Y)_补 = 10101111$

计算机中,加减法基本上都采用补码进行运算,并且加减法运算都可以用加法来实现。例如:计算十进制数:36 - 45,可写成:36 + (-45),即

$(36)_{10} - (45)_{10} = (36)_{10} + (-45)_{10}$

$(36)_原 = (36)_反 = (36)_补 = 00100100$

$(-45)_原 = 10101101$

$(-45)_反 = 11010010$

$(-45)_补 = 11010011$

而

　　　　 0 0 1 0 0 1 0 0……(+36)$_{10}$

+) 1 1 0 1 0 0 1 1……(-45)$_{10}$

　　　　 1 1 1 1 0 1 1 1……(-9)$_{10}$

结果正确。

六、字符编码

所谓字符编码就是规定用怎样的二进制编码来表示文字和符号。它主要有以下几种:BCD码(二—十进制码)、ASCII码、汉字编码。

1.BCD码(二—十进制码)

把十进制数的每一位分别写成二进制数形式的编码,称为二—十进制编码或BCD编码。BCD编码方法很多,但常用的是8421编码:它采用4位二进制数表示1位十进制数,即每一位十进制数用四位二进制表示。这4位二进制数各位权由高到低分别是2^3、2^2、2^1、2^0,即8、4、2、1。这种编码最自然,最简单,且书写方便、直观、易于识别。例如:十进制数1998的8421码为:0001 1001 1001 1000。

十进制：　1　9　9　8
8421 码：0001100110011000
位权：　　8 4 2 1 8 4 2 1 8 4 2 1 8 4 2 1

2. ASCII 码

ASCII 码是计算机系统中使用得最广泛的一种编码。ASCII 码虽然是美国国家标准,但它已被国际标准化组织(ISO)认定为国际标准。ASCII 码已为世界公认,并在世界范围内通用。ASCII 码有 7 位版本和 8 位版本两种。国际上通用的是 7 位版本。7 位版本的 ASCII 码有 128 个元素,其中通用控制字符 34 个,阿拉伯数字 10 个,大、小写英文字母 52 个,各种标点符号和运算符号 32 个。

例如:"A"的 ASCII 码值为:1000001,即十进制的 65;"a"的 ASCII 码值为:1100001,即十进制的 97;"0"的 ASCII 码值为:0110000,即十进制的 48。

3. 汉字编码

我国用户在使用计算机进行信息处理时,都要用到汉字,汉字的输入、输出以及汉字处理。这就需要对汉字进行编码。

1) 输入码

输入码所解决的问题是如何使用西文标准键盘把汉字输入到计算机内。有各种不同的输入码,主要可以分为三类:数字编码、拼音编码和字形编码。

(1) 数字编码

就是用数字串代表一个汉字,常用的是国标区位码。它将国家标准局公布的 6763 个两级汉字分成 94 个区,每个区分 94 位。实际上是把汉字表示成二维数组,区码、位码各用两位十进制数表示,输入一个汉字需要按 4 次键。数字编码是唯一的,但很难记住。比如"中"字,它的区位码以十进制表示为 5448(54 是区码,48 是位码),以十六进制表示为 3630(36 是区码,30 是位码)。以十六进制表示的区位码不是用来输入汉字的。

(2) 拼音编码

它是以汉字读音为基础的输入方法。由于汉字同音字太多,输入后一般要进行选择,影响了输入速度。

(3) 字形编码

它是以汉字的形状确定的编码,即按汉字的笔画部件用字母或数字进行编码。如五笔字型、表形码,便属此类编码,其难点在于如何拆分一个汉字。

2) 机内码

机内码是指在计算机中表示一个汉字的编码。机内码是一种机器内部的编码,其主要作用是作为汉字信息交换码使用:将不同系统使用的不同编码统一转换成国标码,使不同的系统之间的汉字信息进行交换。正是由于机内码的存在,输入汉字时就允许用户根据自己的习惯使用不同的汉字输入法,例如:五笔字型、自然码、智能拼音等,进入系统后再统一转换成机内码存储。例如,"中"字的内码以十六进制表示时应为 F4E8。这样做的目的是使汉字内码区别于西文的 ASCII,因为每个西文字母的 ASCII 的高位均为 0,而汉字内码的每个字节的高位均为 1。

3) 国标码

计算机处理汉字所用的编码标准是我国于 1980 年颁布的国家标准(GB 2312—80),是国家规定的用于汉字编码的依据,简称国标码。国标码规定:用两个字节表示一个汉字字符。在国标码中共收录汉字和图形符号 7445 个。国标码本身也是一种汉字输入码。通常称为区位输入法。

4)字形码

表示汉字字形的字模数据,因此也称为字模码,是汉字的输出形式。通常用点阵、矢量函数等表示。用点阵表示时,字形码指的就是这个汉字字形点阵的代码。根据输出汉字的要求不同,点阵的多少也不同。简易型汉字为 16×16 点阵,提高型汉字为 24×24 点阵,48×48 点阵等。现在以 24×24 点阵为例来说明一个汉字字形码所要占用的内存空间。因为每行 24 个点就是 24 个二进制位,存储一行代码需要 3 个字节。那么,24 行共占用 3×24 = 72 个字节。

可以这样理解,为在计算机内表示汉字而统一的编码方式形成汉字编码叫内码,内码是唯一的。为方便汉字输入而形成的汉字编码为输入码,属于汉字的外码,输入码因编码方式不同而不同,是多种多样的。为显示和打印输出汉字而形成的汉字编码为字形码,计算机通过汉字内码在字模库中找出汉字的字形码,从而实现转换并输出。

附录 B ASCII 码字符表

十进制	十六进制	字符	十进制	十六进制	字符	十进制	十六进制	字符	十进制	十六进制	字符
0	00	NUL	32	20	SP	64	40	@	96	60	`
1	01	SOH	33	21	!	65	41	A	97	61	a
2	02	STX	34	22	"	66	42	B	98	62	b
3	03	ETX	35	23	#	67	43	C	99	63	c
4	04	EOT	36	24	$	68	44	D	100	64	d
5	05	ENQ	37	25	%	69	45	E	101	65	e
6	06	ACK	38	26	&	70	46	F	102	66	f
7	07	BEL	39	27	´	71	47	G	103	67	g
8	08	BS	40	28	(	72	48	H	104	68	h
9	09	HT	41	29	)	73	49	I	105	69	i
10	0A	LF	42	2A	*	74	4A	J	106	6A	j
11	0B	VT	43	2B	+	75	4B	K	107	6B	k
12	0C	FF	44	2C	,	76	4C	L	108	6C	l
13	0D	CR	45	2D	–	77	4D	M	109	6D	m
14	0E	SO	46	2E	.	78	4E	N	110	6E	n
15	0F	SI	47	2F	/	79	4F	O	111	6F	o
16	10	SLE	48	30	0	80	50	P	112	70	p
17	11	CS1	49	31	1	81	51	Q	113	72	q
18	12	DC2	50	32	2	82	52	R	114	72	r
19	13	DC3	51	33	3	83	53	S	115	73	s
20	14	DC4	52	34	4	84	54	T	116	74	t
21	15	NAK	53	35	5	85	55	U	117	75	u
22	16	SYN	54	36	6	86	56	V	118	76	v
23	17	ETB	55	37	7	87	57	W	119	77	w
24	18	CAN	56	38	8	88	58	X	120	78	x
25	19	EM	57	39	9	89	59	Y	121	79	y
26	1A	SIB	58	3A	:	90	5A	Z	122	7A	z
27	1B	ESC	59	3B	;	91	5B	[	123	7B	{
28	1C	FS	60	3C	<	92	5C	\	124	7C		
29	1D	GS	61	3D	=	93	5D	]	125	7D	}
30	1E	RS	62	3E	>	94	5E	^	126	7E	~
31	1F	US	63	3F	?	95	5F	_	127	7F	

附录 C   MCS-51 微控制器指令表

一、数据传递类指令

助 记 符		指 令 说 明	字节数	周期数
MOV	A,Rn	寄存器传送到累加器	1	1
MOV	A,direct	直接地址传送到累加器	2	1
MOV	A,@ Ri	累加器传送到外部 RAM(8 地址)	1	1
MOV	A,#data	立即数传送到累加器	2	1
MOV	Rn,A	累加器传送到寄存器	1	1
MOV	Rn,direct	直接地址传送到寄存器	2	2
MOV	Rn,#data	累加器传送到直接地址	2	1
MOV	direct,Rn	寄存器传送到直接地址	2	1
MOV	direct,direct	直接地址传送到直接地址	3	2
MOV	direct,A	累加器传送到直接地址	2	1
MOV	direct,@ Ri	间接 RAM 传送到直接地址	2	2
MOV	direct,#data	立即数传送到直接地址	3	2
MOV	@ Ri,A	直接地址传送到直接地址	1	2
MOV	@ Ri,direct	直接地址传送到间接 RAM	2	1
MOV	@ Ri,#data	立即数传送到间接 RAM	2	2
MOV	DPTR,#data16	16 位常数加载到数据指针	3	1
MOVC	A,@ A+DPTR	代码字节传送到累加器	1	2
MOVC	A,@ A+PC	代码字节传送到累加器	1	2
MOVX	A,@ Ri	外部 RAM(8 地址)传送到累加器	1	2
MOVX	A,@ DPTR	外部 RAM(16 地址)传送到累加器	1	2
MOVX	@ Ri,A	累加器传送到外部 RAM(8 地址)	1	2
MOVX	@ DPTR,A	累加器传送到外部 RAM(16 地址)	1	2
PUSH	direct	直接地址压入堆栈	2	2
POP	direct	直接地址弹出堆栈	2	2
XCH	A,Rn	寄存器和累加器交换	1	1
XCH	A,direct	直接地址和累加器交换	2	1
XCH	A,@ Ri	间接 RAM 和累加器交换	1	1
XCHD	A,@ Ri	间接 RAM 和累加器交换低 4 位字节	1	1

二、算术运算类指令

助 记 符		指 令 说 明	字节数	周期数
INC	A	累加器加 1	1	1
INC	Rn	寄存器加 1	1	1
INC	direct	直接地址加 1	2	1
INC	@Ri	间接 RAM 加 1	1	1
INC	DPTR	数据指针加 1	1	2
DEC	A	累加器减 1	1	1
DEC	Rn	寄存器减 1	1	1
DEC	direct	直接地址减 1	2	2
DEC	@Ri	间接 RAM 减 1	1	1
MUL	AB	累加器和 B 寄存器相乘	1	4
DIV	AB	累加器除以 B 寄存器	1	4
DA	A	累加器十进制调整	1	1
ADD	A,Rn	寄存器与累加器求和	1	1
ADD	A,direct	直接地址与累加器求和	2	1
ADD	A,@Ri	间接 RAM 与累加器求和	1	1
ADD	A,#data	立即数与累加器求和	2	1
ADDC	A,Rn	寄存器与累加器求和 (带进位)	1	1
ADDC	A,direct	直接地址与累加器求和 (带进位)	2	1
ADDC	A,@Ri	间接 RAM 与累加器求和 (带进位)	1	1
ADDC	A,#data	立即数与累加器求和 (带进位)	2	1
SUBB	A,Rn	累加器减去寄存器 (带借位)	1	1
SUBB	A,direct	累加器减去直接地址 (带借位)	2	1
SUBB	A,@Ri	累加器减去间接 RAM (带借位)	1	1
SUBB	A,#data	累加器减去立即数 (带借位)	2	1

三、逻辑运算类指令

助 记 符		指 令 说 明	字节数	周期数
ANL	A,Rn	寄存器"与"到累加器	1	1
ANL	A,direct	直接地址"与"到累加器	2	1
ANL	A,@Ri	间接 RAM"与"到累加器	1	1
ANL	A,#data	立即数"与"到累加器	2	1
ANL	direct,A	累加器"与"到直接地址	2	1
ANL	direct,#data	立即数"与"到直接地址	3	2
ORL	A,Rn	寄存器"或"到累加器	1	2
ORL	A,direct	直接地址"或"到累加器	2	1
ORL	A,@Ri	间接 RAM"或"到累加器	1	1

助 记 符		指 令 说 明	字节数	周期数
ORL	A,#data	立即数"或"到累加器	2	1
ORL	direct,A	累加器"或"到直接地址	2	1
ORL	Direct,#data	立即数"或"到直接地址	3	1
XRL	A,Rn	寄存器"异或"到累加器	1	2
XRL	A,direct	直接地址"异或"到累加器	2	1
XRL	A,@ Ri	间接 RAM"异或"到累加器	1	1
XRL	A,#data	立即数"异或"到累加器	2	1
XRL	direct,A	累加器"异或"到直接地址	2	1
XRL	#data	立即数"异或"到直接地址	3	1
CLR	A	累加器清零	1	2
CPL	A	累加器求反	1	1
RL	A	累加器循环左移	1	1
RLC	A	带进位累加器循环左移	1	1
RR	A	累加器循环右移	1	1
RRC	A	带进位累加器循环右移	1	1
SWAP	A	累加器高、低 4 位交换	1	1

四、控制转移类指令

助 记 符		指 令 说 明	字节数	周期数
JMP	@ A + DPTR	相对 DPTR 的无条件间接转移	1	2
JZ	rel	累加器为 0 则转移	2	2
JNZ	rel	累加器为 1 则转移	2	2
CJNE	A,direct,rel	比较直接地址和累加器,不相等则转移	3	2
CJNE	A,#data,rel	比较立即数和累加器,不相等则转移	3	2
CJNE	Rn,#data,rel	比较寄存器和立即数,不相等则转移	2	2
CJNE	@ Ri,#data,rel	比较立即数和间接 RAM,不相等则转移	3	2
DJNZ	Rn,rel	寄存器减1,不为 0 则转移	3	2
DJNZ	direct,rel	直接地址减1,不为 0 则转移	3	2
NOP		空操作,用于短暂延时	1	1
ACALL	add11	绝对调用子程序	2	2
LCALL	add16	长调用子程序	3	2
RET		从子程序返回	1	2
RETI		从中断服务子程序返回	1	2
AJMP	add11	无条件绝对转移	2	2
LJMP	add16	无条件长转移	3	2
SJMP	rel	无条件相对转移	2	2

五、布尔指令

助 记 符		指 令 说 明	字节数	周期数
CLR	C	清进位位	1	1
CLR	bit	清直接寻址位	2	1
SETB	C	置位进位位	1	1
SETB	bit	置位直接寻址位	2	1
CPL	C	取反进位位	1	1
CPL	bit	取反直接寻址位	2	1
ANL	C,bit	直接寻址位相与到进位位	2	2
ANL	C,/bit	直接寻址位的反码相与到进位位	2	2
ORL	C,bit	直接寻址位相或到进位位	2	2
ORL	C,/bit	直接寻址位的反码相或到进位位	2	2
MOV	C,bit	直接寻址位传送到进位	2	1
MOV	bit,C	进位位传送到直接寻址	2	2
JC	rel	如果进位位为1,则转移	2	2
JNC	rel	如果进位位为0,则转移	2	2
JB	bit,rel	如果直接寻址位为1,则转移	3	2
JNB	bit,rel	如果直接寻址位为0,则转移	3	2
JBC	bit,rel	直接寻址位为1,则转移并清除该位	2	2

六、伪指令

助 记 符	指 令 说 明	字节数	周期数
ORG	指明程序的开始位置		
DB	定义数据表		
DW	定义16位的地址表		
EQU	给一个表达式或一个字符串起名		
DATA	给一个8位的内部RAM起名		
XDATA	给一个8位的外部RAM起名		
BIT	给一个可位寻址的位单元起名		
END	指出源程序到此为止		

七、指令中的符号标识

助 记 符	指 令 说 明	字节数	周期数
Rn	工作寄存器R0 ~ R7		
Ri	工作寄存器R0 和 R1		
@ Ri	间接寻址的8位RAM单元地址(00H ~ FFH)		
#data8	8位常数		

助 记 符	指 令 说 明	字节数	周期数
#data16	16 位常数		
addr16	16 位目标地址,能转移或调用到 64KBROM 的任何地方		
addr11	11 位目标地址,在下条指令的 2KB 范围内转移或调用		
Rel	8 位偏移量,用于 SJMP 和所有条件转移指令,范围为 -128 ~ +127		
Bit	片内 RAM 中的可寻址位和 SFR 的可寻址位		
Direct	直接地址,范围为片内 RAM 单元(00H ~ 7FH)和 80H ~ FFH		
$	指本条指令的起始位置		

附录 D 集成开发环境（IDE）软件 KEIL μVision 简介

KEIL 软件是德国 KEIL Software 公司推出的开发 MCS-51 系列单片机的 C 语言软件开发系统，它具有丰富的库函数和功能强大的集成开发调试工具，KEIL 提供包括 C 编译器、宏汇编、连接器、库管理和一个功能强大的仿真调试器等在内的完整开发方案，通过一个集成开发环境 μVision 将这些部分组合在一起。全 Windows 界面，可以完成从工程建立和管理、编译、链接、目标代码生成、软件仿真调试等完整的开发流程。利用 KEIL C51 和 A51 编译后生成的代码，在准确性和效率方面都达到了较高的水平，是单片机 C 语言软件开发的理想工具。

一、KEIL μVision 的工作环境

正确 KEIL μVision 程序后安装后，单击计算机桌面上的 μVision 运行图标，即可进入 KEIL μVision 集成开发环境，如图 D-1 所示。KEIL μVision 集成开发环境设置有菜单栏、可以快速选择命令的按钮工具栏、一些源代码文件窗口、对话窗口、信息显示窗口，如图 D-2 所示。KEIL μVision 允许同时打开多个源程序文件。

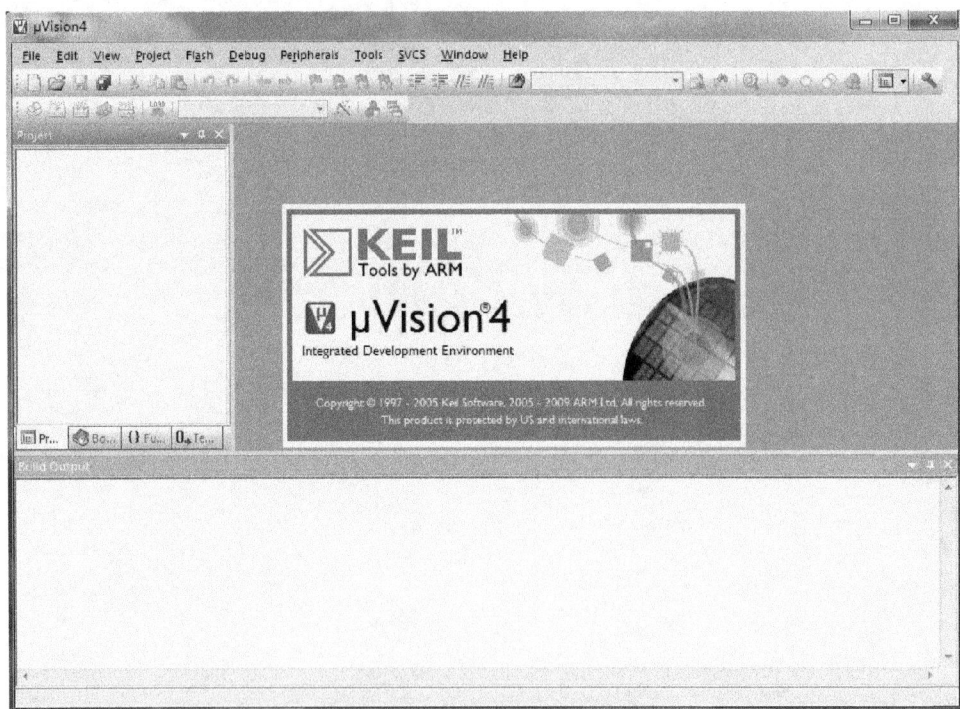

图 D-1　KEIL μVision4 集成开发环境

KEIL μVision IDE 提供了多种命令执行方式，菜单栏提供了 11 种下拉操作菜单，如文件操作、编辑操作、工程操作、程序调试、开发工具选项、窗口选择和操作、在线帮助等；使用工具栏按钮可以快速执行 μVision 的命令；使用快捷键也可以执行 μVision 命令（如果需要，可以重新设置快捷键）。

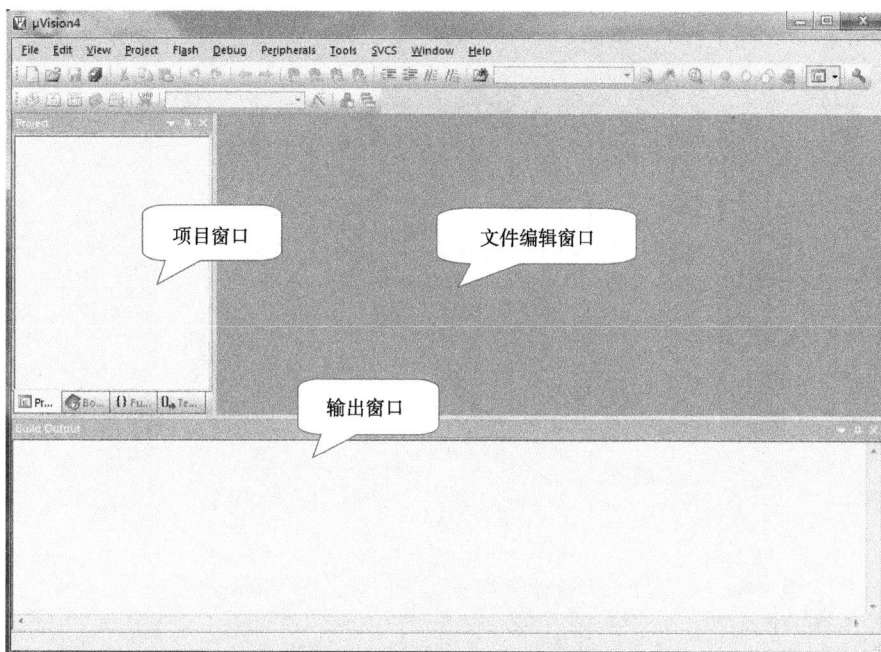

图 D-2　KEIL μVision4 集成开发环境的编辑界面

二、KEIL μVision 集成环境下开发汇编程序实例

（1）在 Windows 下运行 KEIL μVision 软件，进入 KEIL μVision 开发环境。

（2）在 KEIL μVision 选择 **Project →New μVision Project…**，建立一个新的工程项目，如图 D-3 所示：

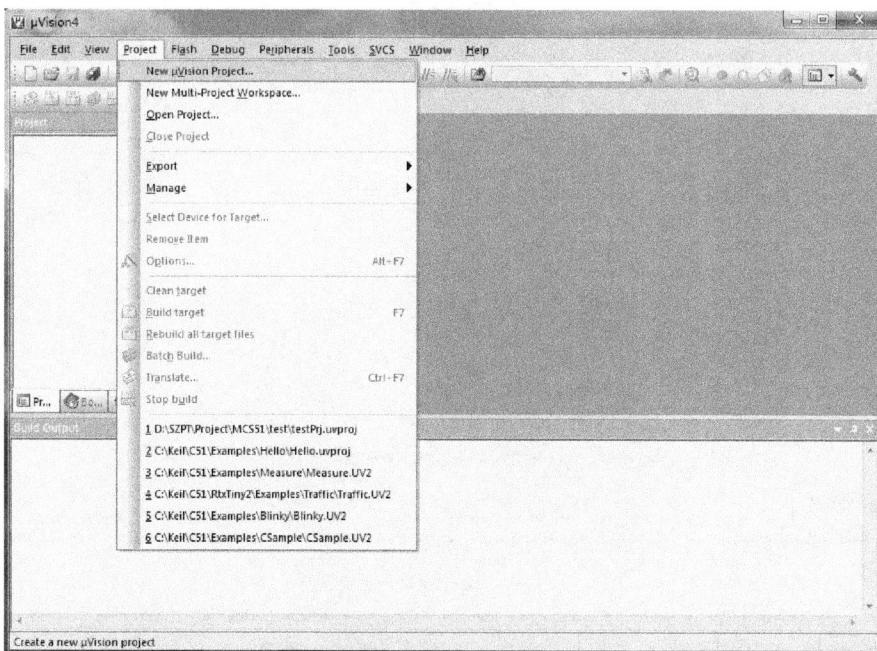

图 D-3　建立新工程项目

(3)选择一个目录后,可给工程项目命名,例如 testPrj,保存,如图 D-4 所示。

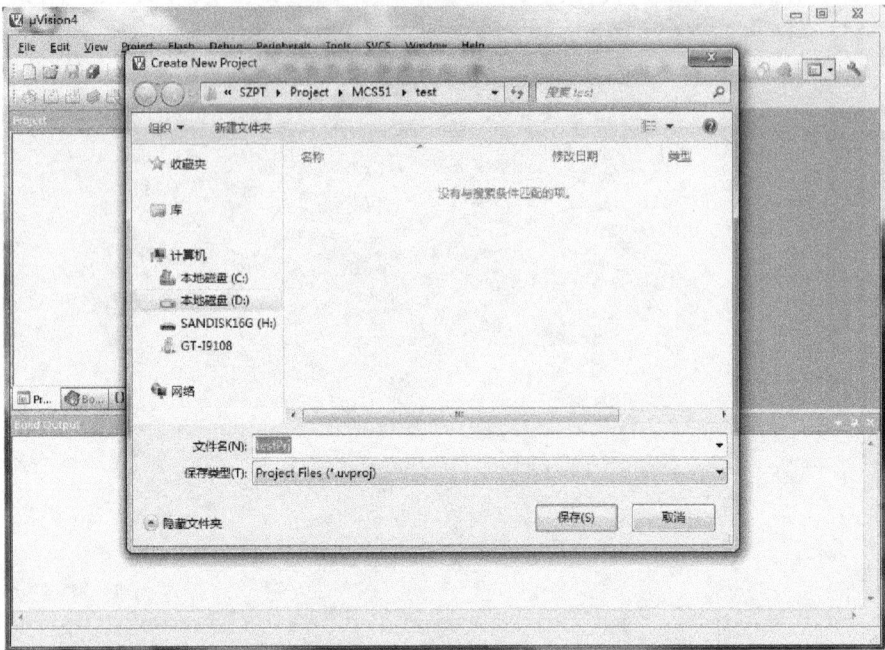

图 D-4　给工程项目命名

(4)在自动化弹出的器件选择窗口中,选择 Atmel 公司的 AT89C51,如图 D-5 和图 D-6 所示。

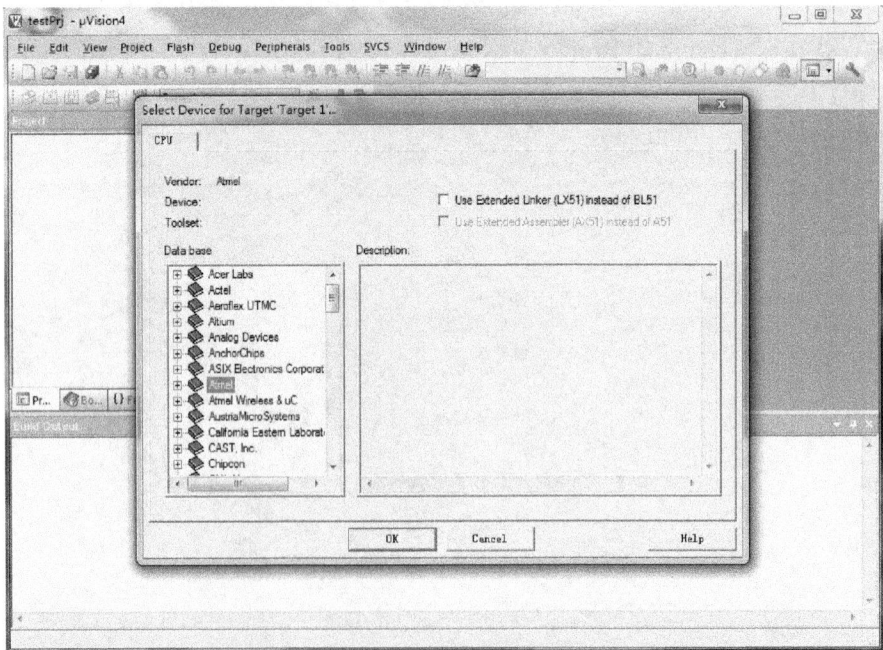

图 D-5　选择设备供应商

此时会弹出如图 D-7 所示的对话框,表示需要对是否将 8051 的启动代码添加到工程项目做出选择。如果即将编译程序为汇编代码,就选择否;如果编译程序为 C51 代码,就选择是。由于接下来即将使用汇编程序进行编译,所以在这里选择"否"。

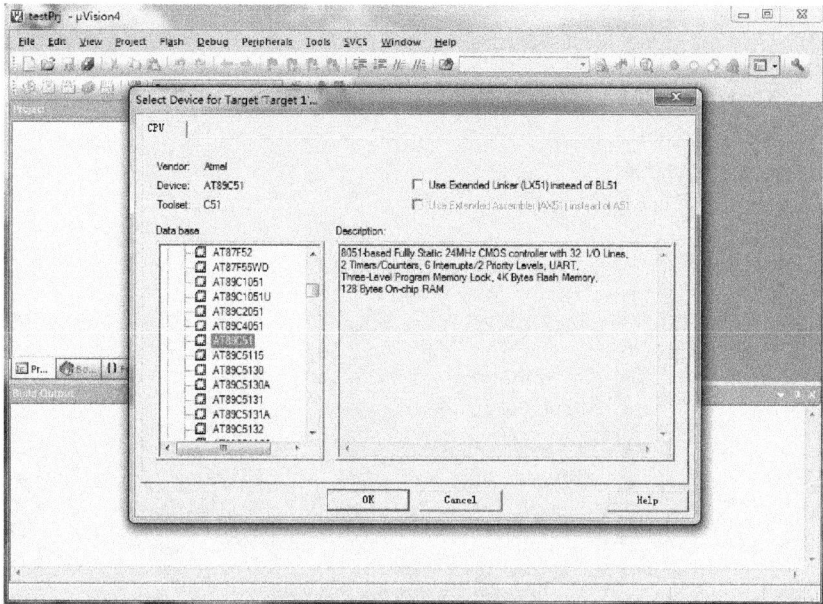

图 D-6　选择具体设备

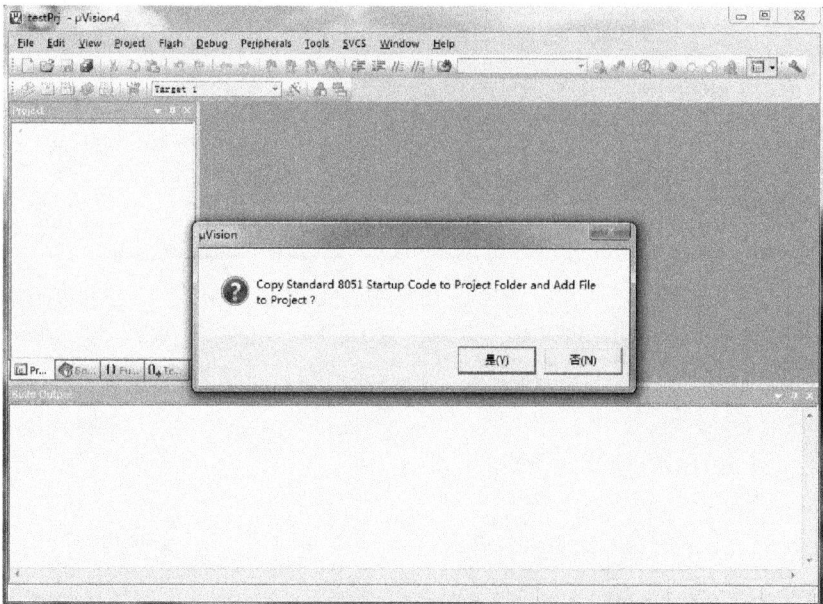

图 D-7　选择是否将 8051 的启动代码添加到工程项目

（5）在 KEIL μVision 中选择 **File→New…**，打开源程序编辑器，如图 D-8 所示。

（6）输入程序下述程序，如图 D-9 所示：

```
        LED BIT P1.7
        ORG 0000H
        SJMP MAIN
        ORG 0030H
MAIN:   CPL LED
        ACALL DELAY
        SJMP MAIN
```

```
DELAY:     MOV R7, #4
LOOP1:     MOV R6, #250
LOOP2:     MOV R5, #250
           DJNZ R5, $
           DJNZ R6, LOOP2
           DJNZ R7, LOOP1
           RET
           END
```

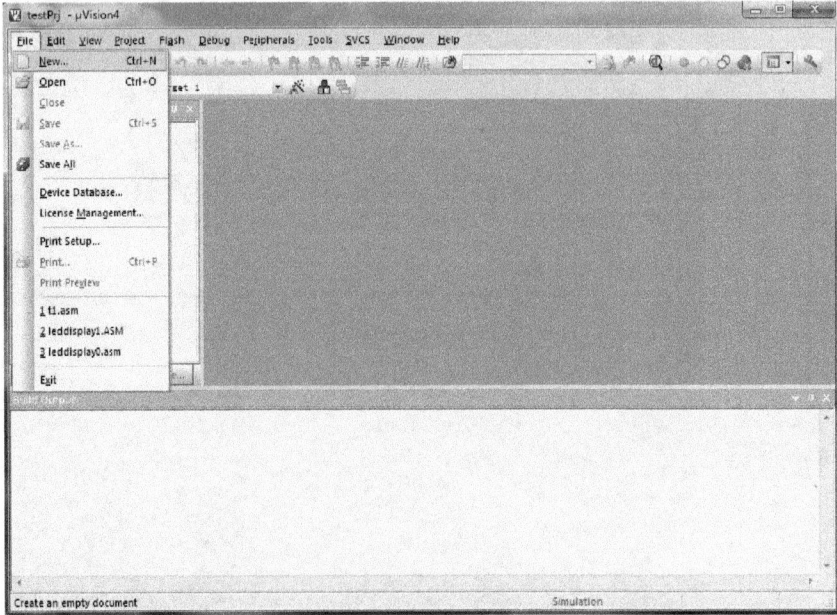

图 D-8　源程序编辑器

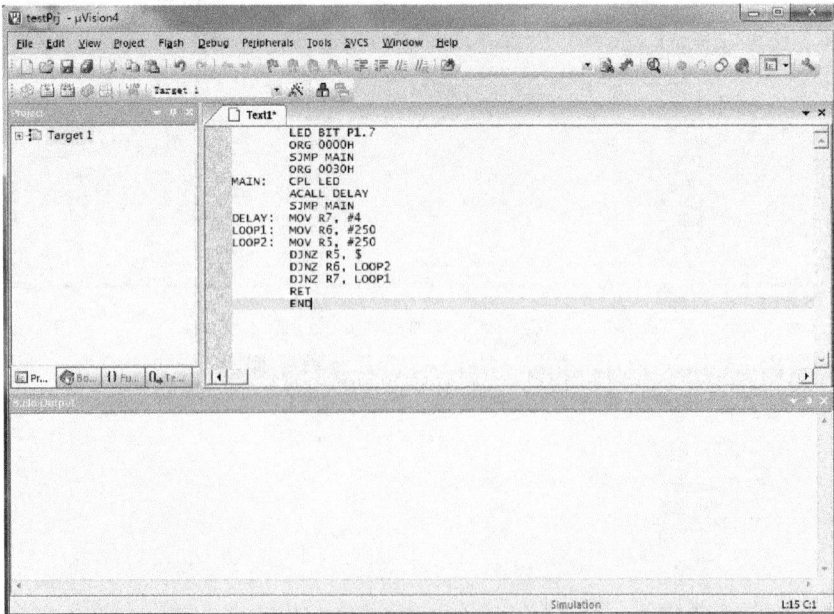

图 D-9　输入程序

检查无误后保存文件(如 test1.asm)在工程项目相同的目录中,如图 D-10 所示。注意,如果用 C 语言编写程序,则扩展名为(.c);如果用汇编语言编写程序,则扩展名必须为(.asm)。

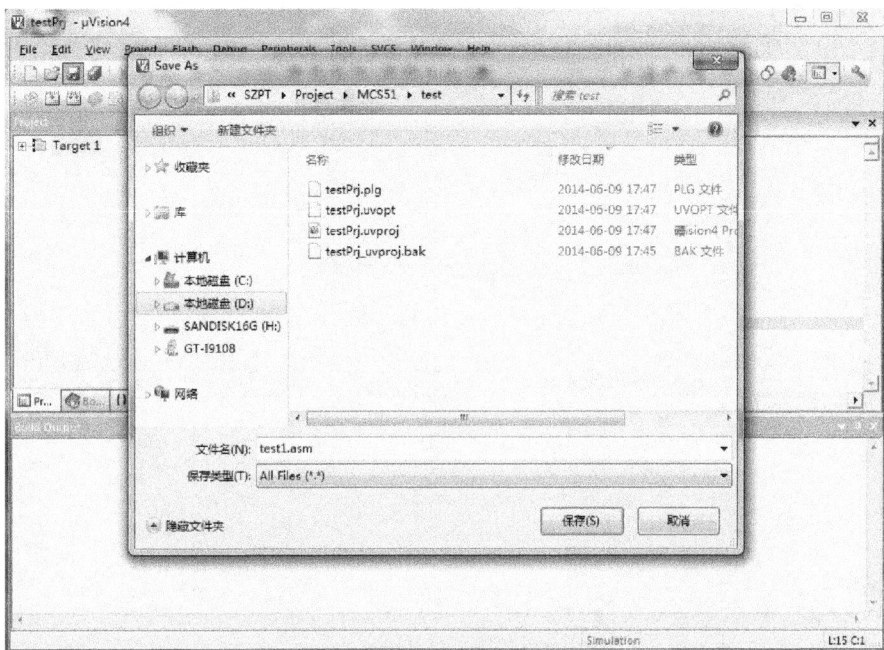

图 D-10　保存程序

(7)在 Project 窗口中,选择 **Target1→Source Group1** 条目并单击右键,在弹出的菜单中选择 **Add Files to Group 'Source Group 1'**…,如图 D-11 所示。

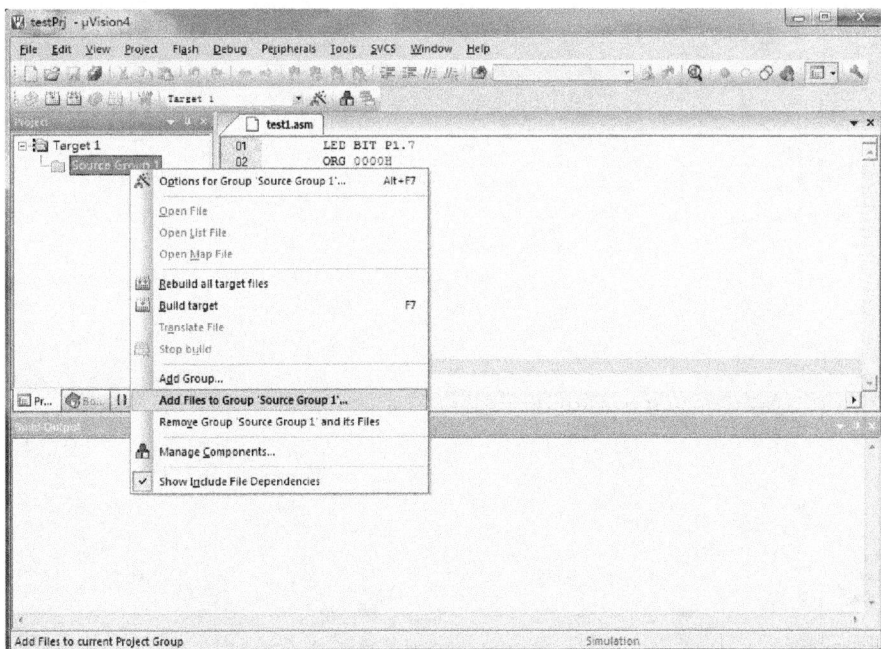

图 D-11　添加文件

(8)加入刚才保存的源程序文件 test1.asm。注意,只按一次 Add 按钮即可,若有多个源文件需要添加到同一工程项目,则可继续选择源文件并单击 Add 按钮,选完后单击 Close 退出,如图 D-12 所示。添加结果可以在 Project 窗口中 **Target1→Source Group1** 条目下浏览。

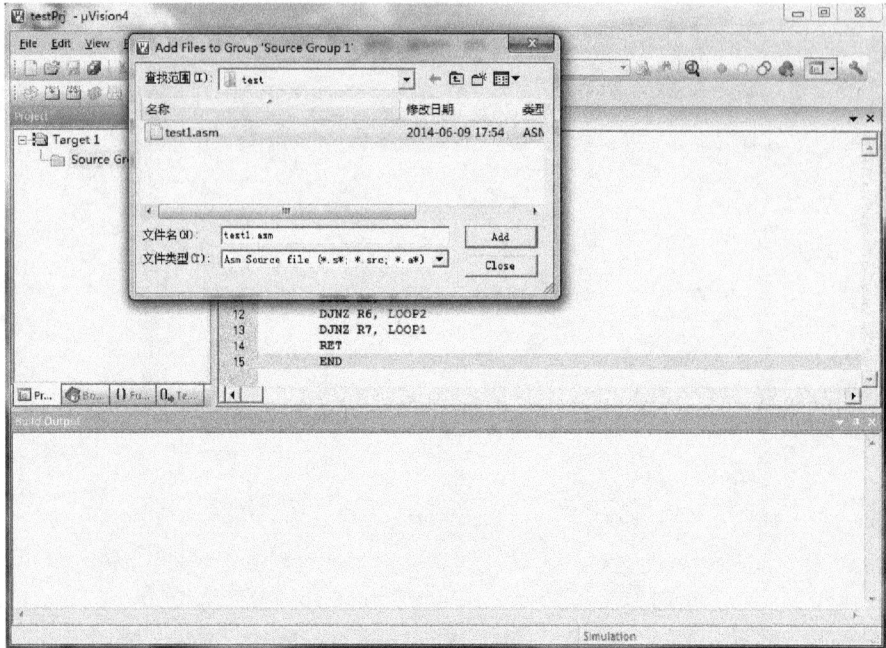

图 D-12　选定并添加源文件

(9) 在 Project 窗口中,选择 Target 1 条目并单击右键,在弹出的菜单中选择 **Option for Target 'Target 1'** …,准备为 Target 1 配置编译环境,如图 D-13 所示。

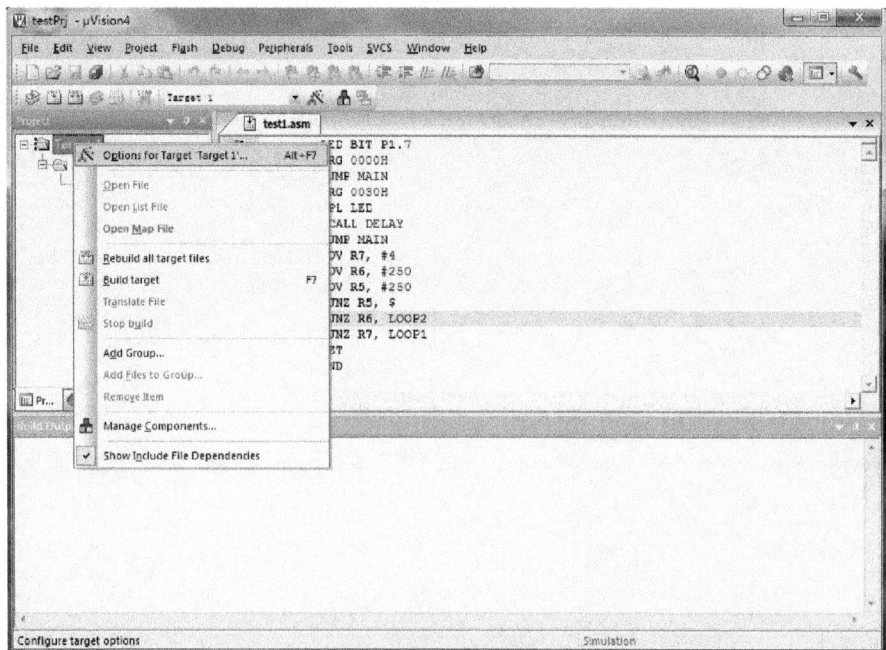

图 D-13　配置编译环境

(10) 在 Output 页将 Create HEX File 项打勾,如图 D-14 所示。这样可使程序编译后产生 HEX 代码,输出单片机烧写用的 HEX 格式文件,供下载器软件使用,即可把程序下载烧录到 AT89S51 单片机中。

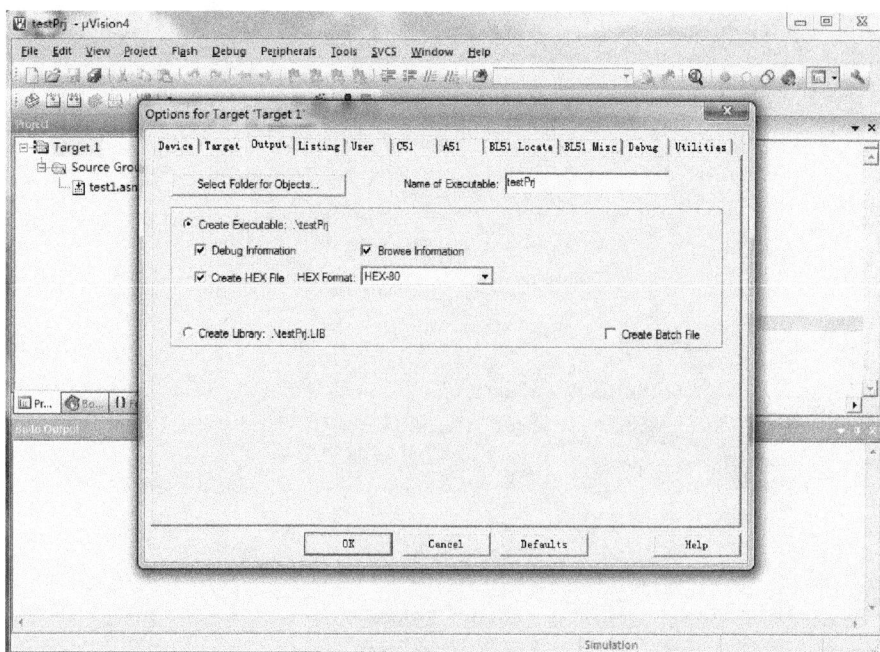

图 D-14 选择生成 HEX 格式文件

(11)编译环境配置好后,在 KEIL μVision 中选择 **Project→Build target**,开始编译工程项目,如图 D-15 所示。

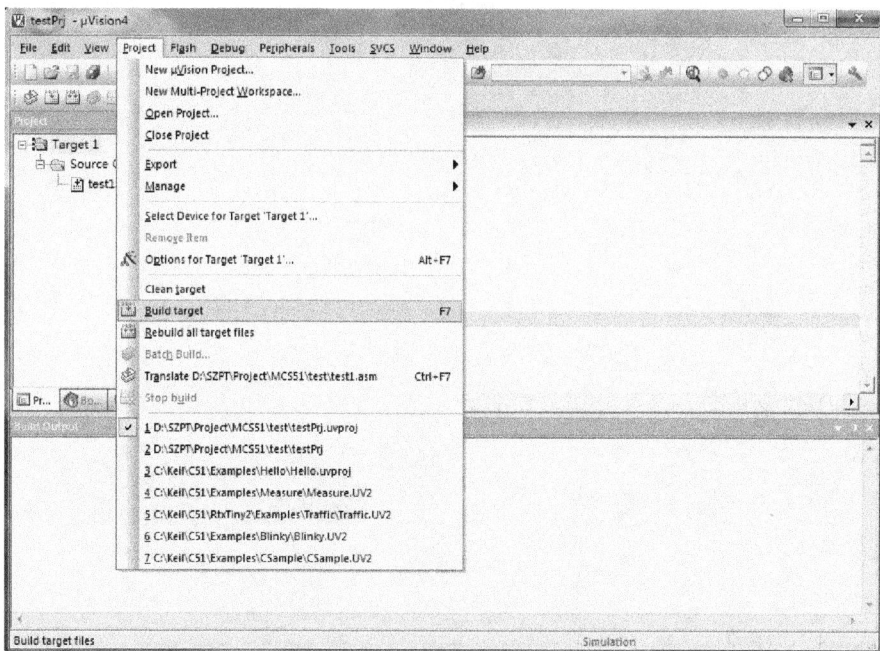

图 D-15 编译工程项目

(12)编译结果会显示在 Build Output 窗口中,如图 D-16 所示。若有错,可双击错误提示行,然后定位到源程序中修改;若无误就可进行下面的软件调试。

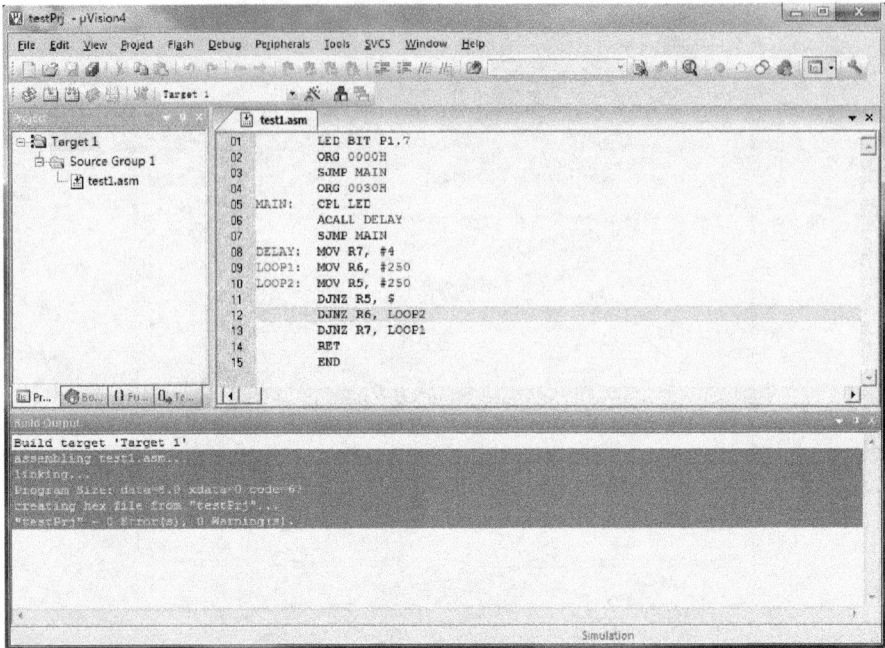

图 D-16　编译结果

（13）在 KEIL μVision 中,选择 **Debug→Start/Stop Debug Session**,启动软件仿真调试,如图 D-17 所示。之后即进入如图 D-18 所示的软件仿真调试状态。

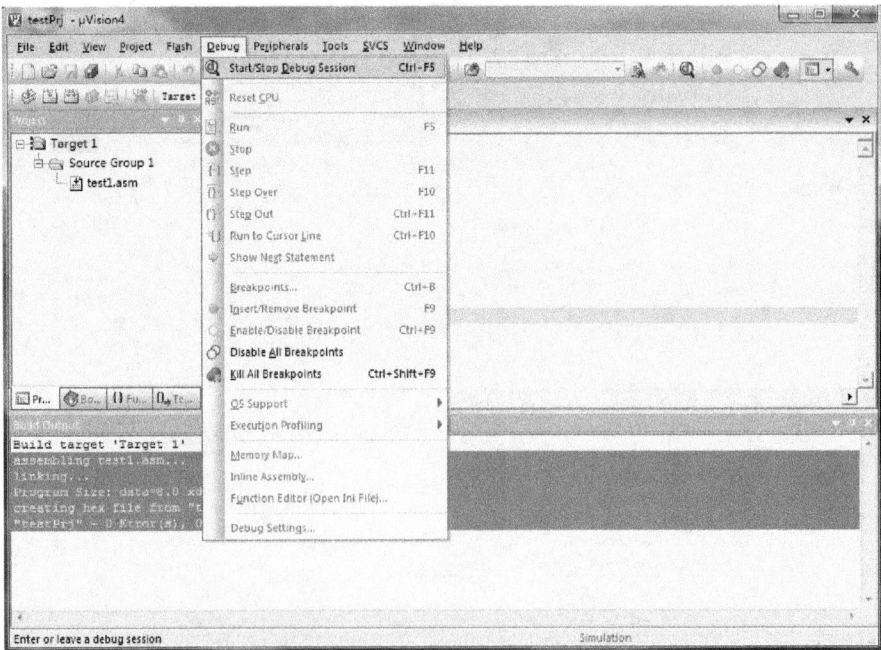

图 D-17　启动/停止软件仿真调试

（14）在 KEIL μVision 中选择 **Peripherals→I/O Ports→Port 1**,如图 D-19 所示。之后并行口 P1 即可出现在观测窗中,如图 D-20 所示。

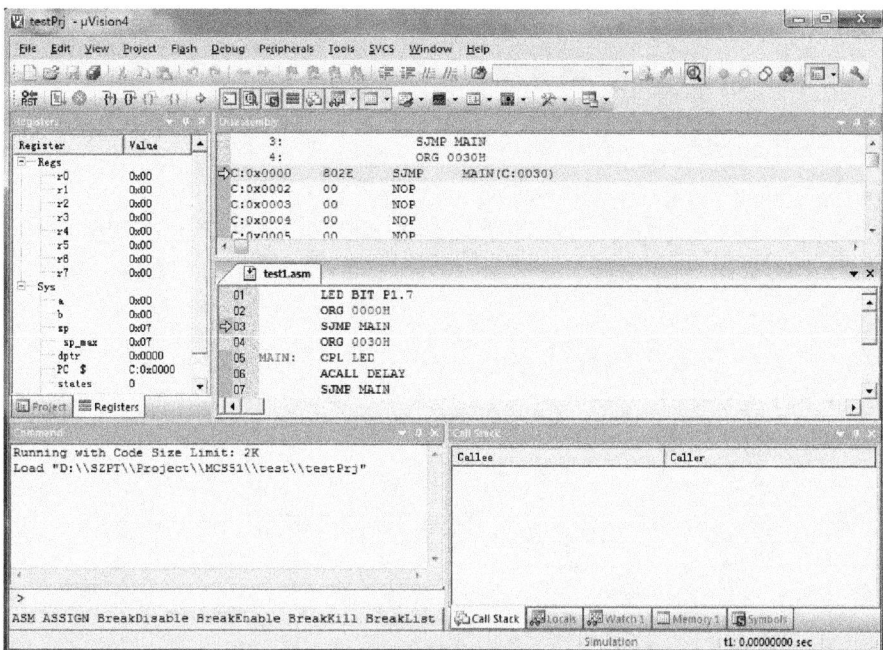

图 D-18　软件仿真调试状态

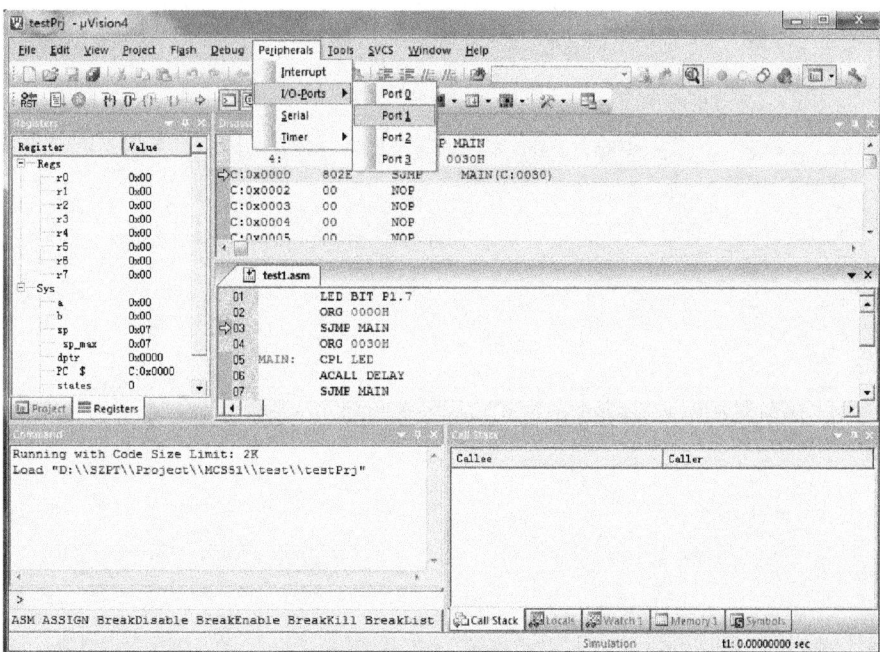

图 D-19　选择 P1 口进行观测

（15）在 KEIL μVision 中，在 **Debug** 菜单中选择 **Step Over** 即可进行单步调试；选择 **Step** 可深入子程序中进行调试；选择 **Run** 可全速运行程序，见图 D-21。在选择全速运行 **Run** 后，即可看见 P1.7 端口的闪烁变化，见图 D-22。

三、KEIL μVision 集成环境下开发 C51 程序实例

当需要对 C51 程序进行编译时，调试步骤与汇编程序几乎完全一样，唯一不同的是在生

成工程项目文件时,当图 D-7 出现时有时需要选择"是"将 8051 的启动代码添加到工程项目中。

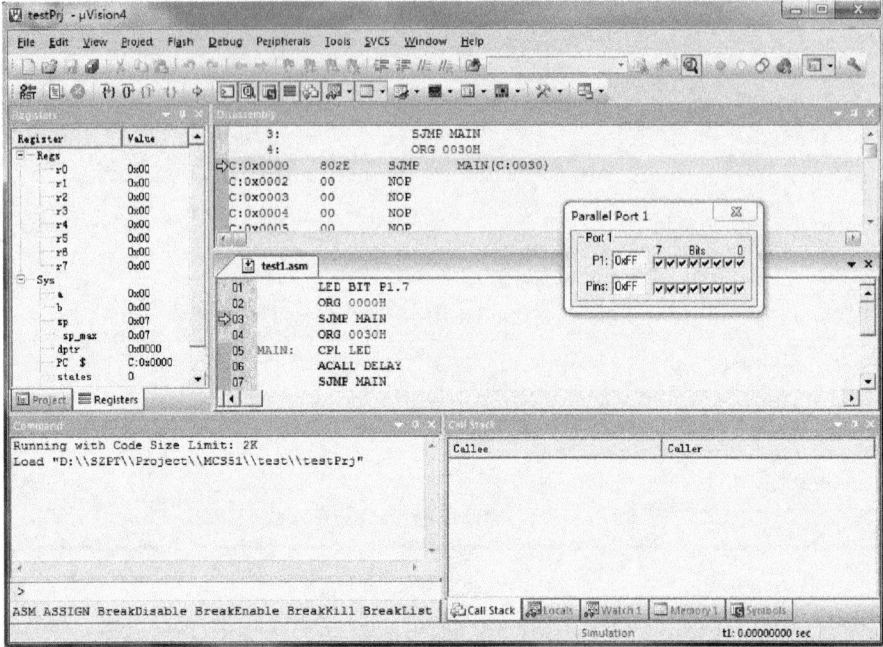

图 D-20　P1 观测窗口

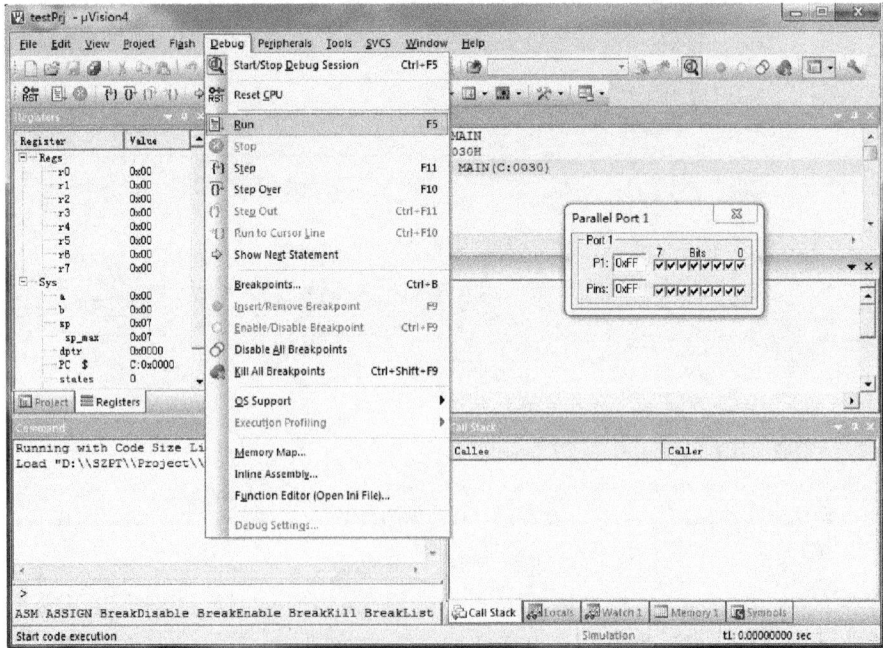

图 D-21　运行程序

如果编译如下一段 C51 程序 test2.c,则在将其添加到工程项目并编译链接后将出现如图 D-23 所示的界面,运行后的结果将会与图 D-22 完全一样。

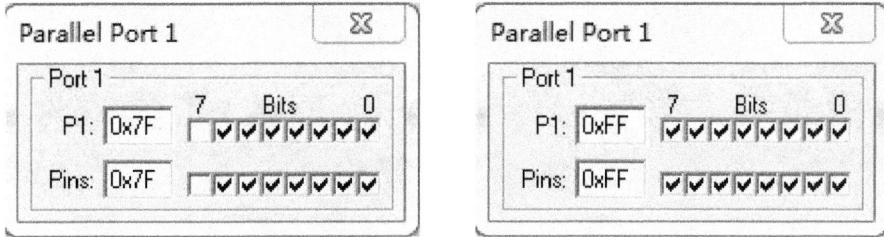

图 D-22 P1.7 端口的变化

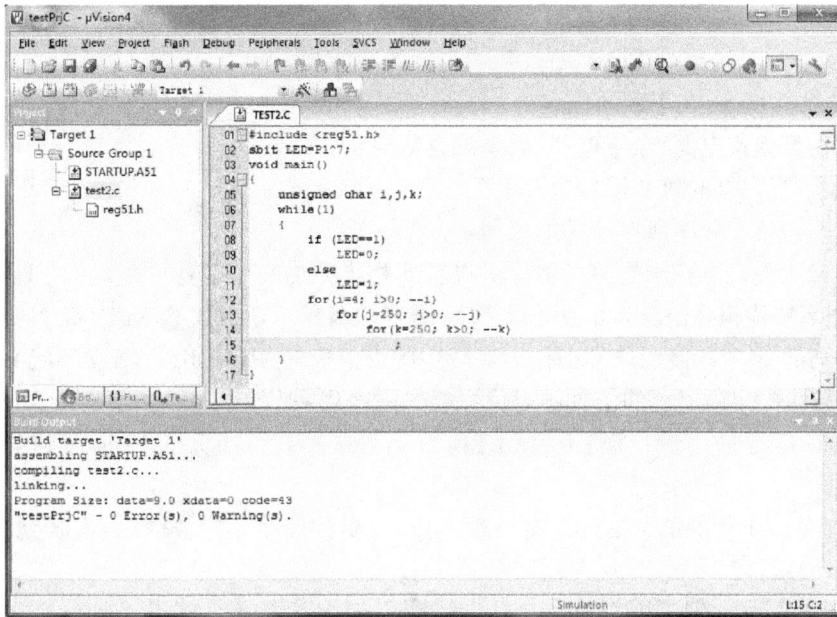

图 D-23 C51 程序的仿真调试

```c
#include <reg51.h>
sbit LED = P1^7;
void main( )
{
    unsigned char i,j,k;
    while(1)
    {
        if (LED == 1)
            LED = 0;
        else
            LED = 1;
        for(i = 4; i > 0; --i)
            for(j = 250; j > 0; --j)
                for(k = 250; k > 0; --k)
                    ;
    }
}
```

附录 E 电子设计自动化（EDA）工具软件 Proteus 简介

一、Proteus 的优点及界面

Proteus 是由 Labcenter Electronics 公司开发的功能强大的单片机仿真软件，Proteus 与其他的仿真软件相比较，在下面的优点：

(1) 能仿真模拟电路、数字电路、数模混合电路；

(2) 能绘制原理图、PCB 图；

(3) 几乎包括实际中所有使用的仪器；

(4) 其最大的亮点在于能够对单片机进行实物级的仿真。从程序的编写，编译到调试，目标版的仿真一应俱全。支持汇编语言和 C 语言的编程。还可配合 KEIL C 实现程序的联合调试，将 Proteus 中绘制的原理图作为实际中的目标板，而用 KEIL C 集成环境实现对目标板的控制，与实际中通过硬件仿真器对目标板的调试几乎完全相同，并且支持多显示器的调试，即 Proteus 运行在一台计算机上，而 KEIL C 运行在另一台计算机上，通过网络连接实现远程的调试。

Proteus 是一个标准的 Windows 窗口程序，和大多数程序一样，没有太大区别，其启动界面如图 E-1 所示：

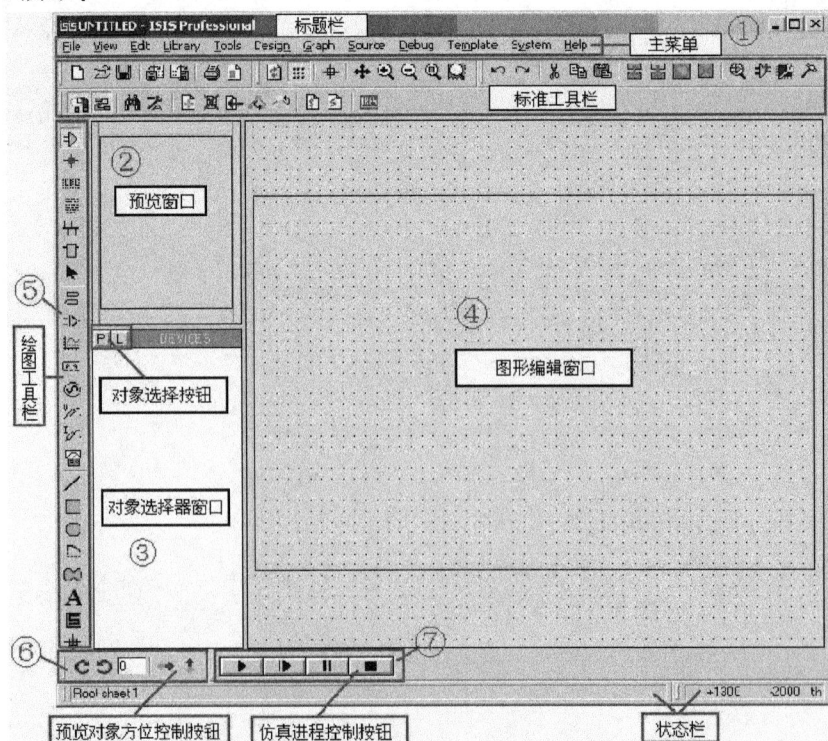

图 E-1 Proteus 界面

运行 Proteus 的 ISIS 模块,进入仿真软件的主界面,如图 E-1 所示,区域①为菜单及工具栏,区域②为元器件预览区,区域③为对象选择器窗口,区域④为编辑窗口,区域⑤为绘图工具栏,区域⑥为元器件调整工具栏,区域⑦为运行工具条。

二、ISIS 智能原理图输入系统

ISIS 是 Proteus 系统的中心,具有控制原理图画图的超强的设计环境。ISIS 有以下特性:

1. 出版质量的原理图

ISIS 提供给用户图形外观,包括线宽、填充类型、字符等的全部控制,使用时能够生成如杂志上看到的精美的原理图,画完图可以以图形文件输出,画图的外形由风格模板定义。

2. 良好的用户界面

ISIS 有一个无连线方式,用户只需单击元件的引脚或者先前布好的线,就能实现布线。此外,摆放、编辑、移动和删除操作能够直接用鼠标实现,无须单击菜单或图标。

3. 自动走线

只要单击想要连接的两个引脚,就能简单地实现走线。在特殊的位置需要布线时,使用者只需在中间的角落单击。自动走线也能在元件移动时操作,自动解决相应连线。节点能够自动布置和移除。既节约了时间,又避免了其他可能的错误。

4. 层次设计

ISIS 支持层次图设计,模块可画成标准元件,特殊的元件能够定义为通过电路图表示的模块,能够任意设定层次,模块可画成标准元件,在使用中可放置和删除端口的子电路模块。

5. 总线支持

ISIS 提供的不仅是一根总线,还能用总线引脚定义元件和子电路。因此,一个连线在处理器和存储器之间的 32 位的处理器总线可以用单一的线表示,可节省绘图的时间和空间。

6. 元件库

ISIS 的元件库包含 8000 个元件,有标准符号、三极管、二极管、热离子管、TTL、CMOS、ECL、微处理器,以及存储器元件、PLD、模拟 IC 和运算放大器。

7. 可视封装工具

原理图和 PCB 库元件的匹配是由封装工具简化的。在原理图部分的引脚旁边将显示 PCB 的封装,并允许每个引脚名对应文本和图形的引脚号码。

8. 复合元件

ISIS 的元件库表达方式有很多种,无论是单个元件、同态复合元件、异态复合元件,还是连接器,都可以在原理图上以独立引脚来表达,不用所有线都连到一个独立元件上。

9. 元件特性

设计中的每个元件都有一定数目的属性或特性。某些特性控制软件的特定功能(如 PCB 封装或仿真)用户也可以添加自己的特性。一旦库建立,就能提供默认值及特性定义。特性定义提供大量的特性描述,当修改元件时,将显示在编辑区域内。

10. 报告

ISIS 支持许多第三方网表格式,因此能为其他软件所使用。设置元件清单后可以添加用户所需的元件属性,也可设置属性列以挑选一定数目的属性。ERC 报告可列出可能的连线错误,如未连接的输入、矛盾的输出及未标注的网络标号。

使用 Proteus 软件在单片机方面的仿真功能,所以下面重点研究 ISIS 模块的用法,如不特别说明,所说的 Proteus 软件特指其 ISIS 模块。

三、Proteus 的操作方法以及注意事项

下面先借助于一个简单的实例来快速掌握 Proteus 设计与仿真操作。

实例内容为:用 P1 口的第一个引脚控制一个 LED 灯,2s 闪烁一次。

1. Proteus 电路设计

整个设计都是在 ISIS 编辑区中完成的。

1)新建文档

单击工具栏上的"新建"按钮 □,新建一个设计文档。单击"保存"按钮 💾,弹出如图 E-2 所示的"Save ISIS Design File"对话框,在文件名框中输入"LED"(简单实例的文件名),再单击"保存"按钮,完成新建设计文件操作,其后缀名自动为. DSN。

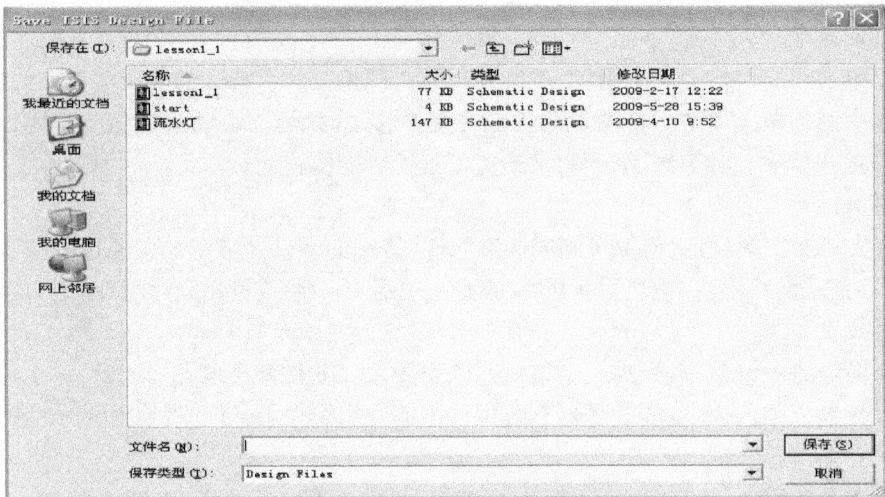

图 E-2　保存 ISIS 设计文件

2)选取元器件

此简单实例需要如下元器件:

(1)单片机:AT89C51;

(2)发光二极管:LED-RED;

(3)瓷片电容:CAP*;

(4)电阻:RES*;

(5)晶振:CRYSTAL;

(6)按钮:BUTTON。

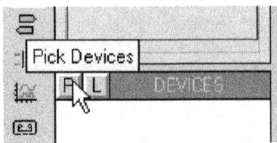

图 E-3　单击"P"按钮选取元器件

单击图 E-3 中的"P"按钮 🅿,弹出如图 E-4 所示的选取元器件对话框,在此对话框左上角"Keywords(关键词)"一栏中输入元器件名称,如"AT89C52",系统在对象库中进行搜索查找,并将与关键词匹配的元器件显示在"Results"中。在"Results"栏中的列表项中,双击"AT89C51",则可将"AT89C52"添加至对象选择器窗口。按照此方法完成其他元器件的选取,如果忘记关键词的完整写法,可以用"＊"代替,如"CRY＊"可以找到晶振。被选取的元器件都加入到 ISIS 对象选择器中,如图

E-5 所示。

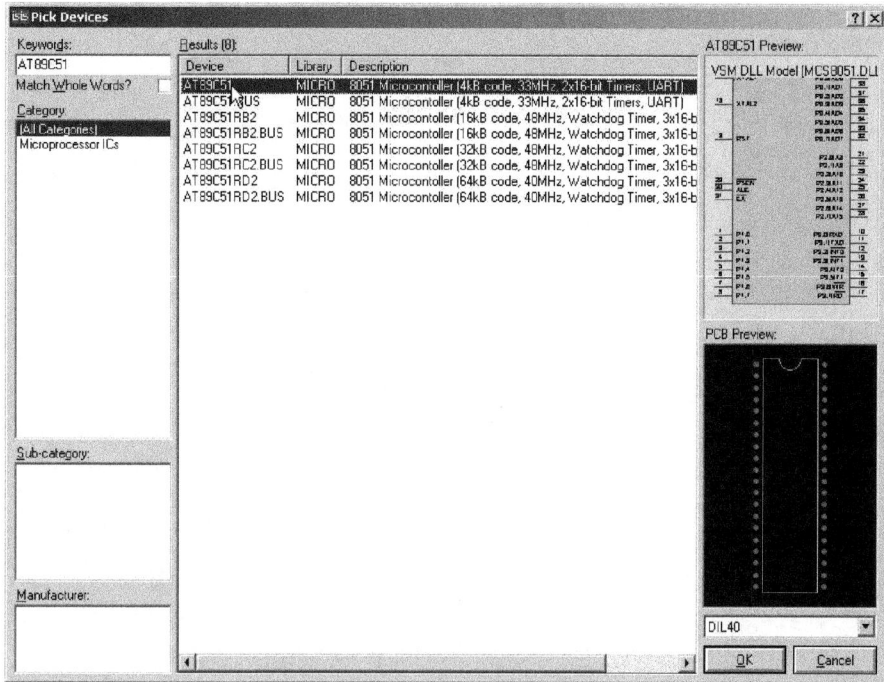

图 E-4　选取元器件窗口

3）放置元器件至图形编辑窗口

在对象选择器窗口中，选中 AT89C51，将鼠标置于图形编辑窗口该对象的欲放置的位置，单击鼠标左键，则完成该对象的放置。同理，可以将 BUTTON、RES 等放置到图形编辑窗口中，如图 E-6 所示。

若元器件方向需要调整，先在 ISIS 对象选择器窗口中单击选中该元器件，再单击工具栏上相应的转向按钮，把元器件旋转到合适的方向后再将其放置于图形编辑窗口。

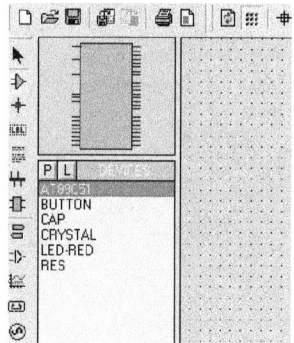

图 E-5　选取元器件均加入到 ISIS
对象选择器中

若对象位置需要移动，将鼠标移到该对象上，单击鼠标右键，此时我们已经注意到，该对象的颜色已变至红色，表明该对象已被选中，按下鼠标左键，拖动鼠标，可将对象移至新位置后，松开鼠标，则完成移动操作。

通过一系列的移动、旋转、放置等操作，可将元器件放在 ISIS 编辑窗口中合适的位置，如图 E-6 所示。

4）放置终端（电源、地）

放置电源操作：单击工具栏中的终端按钮 ∃ ，在对象选择器窗口中选择"POWER"如图 E-7 所示，再在编辑区中要放电源的位置单击完成。放置地（GROUND）的操作与此类似。

5）元器件之间的连线

Proteus 的智能化可以在你想要画线时进行自动检测。下面，我们来操作将电阻 R1 的右端连接到 LED 显示器的左端，如图 E-6 所示。当鼠标的指针靠近 R1 右端的连接点时，跟着鼠标的指针就会出现一个"□"号，表明找到了 R1 的连接点，单击鼠标左键，移动鼠标（不用拖动鼠标），将鼠标的指针靠近 LED 的左端的连接点时，跟着鼠标的指针就会出现一个"□"号，表明找到了 LED 显示器的连接点，单击鼠标左键完成电阻 R1 和 LED 的连线。

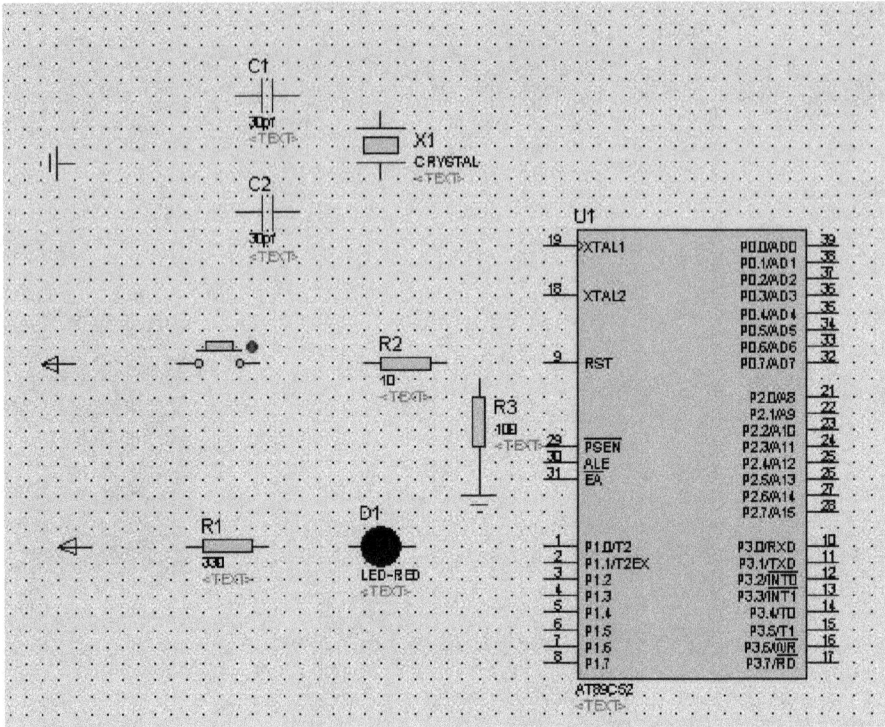

图 E-6　各元器件放在 ISIS 编辑窗口中合适的位置

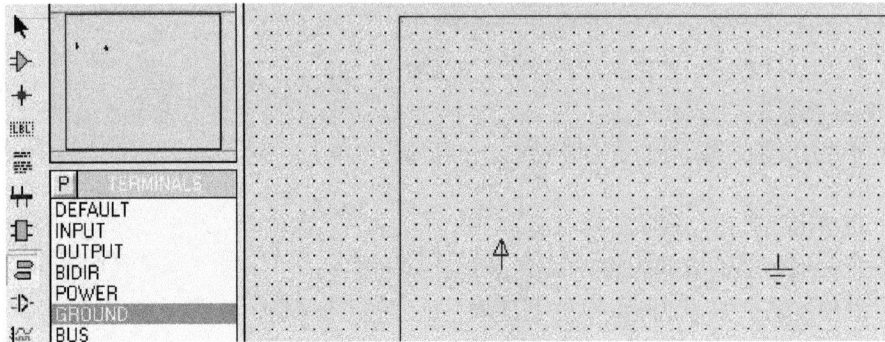

图 E-7　放置终端符号

Proteus 具有线路自动路径功能（简称 WAR），当选中两个连接点后，WAR 将选择一个合适的路径连线。WAR 可通过使用标准工具栏里的"WAR"命令按钮 ▦ 来关闭或打开，也可以在菜单栏的"Tools"下找到这个图标。

用同样的方法可以完成其他连线。在此过程的任何时刻，都可以按 ESC 键或者单击鼠标的右键来放弃画线。

6) 修改、设置元器件的属性

Proteus 库中的元器件都有相应的属性，要设置修改元器件的属性，只需要双击 ISIS 编辑区中的该元器件。例如，发光二极管的限流电阻 R1，双击它弹出如图 E-8 所示的属性窗口，在窗口中已经将电阻的阻值修改为 330Ω。图 E-9 是编辑完成的"简单实例"的电路。

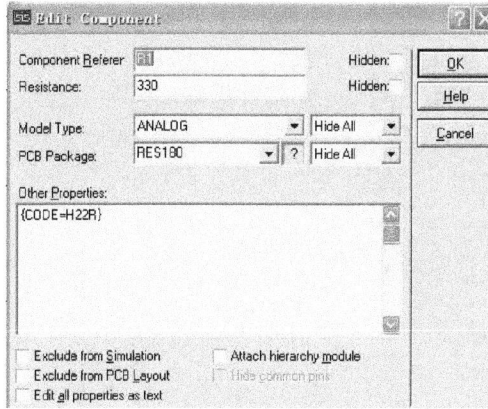

图 E-8　设置限流电阻阻值为330Ω

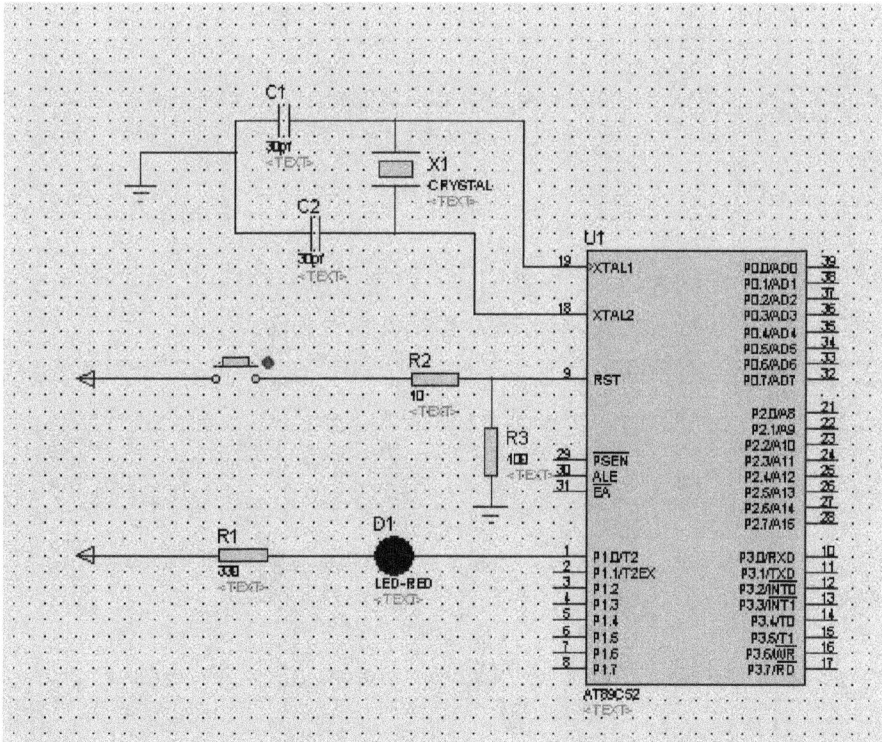

图 E-9　编辑完成的简单实例的电路图

2. KEIL C51 与 Proteus 连接调试

1）初次使用设置

（1）假若 KEIL C51 与 Proteus 均已正确安装在 C：\Program Files 的目录里,则把 C：\Program Files\Labcenter Electronics\Proteus 6 Professional\MODELS\VDM51. dll 复制到 C：\Program Files\keilC\C51\BIN 目录中。

（2）用记事本打开 C：\Program Files\keilC\C51\TOOLS. INI 文件,在[C51]栏目下加入：

TDRV5 = BIN\VDM51. DLL （"Proteus VSM Monitor-51 Driver"）

其中"TDRV5"中的"5"要根据实际情况写,不要和原来的重复。

2）创建新项目

进入 KEIL μVision 开发集成环境,创建一个新项目(Project),并为该项目选定合适的单片机 CPU 器件(如:Atmel 公司的 AT89C51),并为该项目加入源程序。

参考源程序如下：

```
        org     0000h
start:  clr     p1.0
        acall   del
        cpl     p1.0
        ajmp    start
del:    mov     r5,#02
del1:   mov     r6,#250
del2:   mov     r7,#250
del3:   nop
        nop
        djnz    r7,del3
        djnz    r6,del2
        djnz    r5,del1
        ret
        end
```

3）设置项目

单击"Project 菜单/Options for Target"选项或者点击工具栏的"Option for target"按钮，弹出窗口,点击"Debug"按钮,则出现如图 E-10 所示页面。

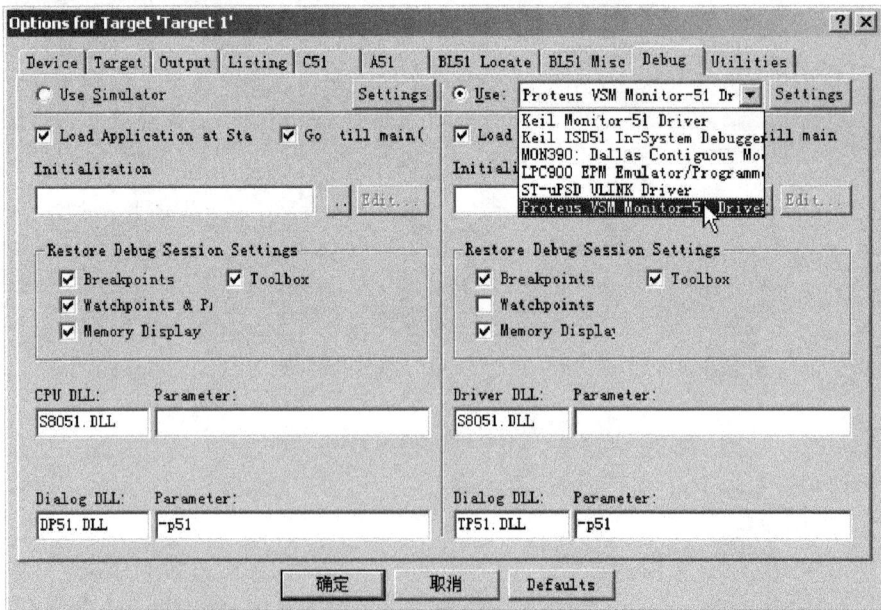

图 E-10 Options for Target 设置界面

在出现的对话框里在右栏上部的下拉菜单里选中"Proteus VSM Monitor→51 Driver"。并且还要点击一下"Use"前面表明选中的小圆点。

再点击"Setting"按钮,设置通信接口,在"Host"后面添上"127.0.0.1",如果使用的不是同一台电脑,则需要在这里添上另一台电脑的 IP 地址(另一台电脑也应安装 Proteus)。在"Port"后面添加"8000"。设置好的情形如图所示,点击"OK"按钮即可。最后将工程编译,进入调试状态,并运行,如图 E-11 所示。

4)Proteus 的设置

进入 Proteus 的 ISIS,鼠标左键点击菜单"Debug",选中"Use remote debugger monitor",如图 E-12 所示。此后,便可实现 KEIL C 与 Proteus 连接调试。

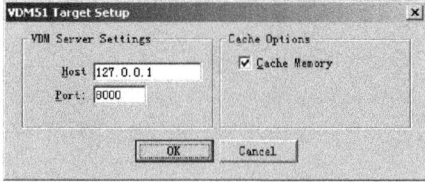

图 E-11　设置通信接口界面　　　　　　图 E-12　设置联调

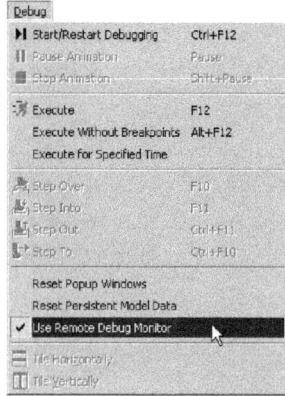

5)KEIL C51 与 Proteus 连接仿真调试

单击仿真运行"开始"按钮▶,可清楚地观察到每一个引脚的电平变化,如图 E-13 所示。红色代表高电平,蓝色代表低电平。发光二极管间隔 1s 闪烁。

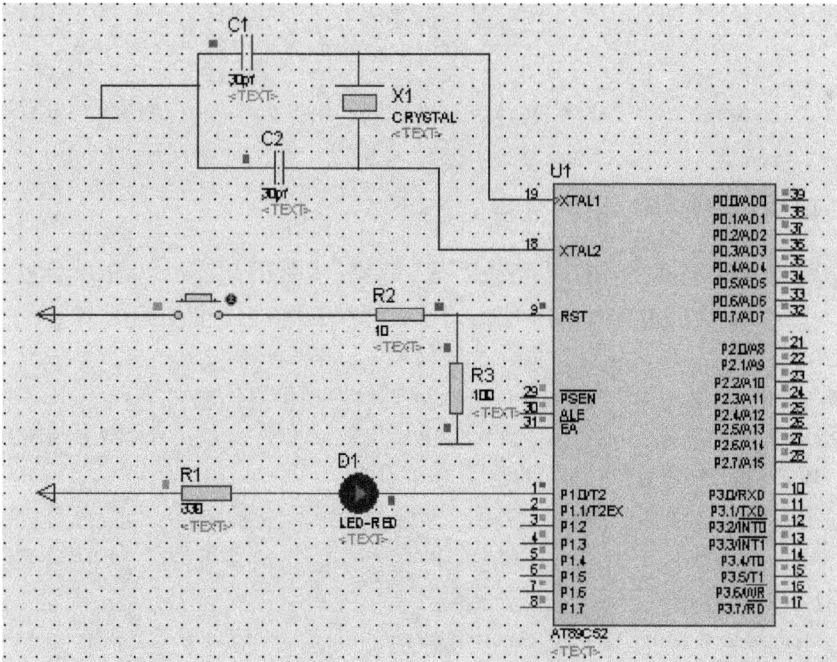

图 E-13　KEIL C 与 Proteus 连接仿真

附录 F　GPS-NMEA 协议解析

一、GPS 模块的周期输出信号

GPS 模块将以 1s 为周期输出如下 GPS 定位、时间信息：

```
$GPGGA,015832.000,2235.2906,N,11356.7983,E,1,09,0.9,62.9,M,-2.6,M,,0000*7B
$GPGSA,A,3,07,03,19,11,08,28,01,13,16,,,,1.4,0.9,1.1*34
$GPGSV,3,1,12,11,78,078,32,07,74,280,52,01,66,148,25,08,37,321,44*77
$GPGSV,3,2,12,19,34,031,44,13,19,213,26,03,14,051,40,28,13,308,31*7F
$GPGSV,3,3,12,16,12,096,26,17,10,249,19,20,09,164,,32,08,135,*73
$GPRMC,015832.000,A,2235.2906,N,11356.7983,E,0.00,0.00,121012,,,A*6C
$GPGGA,015833.000,2235.2906,N,11356.7983,E,1,09,0.9,62.9,M,-2.6,M,,0000*7A
$GPGSA,A,3,07,03,19,11,08,28,01,13,16,,,,1.4,0.9,1.1*34
$GPGSV,3,1,12,11,78,078,32,07,74,280,52,01,66,148,25,08,37,321,44*77
$GPGSV,3,2,12,19,34,031,44,13,19,213,26,03,14,051,40,28,13,308,31*7F
$GPGSV,3,3,12,16,12,096,27,17,10,249,19,20,09,164,,32,08,135,*72
$GPRMC,015833.000,A,2235.2906,N,11356.7983,E,0.00,0.00,121012,,,A*6D
$GPGGA,015834.000,2235.2906,N,11356.7983,E,1,08,1.4,62.9,M,-2.6,M,,0000*70
$GPGSA,A,3,07,03,19,11,08,28,01,16,,,,,2.0,1.4,1.4*38
$GPGSV,3,1,12,11,78,078,32,07,74,280,52,01,66,148,25,08,37,321,44*77
$GPGSV,3,2,12,19,34,031,44,13,19,213,,03,14,051,40,28,13,308,31*7B
$GPGSV,3,3,12,16,12,096,27,17,10,249,20,20,09,164,,32,08,135,*78
$GPRMC,015834.000,A,2235.2906,N,11356.7983,E,0.00,0.00,121012,,,A*6A
……
```

二、利用 GPS-NMEA 协议分析 GPS 信号

符合 NMEA0183 格式的 GPS 信号以"＄"开始，主要语句有 GPGSA,GPGSV,GPGGA,GPRMC,GPVTG 等。这些信息可以用 GPS-NMEA 协议来解析，协议的定义如下：

1. GPGSA

为 GPS DOP and Active Satellites(GSA)，即当前卫星信息。格式为：

```
$GPGSA,<1>,<2>,<3>,<3>,,,,,,<3>,<3>,<3>,<4>,<5>,<6>,<7>
```

<1> 模式：M = 手动，A = 自动。

<2> 定位形式：1 = 未定位，2 = 二维定位，3 = 三维定位。

<3> PRN 数字：01 至 32 表天空使用中的卫星编号，最多可接收 12 颗卫星信息。

<4> PDOP 位置精度因子(0.5~99.9)

<5> HDOP 水平精度因子(0.5~99.9)

<6> VDOP 垂直精度因子(0.5~99.9)

<7> Checksum (检查位).

2. GPGSV

为 GPS Satellites in View(GSV)，即可见卫星信息。格式为：

$ GPGSV, <1>, <2>, <3>, <4>, <5>, <6>, <7>,? <4>, <5>, <6>, <7>, <8>

<1> GSV 语句的总数。

<2> 本句 GSV 的编号。

<3> 可见卫星的总数,00~12。

<4> 卫星编号, 01~32。

<5> 卫星仰角, 00~90°。

<6> 卫星方位角, 000~359°。实际值。

<7> 信号噪声比(C/No), 00~99dB;无表未接收到信号。

<8> Checksum (检查位)。

第<4>,<5>,<6>,<7>项个别卫星会重复出现,每行最多有四颗卫星。其余卫星信息会于次一行出现,若未使用,这些字段会空白。

3. GPGGA

为 Global Positioning System Fix Data(GGA),即 GPS 定位信息。格式为:

$ GPGGA, <1>, <2>, <3>, <4>, <5>, <6>, <7>, <8>, <9>, M, <10>, M, <11>, <12> * hh

<1> UTC 时间,hhmmss(时分秒)格式。

<2> 纬度 ddmm. mmmm(度分)格式(前面的 0 也将被传输)。

<3> 纬度半球 N(北半球)或 S(南半球)。

<4> 经度 dddmm. mmmm(度分)格式(前面的 0 也将被传输)。

<5> 经度半球 E(东经)或 W(西经)。

<6> GPS 状态:0 = 未定位,1 = 非差分定位,2 = 差分定位,6 = 正在估算。

<7> 正在使用解算位置的卫星数量(00~12)(前面的 0 也将被传输)。

<8> HDOP 水平精度因子(0.5~99.9)。

<9> 海拔高度(-9999.9~99999.9)。

<10> 地球椭球面相对大地水准面的高度。

<11> 差分时间(从最近一次接收到差分信号开始的秒数,如果不是差分定位将为空)。

<12> 差分站 ID 号 0000~1023(前面的 0 也将被传输,如果不是差分定位将为空)。

4. GPRMC

为 Recommended Minimum Specific GPS/TRANSIT Data(RMC),即推荐定位信息。格式为:

$ GPRMC, <1>, <2>, <3>, <4>, <5>, <6>, <7>, <8>, <9>, <10>, <11>, <12> * hh

<1> UTC 时间,hhmmss(时分秒)格式。

<2> 定位状态,A = 有效定位,V = 无效定位。

<3> 纬度 ddmm. mmmm(度分)格式(前面的 0 也将被传输)。

<4> 纬度半球 N(北半球)或 S(南半球)。

<5> 经度 dddmm. mmmm(度分)格式(前面的 0 也将被传输)。

<6> 经度半球 E(东经)或 W(西经)。

<7> 地面速率(000.0~999.9 节,前面的 0 也将被传输)。

<8> 地面航向(000.0~359.9 度,以真北为参考基准,前面的 0 也将被传输)。

<9> UTC 日期,ddmmyy(日月年)格式。

<10>磁偏角(000.0~180.0度,前面的0也将被传输)。

<11>磁偏角方向,E(东)或W(西)。

<12>模式指示(仅 NMEA0183 3.00 版本输出,A = 自主定位,D = 差分,E = 估算,N = 数据无效)。

5. GPVTG

为 Track Made Good and Ground Speed(VTG),即地面速度信息。格式为:

$GPVTG,<1>,T,<2>,M,<3>,N,<4>,K,<5>* hh

<1>以真北为参考基准的地面航向(000~359度,前面的0也将被传输)。

<2>以磁北为参考基准的地面航向(000~359度,前面的0也将被传输)。

<3>地面速率(000.0~999.9节,前面的0也将被传输)。

<4>地面速率(0000.0~1851.8公里/小时,前面的0也将被传输)。

<5>模式指示(仅 NMEA0183 3.00 版本输出,A = 自主定位,D = 差分,E = 估算,N = 数据无效)。

思考练习参考答案

第 一 章

简答题

1. 自动控制,是指在没有人直接参与的情况下,利用外加的设备或装置(统称控制装置或控制器),使机器、设备或生产过程(统称被控对象)的某个工作状态或参数(即被控量)自动地按照预定的规律运行。把人们对被控量要求称为给定值,则自动控制的任务可以概括为:使被测对象的被控量等于给定值。

2. 自动控制理论的发展可分为四个主要阶段:

第一阶段:发展初期,是以反馈理论为基础的自动调节原理,主要用于工业控制。第二次世界大战之后,形成了以传递函数为基础的经典控制理论体系,主要研究单输入—单输出、线性定常系统的分析和设计问题,主要采用频率法和根轨迹法。

第二阶段:随着现代应用数学新成果的推出和电子计算机技术的应用,自动控制理论跨入现代控制理论阶段。它主要研究具有高性能、高精度的多变量变参数系统的最优控制问题,主要采用的方法是以状态为基础的状态空间法。

第三阶段:随着控制理论应用范围的扩大,从个别小系统的控制,发展到若干个相互关联的子系统组成的大系统进行整体控制,大系统理论是过程控制与信息处理相结合的系统工程理论,具有规模庞大、结构复杂、功能综合、目标多样、因素众多等特点。它是一个多输入、多输出、多干扰、多变量的系统。主要采用的方法有现代频域方法、自适应控制理论和鲁棒控制方法。

第四阶段:智能控制成为近年来新发展起来的自动控制理论,智能控制的概念和原理主要是针对被控对象、环境、控制目标或任务的复杂性提出来的,它的指导思想是依据人的思维方式和处理问题的技巧,解决那些目前需要人的智能才能解决的复杂的控制问题。被控对象的复杂性体现为:模型的不确定性、高度非线性、分布式的传感器和执行器、动态突变、多时间标度、复杂的信息模式、庞大的数据量,以及严格的特性指标等。智能控制是驱动智能机器自主地实现其目标的过程。智能控制是人工智能的应用,方法包括学习控制、模糊控制、神经元网络控制和专家控制等方法。

3.

1)闭环控制

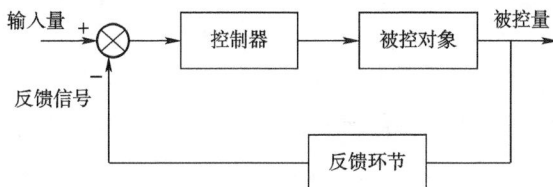

闭环控制方式是按偏差进行控制的,其特点是不论什么原因被控量偏离期望值而出现偏差时,必定会产生一个相应的控制作用去减小或消除这个偏差。使被控量与期望值趋于一致。可以说,按反馈控制方式组成的反馈控制系统,具有抑制任何内、外扰动对被控量产

生影响的能力,有较高的控制精度。但这种系统使用的元件多、结构复杂,特别是系统的性能分析和设计也较麻烦。尽管如此,它仍是一种重要的并被广泛应用的控制方式,自动控制理论主要的研究对象就是用这种控制方式组成的系统。

2)开环控制

输入量 → 控制器 → 被控对象 → 输出量

按给定输入量进行控制的开环控制系统,其控制作用直接由系统的输入量产生,给定一个输入量,就有一个输出量与之相对应,其特点是系统的输出量不会对系统的控制作用发生影响,控制精度完全取决于所用的元件及校准的精度,开环控制方式没有自动修正偏差的能力,抗扰动性较差,控制精度低。但是其结构简单、调整方便、成本低,在精度要求不高或扰动影响较小的情况下,这种控制方式还有一定的实用价值。

4.略。

第 二 章

一、客观题(填空、是非、选择等)

1.微控制器

2.中央处理器 CPU、只读存储器(ROM)、随机存储器(RAM)、I/O 接口电路

3.√ 4.× 5.× 6.√ 7.× 8.D 9.D 10.B 11.B

二、简答题

1.单片机就是把中央处理器 CPU、只读存储器(ROM)、随机存储器(RAM)、I/O 接口电路和串行通信接口等主要计算机部件,集成在一块集成芯片上的微型计算机。单片机是单片微型计算机的简称。

2.MCS-51 子系列包含 4 个产品,这 4 个产品具有不同的应用特性。

(1)8051:单片机 8051 内部包含了 4KB 的 ROM、128B 的 RAM、21 个特殊功能寄存器、4 个 8 位并行口、一个全双工串行口、两个 16 位定时器/计数器以及一个处理功能很强的中央处理器,是一台完整的微型计算机。

(2)8751:是以 4KB 的 EPROM 代替 4KB ROM 的 8051。

(3)8951:是以 4KB 的 E2PROM(或 Flash ROM)代替 4KB ROM 的 8051。

(4)8031:是内部无 ROM 的 8051。单片机 8031 不构成完整计算机,必须外接 EPROM 作为程序存储器。现在厂家已停止生产。

3.单片机系统复位常见有上电复位和按键复位。

4.时钟周期也称为振荡周期,定义为时钟脉冲频率(f_{osc})的倒数,是单片机中最基本的、最小的时间单位。完成一个最基本操作(读或写)所需要的时间称为机器周期。AT89C51 单片机的机器周期是固定的,即一个机器周期由 12 个时钟周期组成。指令周期是执行一条指令所需要的时间,一般由若干个机器周期组成,指令不同,所需要的机器周期数也不同。

三、案例分析题

1.单片机最小系统,或者称为最小应用系统,是指用最少的元件组成的单片机可以工作的系统。对 51 系列单片机来说,单片机 + 时钟电路 + 复位电路,便组成了一个最小系统。

2.万用表用来测试电源电压、各信号电压等。示波器可以测试时钟频率。

第 三 章

一、客观题(填空、是非、选择等)

1. 62H;30H;70H 2. 7030H;60H 3. 34H;1;1;1 4. 23H;1 5. 32H;00H;0;1

6. 0DH;11H;0;0 7. 5CH 8. × 9. √ 10. √ 11. √ 12. × 13. √ 14. √

15. × 16. A 17. C 18. B 19. D 20. C 21. D 22. C 23. A 24. C 25. A

二、简答题

1. 单片机的寻址方式就是在指令中寻找操作数地址或操作数的方式。共7种寻址方式:

(1)寄存器寻址方式:指令中的操作数是放在寄存器中的,找到了寄存器就可得到操作数。

(2)直接寻址方式:指令中的操作数是以其所在单元地址的形式给出。

(3)寄存器间接寻址方式:寄存器的内容不是操作数本身,而是存放操作数的地址,要获取操作数需要通过寄存器间接得到。

(4)立即寻址方式:指令的源操作数是个数值,这种操作数被称作立即数,在指令中用"#"作为其前缀。含有立即数的指令的指令码中,操作码后面字节的内容就是操作数本身,不需要到其他地址单元去取的。

(5)基址寄存器加变址寄存器间接寻址方式:这种寻址方式常用于访问程序存储器中的数据表格,它把基址寄存器(DPTR 或 PC)和变址寄存器 A 的内容作为无符号数相加形成16位的地址,该地址单元中才是所需的操作数。

(6)相对寻址方式:程序的执行中往往有相对转移的需要,即以当前指令的位置(PC值)为基准点,加上指令中给出的相对偏移量(rel)来获得操作数所在的实际地址。这类寻址方式称为相对寻址,是转移指令中用到的寻址方式。

(7)位寻址方式:MCS-51 的指令中有可对数据位进行操作的,给出的地址是位地址,其相应的寻址方式就是位寻址方式。

2. 五大分类如下:

(1)数据传送类指令:在计算机中将数据信息从源存储地址传送到目标存储地址的操作叫作数据传送操作,完成此操作的指令就称为数据传送类指令。

(2)逻辑操作类指令:单片机 CPU 内部集成的逻辑运算部件(主要有与运算器、或运算器、异或运算器等),可以完成与、或、异或运算等。

(3)算数运算指令:算术运算类指令包含了加、减、乘法、除法以及十进制调整等指令,使51 单片机具有较强的运算能力。

(4)位操作指令:在单片机的控制应用中,常常有以位为单位的运算和操作的需要。MCS-51 中有一个布尔处理机用于实现布尔变量的处理,即可以执行按位操作。

(5)控制转移类指令:程序的顺序执行是由 PC 自动加1实现的,而在程序的执行中,往往需要根据某种条件而改变程序的执行流向,完成这种功能的指令便是控制转移类指令。该类指令包括有无条件转移指令、条件转移指令、子程序调用和返回指令及空操作指令。

3. 这类指令不会产生执行代码,它们的作用是为了对汇编过程进行某种控制,如告诉汇编程序应从哪个单元开始存放程序、应留出多少个内存单元用于存放数据以及何时结束汇编等操作。这类指令仅在将汇编语言源程序翻译成机器语言的过程中起作用。

4. 即主程序和子程序间的参数传递和现场保护。

三、读程序

1. 80H

2. 00H;10H;0F1H;01H

3. P3.0=(P1.0)&(P1.1)&(P1.2)

4. 30H;20H

5. 0CBH

6. 把 data 单元的内容乘以 10

四、案例分析题

1. 参考程序如下：

```
MOV  A, R2
ANL  A, #0F0H
ORL  A, R1
MOV  R1, A
```

2. 参考程序如下：

```
START:   MOV R0, #30H
         MOV R2, #20H
LOOP:    MOV A, @R0H
         CJNE A, #0AAH,NEXT
         MOV 51H,#01H
         LJMP EXIT
NEXT:    INC R0
         DJNZ R2,LOOP
         MOV 51H,#00H
EXIT:    RET
```

第 四 章

一、选择题

1. D   2. B   3. C   4. B   5. B   6. D   7. C

二、简答题

1. C51 语言的主要结构特点：

C51 程序是函数的集合。C51 程序有且仅有一个主函数 main( )，程序的执行过程都是从 main( )开始的,而当 main( )函数中的所有语句执行完毕,则程序也执行结束。在 main( )函数中调用库函数或用户定义的自定义函数。

C51 与标准 C 语言的异同点：

C51 和标准的 C 语言在语法规则、程序结构以及程序设计方法等方面基本一致,都是采用函数结构,简单的可以说 C51 是对标准 C 的拓展;不同点如下：

(1)C51 对标准 C 的拓展了 bit、sbit、sfr、sfr16 等数据类型;

(2)输入、输出处理不同;

(3)存储模式不一样;

(4)不隐含支持递归调用;

(5)库函数不同；

(6)C51 中有专门的中断函数；

(7)单片机 C51 有自动覆盖技术和优化技术；

(8)C51 语言编译文件可固化到单片机中。

2.存储器类型说明的是变量在单片机硬件系统中所使用的存储区域,使之能在编译时准确定位。C51 编译器所能识别的存储器类型与存储空间对应关系如下：

存储器类型	与存储空间的对应关系
data	直接访问内部数据存储器(128 字节),访问速度最快
bdata	可位寻址内部数据存储器(16 字节),允许位与字节混合访问
idata	间接访问内部数据存储器(256 字节),允许访问全部内部地址
pdata	分页访问外部数据存储器(256 字节),用 MOVX @ Ri 指令访问
xdata	外部数据存储器(64KB),用 MOVX @ DPTR 指令访问
code	程序存储器(64KB),用 MOVC @ A + DPTR 指令访问

3.中断函数的声明要通过关键字 interrupt 和中断号 n 来实现；中断函数只有在 CPU 响应中断时才被执行；中断函数没有返回值；中断函数不能直接调用中断函数；不能通过形参传递参数；在中断函数中调用其他函数,两者所使用的寄存器组应相同。

三、案例分析题

略。

第 五 章

一、客观题(填空、判断等)

1. × 2.√ 3.√ 4.√ 5. RETI

6.外部中断 0、定时/计数器 T0 中断、外部中断 1、定时/计数器 T1 中断、串行口中断

二、简答题

1."中断"就是指正常进行的工作过程被外部的事情打断了。

"中断"指的是 CPU(中央处理器)在处理某一事件 A 时,发生了另一事件 B,请求 CPU 迅速去处理(中断发生)；CPU 接到"中断"请求后,暂停当前正在进行的工作 A(中断响应),转去处理事件 B(执行相应的中断服务程序),待 CPU 将事件 B 处理完毕后,再回到原来事件 A 被中断的地方继续处理事件 A(中断返回)。

2.有三种功能：分时操作、实时处理、故障处理。

3.(1)INT0：外部中断 0,由 P3.2 端口引入,可设置为低电平触发或下降沿触发。

(2)INT1：外部中断 1,由 P3.3 端口引入,可设置为低电平触发或下降沿触发。

(3)T0：定时器/计数器中断 0,由内部计数器计满溢出触发。

(4)T1：定时器/计数器中断 1,由内部计数器计满溢出触发。

(5)TI/RI：串行口中断,由串行口完成一帧字符发送/接受后触发。

4.当多个中断源同时申请中断时,为了使 CPU 能够按照用户的规定先处理最紧急的事件,然后再处理其他事件,就需要中断系统设置优先级机制。

设置优先级以后,若有多个中断源同时发出中断请求时,CPU 会优先响应优先级较高的中断源。如果优先级相同,则将按照它们的自然优先级顺序响应默认优先级较高的中断源。

5.(1)首先要有中断源发出中断申请；

(2)CPU 是开放中断的,即中断总允许位 EA=1,CPU 允许所有中断源申请中断；

(3)申请中断的中断源的中断允许位为 1,即此中断源可以向 CPU 申请中断。

第 六 章

简答题

1.程序可作相应如下修改:

```c
#include <reg52.h>      //#include<STC12C5A60S2.h>
#include <intrins.h>
#define UCHAR unsigned char
#define UINT unsigned int


sbit Led = P1^7;
UCHAR flag,Count_10S;
/*************初始化函数****************************/
void init()
{
    Led = 1;
    TMOD = 0x01;     //定时器0工作模式为16位
    TH0 = (65536 - (50000* 11.0592)/12) / 256;
    TL0 = (65536 - (50000* 11.0592)/12) % 256;     //装初值
    EA = 1;        //开总中断
    ET0 = 1;       //开定时器0中断
    TR0 = 1;       //启动定时器0
}


/****************** 主程序**********************/
void main()
{
    init();     //初始化定时器
    while(1)
    {

        if (flag == 1)     //定时10s时间,LED灯反转一次
        {
            flag = 0;
            Led = ~Led;     //LED灯反转一次
        }


    }
}


/*****定时器0中断函数**********************/
```

```
/*  50MS 执行一次定时器 0 中断函数* /
void timer0 () interrupt 1
{
    TH0 = (65536 - (50000 * 11.0592)/12) / 256;
    TL0 = (65536 - (50000 * 11.0592)/12) % 256;
    Count_10S ++;
if(Count_10S == 200)      //Count_10S ==200 时约为 10 s
    {
        Count_10S = 0;
        flag = 1;
    }
}
```

2. 实现定时中断需打开两个中断,一个是总中断 EA,令 EA = 1;另外就是开定时器 0 或定时器 1 的中断,即令 ET0 = 1 或 ET0。

3. 由于晶振频率 $f_{osc} = 6MHz$

因此,振荡周期 $= (1/f_{osc}) = (1/6)\mu s$

机器周期 $= 12 \times$ 振荡周期 $= 2\mu s$

初值计算: $(2^{16} - X) \times 2\mu s = 2000\mu s$

$X = 2^{16} - 1000 = 64536 = 0xFC18$,

故,可设置 TH1 = 0FCH,TL1 = 18H。

第 七 章

一、客观题

1. 4;1 2. 0FAH 3. 数据;时钟 4. 0;1 5. SBUF

二、简答题

1. 单工(Simplex)方式是最简单的传送方式,在这种方式下,需要通信的两个设备中一方固定为发送方,另一方固定为接收方,只允许数据信息由发送方向接收方传送,因此只需要一条数据传输线,一根共地线。

2. 在 SCON 中 TI = 0 的条件下,执行指令 MOV SBUF,A 指令后,发送控制器就先自动加入起始位和停止位,构成完整的帧格式;然后在移位脉冲控制下,由 TXD 端串行输出,并 TI 自动置 1,如前面所述。

在 SCON 中 RI = 0 的条件下,若 REN = 1,串行口就开始采样 RXD 端,当采样到低电平时就开始在移位脉冲控制下接收串行数据,然后将数据部分装入 SBUF,将随后到来的停止位送入 SCON 中的 RB8 位,并将中断标志 RI 置 1,即发出中断请求。CPU 响应中断后,即用指令 MOV A、SBUF 取走字符。

三、分析题

程序功能,每隔 1s 有串行口发出一字节数据:0xaa。

第 八 章

一、简答题

1. 广义的电子产品的开发是指企业将企业内部市场、研发,以及销售等不同部门的人员按照新产品开发流程的要求临时组织起来分阶段地进行新产品设计、实现,以及交付的全过程。

狭义的电子产品的开发是指企业内部人员按照新产品的定义,在规定的时间完成产品定义中所要求的各种事项的工作。

2.产品定义特别看重在契合企业发展战略的前提下定义满足客户和市场需求的下一代产品。这就要求产品定义人员通过拜访客户、追踪销售、了解竞争等多种方式了解掌握本企业产品在目标市场的生存状态,需要在市场需求和企业研发之间搭建桥梁,因此市场部就自然成为完成产品定义的责任部门。

二、讨论题

略。

参考文献

[1] 胡寿松.自动控制原理[M].6 版.北京:科学出版社,2013.

[2] 孔庆华.现代交通电子控制技术[M].哈尔滨:东北林业大学出版社,2004.

[3] 孔祥杰.城市路网交通流协调控制技术研究[D].浙江大学博士学位论文,2009.

[4] 胡明伟.交通系统规划与控制[M].北京:中国物资出版社,2010.

[5] 黄卫,路小波.智能运输系统(ITS)概论[M].2 版.北京:人民交通出版社,2008.

[6] 杨兆升.智能运输系统概论[M].2 版.北京:人民交通出版社,2009.

[7] 隋亚刚,李正熙,刘小明,等.城市智能交通控制理论与应用[M].北京:中国水利水电出版社,2011.

[8] 曹家喆.汽车电子控制基础[M].北京:机械工业出版社,2007.

[9] 英特尔(Intel Corp.)公司.Microcontroller Handbook,1986.

[10] Atmel 公司.AT89C52 单片机数据手册[M].www.atmel.com,2006.

[11] 张毅刚,彭喜元.单片机原理与应用设计[M].北京:电子工业出版社,2008.

[12] 高洪志.MCS-51 单片机原理及应用技术教程[M].北京:人民邮电出版社,2009.

[13] 赵俊生.单片机技术项目化原理与实训[M].北京:电子工业出版社,2009.

[14] 李全利.单片机原理及应用技术[M].北京:高等教育出版社,2011.

[15] 谭浩强.C 程序设计[M].4 版.北京:清华大学出版社,2010.

[16] 乌云高娃,沈翠新,杨淑萍.C 语言程序设计[M].2 版.北京:高等教育出版社,2012.

[17] 张培仁,孙占辉,张欣.基于 C 语言编程 MCS-51 单片机原理与应用[M].北京:清华大学出版社,2003.

[18] 唐颖.单片机原理与应用及 C51 程序设计[M].北京:北京大学出版社,2008.

[19] 徐煜明.C51 单片机及应用系统设计[M].北京:电子工业出版社,2009.

[20] 徐海峰,叶钢.C51 单片机项目式教程[M].北京:清华大学出版社,2011.

[21] 马梅忠.单片机的 C 语言应用程序设计[M].5 版.北京:北京航空航天大学出版社,2013.

[22] 朱清慧,张凤蕊,崔天嵩.Proteus 教程——电子线路设计、制版与仿真[M].2 版.北京:清华大学出版社,2011.

[23] 杜树春.基于 Proteus 和 KEIL C51 的单片机设计与仿真[M].北京:电子工业出版社,2012.

[24] 曹天汉.51 系列单片机应用程序设计与仿真(KEIL C51·Proteus)[M].北京:北京师范大学出版社,2012.

[25] 解相吾,解文博.电子产品开发设计与实践教程[M].北京:清华大学出版社,2008.

[26] 华为公司.AT 指令数据手册[M].www.huawei.com,2009.

[27] 德州仪器(Texas Instruments)公司.CD4049 数据手册[M].www.ti.com,2004.

[28] 美国国家海洋电子协会.GPS NMEA0183 协议[M].www.nmea.org,2004.